JN409605

제 3 판

인간자원개발관리

제3판

인간자원개발관리

Human Resource Development

정수진 · 고종식 · 李玉芬 · 오장원
김양호 · 방한오 · 임채승

삼우사

제3판 머리말

인간자원이란 조직이 설정한 목표를 달성하기 위하여 고용된 사람을 말하며, 개발이란 의도된 노력을 통해 개인의 지식, 기능, 능력 등을 진작시키고 행동을 개선하는 것을 의미한다. 조직이 고용한 사람이 자신의 직무를 성공적으로 수행하고 성과를 달성하기 위해서는 직무수행에 필요한 지식, 기능, 능력 등을 습득시켜 그들의 행동을 변화시키는 것이 조직의 목표달성과 개인의 직무만족을 도모하는 최선의 방책일 것이다. 따라서 인간자원개발은 개인의 지식이나 기술수준을 향상시키고 조직의 업무성과나 개인의 성장기회를 제공하는 데 목적이 있기 때문에 사회나 조직체의 목표를 달성하기 위하여 필요한 능력을 축적하고 유익하게 사용할 수 있도록 하여야 한다. 이러한 개념을 기초로 할 때 인간자원관리란 인간자원의 합리적 관리체계로서 기업 활동을 위해 유능한 인재를 확보, 육성 및 개발하며 보상 및 유지를 목표로 하는 조직적 활동으로서, 인간자원개발은 인재의 확보, 육성, 개발과 유지에 이르는 모든 기능을 대상으로 하는 관리활동체계이다.

그러나 정보통신 및 교통수단의 발달에 따른 급격한 지식정보화 사회로의 변화는 인간자원개발이 종래와는 다른 새로운 패러다임을 요구하고 있다. 기업에서의 인적자원은 사람을 의미하는 것만이 아니라 개인이 소유하는 지적 · 감정적 자원과 더불어 사회적 자원을 포괄하는 의미이다. 개인의 지적 자원이란 지식, 기술, 전문성 등을 의미하며, 감정적 자원이란 용기와 자신감, 신뢰 등을 의미한다. 따라서 기업이 인간자원을 구성하는 데 있어 이 두 가지 자원은 중요한 요소로서, 이를 위해서는 평생교육과 열린교육을 통하여 다양한 인적자원을 개발할 수 있어야만 할 것이다.

본 교재의 개정이 세 번에 이르고 있다. 이번에 이루어진 개정에서는 급변하는 사회환경의 변화에 따른 새로운 인간자원 개발기법, 현대인들이 갖추어야 할 능력 및 자질과 의식변화, 변경된 통계자료 및 법률적 근거 등이 주류를 이루고 있다. 강의를 진행하면서 교재의 내용이 많이 부족하다는 것을 인식하면서도 시간의 부족 등을 이유로 만족할 만한 내용의 교재를 완성하지 못하고 있다. 이러한 부분에 대해서는 시간을 갖고 꾸준한 자료수집 등을 통해 보완해 나가고자 한다.

끝으로 언제나 많은 관심과 지원을 보내주신 학생과 교수님, 도서출판 삼우사의 조병철 사장님과 직원 여러분에게 감사의 말씀을 드립니다.

2008년 1월

저자 일동

제2판 머리말

3년 전 본서를 발간하면서 앞으로 계속된 연구를 통하여 독자의 욕구를 충족시키고 이해하기 쉬운 지침서를 발간하기로 약속하였고 관련분야 선배 및 동료들로부터의 가르침과 질책을 바탕으로 이번에 개정판을 내게 되었다.

본 교재에서 다룰 인간자원개발은 조직구성원의 직무수행 향상과 조직의 생존과 번영을 위해 학습증진을 도모하는 총체적인 시도이다. 오늘날 학습은 조직의 목표를 달성하고 계속된 혁신을 통하여 경쟁우위와 이익창출을 통한 조직존립에 필수적인 것이다. 따라서 조직은 지속적으로 학습 프로세스가 활성화되도록 하여야 하며, 조직의 문제를 규명하고 해결을 위한 변화과정을 촉진하는 통합적인 자세로 접근할 필요가 있다. 즉 효율적인 인간자원개발을 위해서는 사회의 변화추세를 수용하고 조직의 상황을 분석하여 진일보된 방향으로 모색하려는 노력이 요구된다.

현재 우리나라 경제의 문제점은 고용창출이 이루어지지 않는다는 것이다. 이러한 문제는 세계화로 산업구조가 변화하면서 노동시장이 급속히 재편되고 있으며, 어려운 일을 회피하려는 근로의식의 저하와 경제위기 이후 가속화되고 있는 대기업의 효율성을 추구하는 경영전략 등이 그 원인이다. 더불어 저임금과 효율성을 추구하여 기업들이 생산기지를 해외로 이전하고 있다. 우리나라 경제가 안고 있는 구조적 문제와 더불어 인력공급시장과 생산현장 사이의 불균형도 노동시장의 왜곡을 가중시키고 있다. 중소기업에 있어서 인재확보는 경영상의 가장 큰 애로사항이다. 산업수요에 부응하는 인력을 육성할 수 있는 중장기적 교육훈련과 직업훈련 등이 현대사회에 있어서 중요한 이슈로 부각되고 있다. 저렴한 노동력을 확보하기 위해 해외로 진출한 국내기업들이 현지 노무관리의 미숙으로 불이익을 당하고 있는 사례 등을 기초로 할 때 세계화 경영에 적합한 인재의 육성과 외국어를 구사할 수 있는 능력의 배양 또한 매우 중요하다.

최근의 조사에 의하면 우리나라 근로자는 기업의 법정정년보다 이른 평균 54.1세에 퇴직하며, 이후 14년간 제2의 근로생애기간을 거쳐 68.1세에 노동시장에서 은퇴하는 것으로 보고되고 있다. 노령화의 문제는 개인뿐만 아니라 사회적 문제이다. 따라서 어떠한 형태로든 기업은 중고령자를 고용하지 않으면 안 된다. 이러한 시대적 요청에 부응하기 위하여 청년층의 노동시장 진입 이전은 물론 이후에도 지속적인 직업능력개발이 이루어져 노동시장 변화에 대응할 수 있도록 하여야 한다. 이를 위해 학습-고용-복지가 연계된 평생학습체제가 구축되어야 하며, 개인과 기업 및 정부는 경력준비부터 경력개발 · 사후관리에 이르기까지 관심을 가지고 노력해야 한다. 본 개정서에서는 이러한 문제점을 지적하고 이를 해결하기 위한 과제를 보완 또는 추가하였다. 즉 시대적 요청에 따라 각 장의 내용을 재검토하여 최근의 경향과 인간자원개발 방안을 반영하였으며, 현 시대적인 조직에서의 인간을 지향하는 개발체계와 글로벌 시대에 역점을 두어서 현대사회에서의 조직과 인간, 인간자원의 개발체계, 글로벌 시대의 인간자원개발을 새로운 장으로 추가하였다.

본 개정서를 발간하면서 앞으로도 관련분야의 선배 및 동료, 제자들로부터 많은 가르침과 문제제기를 기대한다. 끝으로 본 개정서의 출간에 노력해 주신 조병철 사장님과 임직원 여러분께 진심으로 감사의 말씀을 드린다.

2005년 2월

저자 일동

머 리 말

지구상에 존재하는 자원을 크게 대분하여 보면 인간자원과 물적자원으로 구분할 수 있다. 이 중에서 중요한 것은 인간자원이라고 볼 수 있다. 그러나 우리가 살고 있는 사회는 과거와는 달리 급속하게 지식정보화 사회로 변화하고 있다. 인간은 급변하는 사회 속에서 지속적으로 지식을 습득하여야 미래사회에 적응해 갈 수 있는 것이다. 이러한 미래사회는 인간으로 하여금 평생교육을 요구하게 된다. 인간들은 평생교육 차원에서 개인의 능력을 꾸준히 개발하여야 한다.

또한 인간은 개인의 목표를 달성하기 위하여 조직을 구성하고 그 안에서 개인의 목표와 조직의 목표를 달성하려고 한다. 따라서 인간은 다양한 개인들의 목표달성을 위하여 다양한 조직을 만든다. 다양한 특성을 가진 많은 사람들로 구성된 조직 속에서 개인은 개인의 욕망 대신에 조직의 목표달성에 노력을 한다. 사회구조가 복잡해질수록 조직의 규모도 커지고 복잡해지며 그 수도 많아지게 된다.

따라서 인간은 급속하게 변화하는 지식정보화 사회와 복잡하고 다양한 조직 속에서 개인이 사회 및 조직에 적응하고, 개인의 목표를 달성시키기 위해서는 개인이 보유하고 있는 인간자원의 개발이 중요하다고 하겠다.

인간자원 개발은 일차적으로 인간관계와 조직생활이 이루어지는 가정에서부터 출발하여 인간에 대한 이해, 집단에 대한 이해, 개인과 집단에 관한 이해가 요구된다.

개인의 이러한 인식과 태도가 일차적인 집단인 가정에서부터 형성이 되고, 성장함에 따라서 직업사회로 확대 · 발전된다. 따라서 인간에 내재되어 있는 잠재력과 능력은 교육과 훈련에 의해서 성장되고 숙련되고 정교화될 수 있는데, 그것은 일차적으로 가정과 학교에서 이루어지고 다음단계로는 사회조직 속에서 개발되고 발전된다고 할 수 있다.

이 책은 인간이 평생교육 차원에서 개발하여야 한다는 취지하에 인간과 조직 각각에 대한 이해와, 조직 속에서 인간의 행동을 이해하고, 조직에서 필요한 인재를 육성하는 데 필요한 내용을 다루고 있어 가정과 사회, 직장에서 도움이 될 것이다. 또한 더 나아가 인간자원을 개발하고 훈련 및 교육을 담당하는 교육자와 피교육자에게, 조직구성원으로서 개인의 역할, 태도 그리고 행동에 관해 연구하는 연구자와 실제 조직을 운영 · 관리하는 관리자에게 유용하게 쓰일 것이라고 본다.

따라서 이 책은 세 가지 특성을 중심으로 준비하였다. 첫째로, 교재의 구성은 범세계화 과정에서 발생되는 다양한 문제점을 중심으로 인간자원에 대한 중요성을 언급하였으며, 둘째로는 조직에서 실제로 필요한 인간자원 개발에 대한 구체적인 이론과 실제를 통하여 인간자원의 효율성을 도모하였으며, 셋째로 사회과학적인 차원에서 공통적인 지침서로서의 역할을 할 수 있도록 내용을 체계화하였다. 그러나 필자의 연구부족과 표현방법의 미숙으로 독자의 욕구와 이해를 돕지 못하는 부분은 여러분의 질책을 원동력으로 계속 연구 · 개발시킬 것을 다짐한다.

끝으로 관련분야 선배 및 동료들의 많은 교시가 있으시길 기대하면서 본서 출간에 노력해 주신 삼우사 조병철 사장님과 임직원 여러분께 진심으로 감사의 말씀을 드린다.

2003년 2월

저자 일동

차　　례

제 1 장
사회적 변화와 인간자원

제 2 장
경제구조의 특징과 노동시장의 변화

제 3 장
현대사회에서의 조직과 인간

제 4 장
사람을 활용하는 조직

제 5 장
신세대에 유효한 조직

제 6 장
직무분석과 동기부여

제 7 장

인간자원 개발을 위한 고용관리

제 8 장
능력개발 활동

제 9 장
인간자원의 개발체계

제 10 장
글로벌 시대의 인간자원 개발

제 11 장
인사평가와 상벌

제 12 장
임금관리

제 13 장

새로운 시대의 리더십 개발

제 14 장

스탭의 새로운 역할

제 15 장

직장인의 스트레스

제 16 장
근로시간과 성차별 관리

제 17 장
인간자원 활용의 전망

제 18 장
취업전략과 21C형 유망직종

제 1 장

사회적 변화와 인간자원

1. 현대사회와 경영환경
2. 현대사회에서의 기업경영
3. 현대의 기업인과 인간자원

1. 현대사회와 경영환경

(1) 현대사회의 조류

현대의 사회는 예전에 인류가 경험했던 사회와는 비교가 되지 않는 속도로 변화한다는 특징이 있다. 기업경영을 위한 인간자원 개발을 위해서는 현대사회에 대한 시각을 확립해 둘 필요가 있다. 기업경영은 한사람 한사람의 인간이 관련되어 있고, 현대사회를 구성하는 인간의 가치관·의식이 경영풍토를 형성하고, 그 경영풍토는 현대사회를 배경으로 해서 성립하고 있기 때문이다.

그런데 현대사회는 자본주의·사회주의·공산주의와 같은 사상의 재평가가 요구되고, 가치관이 붕괴되고 있고, 세계화(globalization)가 진행되면서 국가의 개념까지 변화시키려 하고 있다. 그러나 한편으로는 민족주의(racialism), 내셔널리즘(nationalism)의 움직임도 현저하고, 국제사회는 점점 더 복잡해지고 있다는 점이 현대사회의 특징적인 상황을 제시하고 있다. 비행기나 자동차 등의 교통수단의 발달, 매스미디어의 발전·확대는 국제간에 동일의 정보가 유포되고, 국제간에 유사한 동향이 동시에 발생하는 요인이 되고 있다. 따라서 국제적으로 특정의 사상·사고가 확대되는 경향도 있고, 국가·지역에 의해 질적으로 또는 양적으로 차이는 있지만 정보사회(information society)로서의 특징적인 측면이 강한 사회가 형성되고 있다. 현대의 사회는 세계화와 정보사회화에 따라 형성되는 가치관을 보다 적극적으로 모색하는 사회이다.

(2) 현대사회와 경영환경

현대사회의 특징은 기업의 전략수행에 영향을 미치는 환경조건이 된다. 그러나 현대사회의 조류만이 경영환경으로 영향을 미치는 것이 아니라, 기업이 활동거점으로 하는 국가의 법과 정치제도 등도 중요한 경영환경으로서의 측면을 갖고 있다. 따라서 경영환경이란 기업의 경영활동 전반에 영향을 미치는 사회적 조류 및 국가의 제도 · 법률 · 정치의 영향력을 의미한다. 그러므로 현대사회에 있어서 기업의 경영활동에 영향을 미치는 제 요인, 제 측면에 대한 인식이 기업활동이나 인간자원 개발의 전제가 될 것이다. 다음에서 기본적인 경영환경 요인을 고찰해 보고자 한다.

1) 정치적 · 법적 측면

현대국가는 사법 · 입법 · 행정의 3권분립을 기반으로 성립되어 있고, 각종 법률이 제정되어 행정기관을 통해서 집행되는 것이 일반적이다. 예를 들면 취약산업의 보호육성책, 공공사업 등의 정책수행, 관세정책, 산업정책, 경제관련 법령 등은 모두 기업경영에 커다란 영향을 미치는 요인이 된다. 노동경제에 관련한 법률과 정책은 국가적으로나 개별기업에 있어서나 인간자원 개발과 관련이 깊으므로 관심을 가져야 한다.

2) 기술활동의 측면

기술혁신(innovation)으로서 파악되는 기술의 발달은 산업혁명을 야기시키고, 많은 기술과 제품을 생산해 내고, 직무수행 방법을 변화시키는 등 기업경영에 미치는 영향이 대단히 크다. 컴퓨터의 발달은 직무수행의 방법만 아니라 의사결정 프로세스에 있어서의 혁신을 추구하고 방법을 변화시키는 근간이 되고 있다. 제조공정 · 유통 · 물류과정의 혁신, 사무실에서의 사무관리의 합리화 등은 개별기업에 있어서 조직구성원의 배치전환, 능력재개발과 더불어 지속적이고 계획적인 능력개발 욕구의 발생요인이 되는 경우는 극히 당연한 일이 되고 있고, 기술동향에 대한 적절한 이해와 대응은 인간자원 개발활동과도 깊은 관계가 있다.

3) 정보활동의 측면

고도로 발달한 사회를 탈산업사회(post industrial society)라고 한 Daniel Bell이 예측한 대로 21세기는 정보화사회(information society)로서의 측면이 강한 사회가 되었다. 정보화사회는 정보가치를 더 중요하게 평가하는 사

〈그림 1-1〉 경영환경에의 대응을 요구하는 기업과 인재

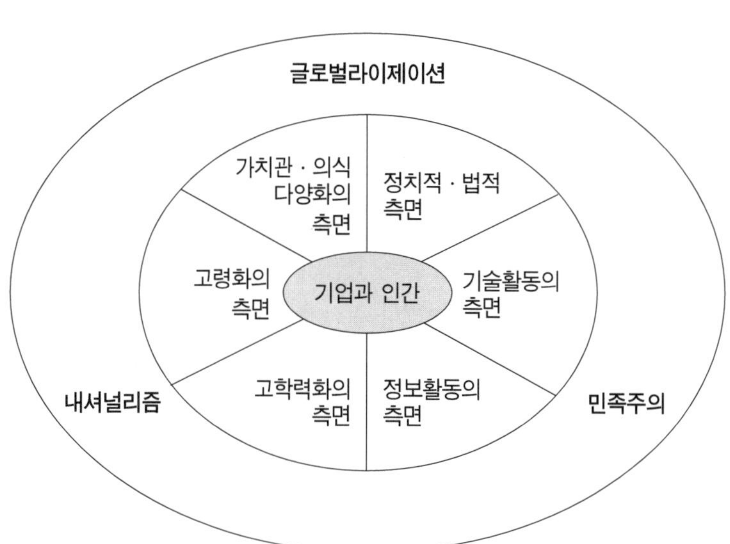

회로서, 기업에 있어서도 정보를 극히 중요한 경영자원으로 높게 인식하게 되었다. 정보화사회에 있어서는 습득된 지식 · 기술이 언제라도 진부화할 수 있는 사회이므로, 습득능력의 진부화를 예방하기 위해서는 언제라도 환경에의 적응을 추구할 수밖에 없다. 따라서 정보활동도 경영활동과 더불어 인간자원 개발에 있어서도 그 중요성이 높게 인식되고 있다.

4) 글로벌라이제이션의 측면

인재 · 상품 · 정보 · 기술 등이 국경을 초월하여 활발하게 교류되었던 20세기 후반부터 21세기에 걸쳐 세계는 한편으로 내셔널리즘과 경제블록화의 움직임이 있고, 다른 한편으로는 국경을 초월한 교류의 움직임(글로벌라이제이션)이 활발해지고 있다. 기업이 공정한 경쟁에 기초해서 적정한 이윤을 확보하는 것은 당연한 행위이고 기업이 사회적 책임을 다해야 한다는 것은 말할 필요조차 없다. 기업이 당연히 이행하지 않으면 안 되는

것은 기업이 존속하기 위한 전략의 수립을 행하고 전개하는 것이지만, 글로벌라이제이션에 대해서 기업뿐만 아니라 산업인 개개인도 대응하고 있어야 한다. 따라서 인간자원 개발활동도 글로벌라이제이션이라는 조류를 염두에 두고서 활동하지 않으면 안 된다.

5) 고학력화의 측면

경제수준의 향상은 진학률의 상승에 의해 고학력화 사회를 출현시켰다. 기술혁신, 정보화의 조류는 고급인력의 수요를 높이므로 진학률을 높이는 배경이 되고 있다. 그러나 변화가 빠른 사회에서는 항상 능력계발의 욕구가 발생하고, 생애교육의 필요성이 높아지며, 보다 고도로 그리고 보다 다양한 욕구에 대응한 능력개발의 기회가 요구되고 있다. 인간자원 개발활동의 구체적인 프로그램 등에 있어서도 고학력의 사람들에 대해서의 대응을 다면적으로 고려하지 않으면 안 된다.

6) 고령화의 측면

의료수준 · 생활수준 등의 향상은 고령화사회를 진행시키는데, 최근에는 급속하면서도 현저하게 고령화사회로 진행되고 있다. 고령화는 기업경영에 많은 문제를 제기하고 있고, 인간자원 관리, 능력개발, 생산성, 사기, 모티베이션 등에 이르기까지 문제는 다양하다. 21세기에 들어서면서 우리 사회는 고령화가 급속히 진행되고 있어서 기업도 개인도 여기에 대응을 하지 않으면 안 된다.

이상의 제 측면은 기업이 경영활동 과정 또는 인간자원의 개발활동의 과정에서 인식하고 어떻게 대응할 것인가를 고려하지 않으면 안 되는 것들이다. 또한 우리나라의 입지조건을 감안하여 인접국가의 경제발전에 대응한 전략을 수립해야 하며, 국내시장의 성숙화 현상의 진전, 가치관 · 의식의 다양화, 여성의 사회진출 등의 상황에도 대응하지 않으면 안 된다. 즉 현대사회의 조류와 경영환경을 정확하게 파악 · 인식하고, 이것에 대응한 인간자원 개발활동의 방향을 설정하여 실현시키는 것이 요구된다.

2. 현대사회에서의 기업경영

(1) 현대사회와 기업

사회는 다양한 집단으로 구성되어 있고, 사회를 구성하는 집단은 시대에 따라 차이가 있으며, 각각의 집단이 사회에 미치는 영향력도 시대에 따라 다양하다. 사회의 조류와 경영환경은 사회를 구성하는 다양한 집단의 활동에 영향을 미치는 요인이 되고 있다. 1차산업이 주였던 사회에 있

〈표 1-1〉 현대사회에 있어서 기업, 기업인과 협조관계집단

협조관계집단	기 업	기 업 인
출자자	고배당의 유지 기업발전에의 참가	고배당을 위한 능력의 발휘 경영참가를 가능하게 하는 풍토조성
노동조합근로자	생활수준의 유지/향상이 가능한 임금, 기업활동에의 적극적 참여	고임금을 가능하게 하는 능력 발휘 기업활동에 관한 관심을 높임
채권/채무자	상호유지적 계약이행	모럴이 높은 풍토의 조성
고객/소비자	저가격서비스의 실천 적극적 구매	저가격서비스를 가능하게 하는 파워의 발휘, 창조적 제품(서비스)을 제공할 수 있는 파워 개발과 발휘
관련회사	보호육성의 실천 일반적 역할의 인식과 노력	보호육성을 가능하게 하는 능력개발과 파워의 발휘, 지위의 인식과 실천
거래기업	상호유지적 거래	모럴이 높은 풍토의 조성
경쟁기업	정당한 경쟁관계의 유지	모럴이 높은 풍토의 조성
국가/지방자치단체	납세의무의 이행, 인프라스트럭처의 정비(도로, 항만 등)	모럴이 높은 풍토의 조성
지역사회	공해발생의 예방 운동 · 문화시설의 개방 호의적 관계의 유지	모럴의 확립과 시민으로서의 자각 모럴이 높은 풍토의 조성
일반공중	각종 편익의 제공 호의적 관계의 유지	모럴의 확립과 시민으로서의 자각 모럴이 높은 풍토의 조성

어서는 농림수산업이 산업의 중심세력이었으나, 2차산업 중심의 사회가 되면 1차산업 중심의 시대에서는 존재하지 않았던 집단이 중심세력이 된다. 그리고 3차산업이 2차산업의 비율 이상을 나타내는 사회가 되면 1차산업이나 2차산업 중심의 시대와는 다른 집단이 세력을 확대시키게 된다.

오늘날 기업은 사회 전체에 커다란 영향력을 갖는 집단임을 자각하고 책임을 수행할 것이 요구되고 있다. 즉 기업은 노동조합이나 근로자에 대해서 안정된 생활이 가능한 임금수준의 유지에 노력해야 하고, 경영활동에 참여기회를 확대하고, 사기(morale)와 동기부여(motivation)를 고려해야 한다.

지역사회에 대한 사회적 책임의 수행은 당연한 일로서, 공해의 발생을 예방하고 시설안전과 위생관리의 철저, 기업이 소유하는 운동시설을 개방하는 등을 구체적인 활동으로서 실천하지 않으면 안 된다.

이 외에도 경쟁기업, 거래처, 고객과 소비자 등의 기업활동에 관련되어 있는 수많은 집단과의 협조관계를 원활히 하여야 한다. 기업이 원활한 경영활동의 전개를 지지하는 기반으로 조직구성원이 존재한다는 인식이 중요하다. 인간자원 개발에 있어서도 이러한 사실을 염두에 두지 않으면 안 된다.

(2) 기업의 사회적 책임과 기업인

현대사회에 있어서 강력한 영향력을 갖게 된 기업은 관련된 모든 집단에 대해서 책임을 다해야 한다는 것은 당연하다. 사회를 구성하는 일원으로서의 기업은 행동의 과정과 결과에 대해서 책임이 있고, 다른 사회를 구성하는 집단으로부터 그 존재가치가 지지되어야 기업이 존속할 수 있다. 이를 위해서 기업은 행동하는 데 있어서의 경영철학을 명확히 한 행동을 하지 않으면 안 된다. 경영철학에 의해 기업의 사회적 존재이유가 명확하게 되고, 경영활동의 방향을 부여하는 신조로서 혹은 기업의 기본적인 행동지침으로서 인식할 수 있다.

경영철학은 일반적으로 사시 · 사훈 또는 경영이념으로서 문장화되고

〈그림 1-2〉 시민으로서의 기업과 기업인

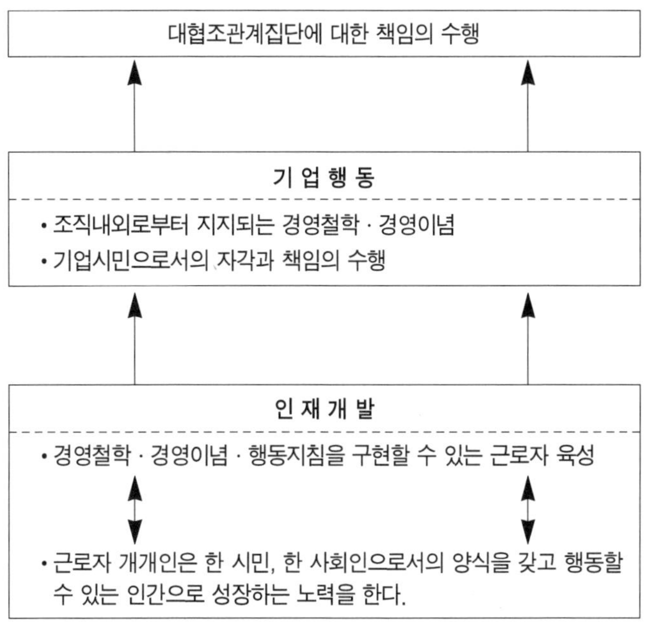

기업내외에 제시되지만, 기업의 행동과정과 결과에 따라 사회로부터 평가받게 된다. 기업구성원인 개개 기업인은 당연히 소속기업의 행동지침에 따라 사회로부터 평가되는 것은 두말할 나위가 없다. 기업에게 사회적 책임을 묻는 것과 같이 기업인에게도 사회적 책임을 묻게 되며, 한 시민, 한 사회인으로서의 교양과 매너나 에티켓을 요구한다. 따라서 기업은 한 시민, 한 사회인으로서 걸맞은 근로자의 육성에 노력하는 것이 사회적 책임을 수행하는 것이 되고, 기업의 종사자도 한 시민, 한 사회인으로서의 양식을 구비하는 것이 요구된다.

3. 현대의 기업인과 인간자원

(1) 현대기업에 있어서 경영자원

제품생산을 중심으로 한 시대에는 성능이 좋은 제품을 제조하고 시장에서 판매하는 것이 전략행동으로 인식되었다. 그러나 정보 및 서비스가 가치를 갖는 시대가 된 현대의 비즈니스에 있어서는 어떻게 시장 및 고객이 요구하는 제품을 제조하고 시장에 판매하는가(market in)를 고려한 전략행동이 중요시되었다. 2차산업 중심의 시대에는 기업이 활용하여야 하는 경영자원으로서 Man, Material, Money의 3M이 거론되고 있고, 이들 자원을 유효하게 조합시키는 것에 의해 효율적이고 능률적인 경영활동이 가능하다.

기술혁신의 진전과 정보화의 진전은 산업구조의 변혁을 촉진하고, 글로벌라이제이션의 진전은 산업구조의 결정적 전환요인이 되었으나, 2차산업도 환경의 추이에 대응해서 구조전환을 진행시키고 있고, 제품생산의 합리화, FA화(Factory Automation)의 추진은 종래의 발상과 관점으로는 기업경영 평가를 곤란하게 하고 있다. 기업이 생존하기 위한 경영구조의 전환(restructuring)에는 재무구조의 개선, 다각화, 분사화 전략이 있지만, 이들 전략의 전개에 있어서는 경영정보, 경영 노하우가 성공을 결정짓는 경우가 적지 않다. 특히 다각화, 분사화 전략의 전개는 현재의 조직구성원의 배치전환과 더불어 수집된 경영정보, 축적된 경영 노하우의 활용과 이들을 소지한 인간자원의 채용이 필요한 경우가 발생한다.

이러한 정황을 고려할 때 현대의 비즈니스, 기업경영에 필요한 주된 자원을 단순히 Man, Material, Money로 인식하기에는 불충분하다. 현대사회의 정황과 경영환경을 기반으로 해서 재고한다면 3M에 경영정보, 경영 노하우를 추가해서 경영자원으로서 인식해야만 한다.

(2) 현대의 기업과 인간자원

창조적인 경영활동을 하고 있는 기업, 독특한 제품을 개발하고 있는 기업, 또는 근로자가 생기있게 근로하고 있는 사기 높은 기업은 일반적으로 유능한 인간자원이 많이 있고 우수하게 인간자원이 관리되고 있는 기업이라고 볼 수 있다. 동업종 타사, 이업종 타사와의 경영격차가 발생하는 요인은 유능한 인간자원의 확보비율에 있다고 하는 설이 있듯이, 현대기업에 있어서 경영의 격차는 인간자원의 격차가 원인이라고 지적되고 있다. 과거에는 경영자들이 근로자의 능력개발에 대해서 관심이 적었다.

그러나 현대사회에 있어서는 근로자의 교육훈련 및 능력개발의 중요성에 관심을 갖는 것은 당연하여 기업경영을 평가하는 데 있어서 인간자원의 양보다는 질이 더 중요함을 인식하지 않으면 안 된다.

정보화사회가 진행되는 현대사회에 있어서는 경영활동과 관계되는 정보를 어떻게 활용하고 이것을 어떻게 직무에 결합할 수 있는가의 여부가 중요한 과제이다. 또한 매뉴얼로서 문장화하는 것과 문장화가 어려운 노하우를 전승하고 조직내부에 축적할 수 있는가의 여부, 그리고 그 활동체제가 정비되어 있는가의 여부도 한편의 중요한 과제가 된다. 제품의 제조와 판매, 자금의 관리와 운용 등은 모두 사람이 행하는 것이며, 조직이 확대된다면 3M을 공정하고 적절하게 관리하는 사람이 중요한 역할을 다하게 될 것이다. 우수한 감성과 감수성을 기초로 정보의 수집과 분석 그리고 활용하는 것은 사람이고, 노하우를 소지하고 있는 것도 활용하는 것도 사람이다. 경영환경에 있어서 무엇인가가 결여되어 있으면 원활하게 직무가 수행되지 않겠지만, 어떠한 직무도 사람이 중심이 되어 처리되므로 인간자원이 가장 중요한 자원이라고 하는 인식을 기반으로 기업경영 전반에 걸친 경영관리 활동과 인간자원의 개발이 조합되어야 한다.

(3) 인간자원 개발

인간자원 개발(Human Resource Development: HRD)은 조직구성원의 직무수

행 향상과 조직의 생존과 번영을 위해 학습증진을 도모하는 총체적인 시도이다. 여기서 학습의 중요성이 대두되지만 학습에 대한 기존 관념에서 벗어나야 한다. 즉 학습이란 교육훈련프로그램을 수강한다거나 시청함으로써 이루어진다는 사고방식에서 벗어나야 한다. 학습은 언제 어디서나 어떠한 방식으로든 일어나며, 구성원들로 이루어진 조직 자체도 학습해야 한다.

학습은 조직이 신규사업 진출여부 결정, 신제품 개발이나 저렴한 비용으로 고품질의 제품을 제조하기 위해서도 필요하다. 따라서 학습프로세스가 계속적으로 일어날 수 있도록 만들어 주는 것이 인간자원 개발의 가장 중요한 과제 중의 하나이며, 조직은 조직의 문제규명과 해결을 위한 변화과정을 촉진하는 통합적인 인간자원 개발로 접근할 필요가 있다.

여기서 인간자원 개발의 정의를 살펴보면, 하우스(House)는 학습을 통해 고용인의 태도를 변화시키고 기술과 지식을 증가시켜 고용인의 직무수행능력을 증대시킴으로써 이들의 직무수행(performance)을 향상시키려는 시도로, 내들러(Nadler Wiggs)는 직무나 과업을 처음 수행하거나 현재의 직무나 과업의 수행을 향상시키는 데 필요한 기술, 지식, 태도를 학습하는 데 초점을 맞춘 기법으로, 길리 등(Gilley & Eggland)은 직무, 개인, 조직의 개선을 목적으로 직무수행이나 개인적 성장을 향상시키기 위해 조직 내에 마련된 조직화된 학습활동들로서 보고 있다. 이는 조직구성원의 직무수행 향상과 조직의 생존과 번영을 위해 학습증진을 도모하는 총체적 시도로서, 기업에게는 인간자원관리제도가 이를 실현하는 수단이 된다. 따라서 본 교재의 명칭은 인간자원 개발을 염두에 두고 인간자원 관리를 다루고 있다는 의미에서 인간자원개발관리로 정하였다.

제 2 장

경제구조의 특징과 노동시장의 변화

1. 우리나라 경제성장 과정
2. 경제성장의 원인과 재벌기업의 특징
3. 국제경쟁력 강화요인
4. 노동시장의 유연화와 문제점
5. 비정규직 근로자의 활용과 실태
6. 노동시장 유연화에 대한 대책

1. 우리나라 경제성장 과정

우리나라는 산업화의 원년이라 할 수 있는 1960년대를 기점으로 획기적인 경제성장을 이룩하였는데, 기업들이 주도적으로 역할을 하였다. 경제발전 과정에서 우리나라가 수출중심의 대외지향적 공업화에 가장 큰 역점을 두었다. 1차산업 중심에서 제조업 중심으로 공업화가 이루어졌고, 생산은 국내소비를 목적으로 하기보다는 수출을 목적으로 한 대외지향적이었다. 이러한 대외지향적 공업화는 국제경제사회의 변동에 직접적인 영향을 받게 되었다. 즉 급변하는 국내외적 환경변화의 영향으로 우리나라 경제는 어려움에 처하게 되었으며 많은 근로자들의 희생을 요구하기에 이르렀다.

최근 한국기업들이 미국의 『포춘』지가 선정한 세계 500대 기업들로부터 중상위권 수준에 머무르고 있는 것으로 평가되고 있다. 미국기업을 100점으로 할 때 우리 기업들의 수준은 76점 수준에 불과한 것으로 나타났다. 이러한 평가원인은 제품 및 연구개발에의 투자, 인간자원 기술투자, 재무구조, 환경보호 등의 항목에서 보통점수를 받았기 때문이다. 특히 환경에 대한 관심이 67.8%로 낮은 것으로 평가되었고, 품질과 기술수준이 중간임에도 불구하고 연구개발 투자의 수준이 보통(40.1%), 낮다(25.7%)로 집계된 것도 한 원인이다. 인간자원의 질에 대해서는 높다가 36.8%, 보통이 38.8%, 낮다가 17.8%로 나타났으며, 금융차입 의존도에 따른 재무구조 건전성에 대해서도 높게 평가하지 않음으로써 구조적 문제점이 존재하는 것으로 나타나고 있다. 우리나라 경제개발 계획의 목표와 성과를 고찰하면 다음과 같다.

19세기말 서구문물과 제도를 도입하여야 할 중요한 시기에 우리나라는 봉건적 왕권제도를 유지함으로써 산업화가 지연되는 결과를 초래하게 되었다. 20세기초 외압에 따른 개항과 더불어 산업화가 시작되었으나 열강들의 침탈과 일본제국주의의 식민지화에 이르게 된다. 일본은 대륙진출을 위한 교두보로서 한국을 전쟁을 위한 병참기지화하게 되고, 이는 남농

북공이라는 불균형적 산업구조를 형성하게 되는데, 일본독점자본가와 결탁한 국내자본가가 등장하게 된다. 1945년 해방과 더불어 미소강대국들의 이권다툼으로 인한 국토분단이 이루어지게 되고, 이 과정에서 귀속자산 불하의 특혜가 이루어진다. 1950년 한국전쟁은 부족한 부존자원의 파괴로 이어지며 전쟁이후 경제재건을 위한 경제원조(ECA원조) 역시 특혜로 이어진다.

우리나라 경제성장의 발단은 1960년 초부터이다. 농업중심의 자급자족 경제로서 1인당 GNP는 80달러 정도에 불과하였으며, 수출품목도 중석, 어류, 생사 등의 1차산업이었다. 따라서 차관이나 대외여건, 월남전 특수경기로 인한 경제외적 요인에 의해 성장하였다.

1962년부터 정부주도의 경제개발계획이 실시되었다. 제1차 계획기간(1962~1966)은 사회경제적 악순환을 시정하기 위해서 자립경제의 기반을 구축하는 데 역점을 두어 성장률 7.8%를 기록하게 된다. 제2차기간(1967~1971)은 산업구조의 근대화를 촉진하는 시기로서 성장률 9.6%를 기록하였다. 즉 산업시설의 기반확충을 위해서 에너지 공급원을 확보하고 낙후된 농업생산력을 증대하여 기간산업과 사회간접자본의 확충에 주력하였으며, 정부주도형 · 수출지향형 경제성장으로서 수출을 통한 국제수지의 개선에 목표를 둔 시기라고 할 수 있다.

제3차 계획기간(1972~1976)은 성장과 안정 그리고 균형과 조화에 의한 자립적 경제구조 실현의 시기이고 9.7%의 성장률을 기록하였다. 제4차 계획기간(1977~1981)은 자력성장구조의 실현과 사회개발을 통한 형평을 촉진하는 시기로서 5.8%의 성장률을 기록하였다. 이 시기는 수출증대에 의한 국제수지를 개선하고 농어촌 경제개발과 중화학 공업건설에 역점을 두어 아시아의 4마리 용으로 주목을 받는 시기이다. 그러나 두 번에 걸친 석유파동과 저임금의 제품을 생산하는 후발공업국과 고가의 고품질을 생산하는 선진국 사이에서 어려움을 격기도 하였으며, 재벌그룹 중심의 중화학공업에 대한 투자의 급증과 중동건설수주의 증가로 해외파견 근로자로부터의 송금이 원인이 된 과잉유동성으로 인해 인플레이션이 사회적 문제로서 대두된 시기이다.

제5차 계획기간(1982~1986)은 경제안정기조와 자력성장기반의 구축을 기반으로 기술혁신과 정부기능의 혁신 그리고 국민생활의 질적 개선에 목표를 두게 되어 8.6%의 성장률을 기록하였다. 그러나 1980년 정치적 및 사회적 혼란으로 인하여 마이너스 성장을 하게 되고 자립경제의 실현이 불가능하기도 했으나, 3저현상의 대두는 1986년 12.2%의 경제성장률을 기록하면서 급성장국가로 주목받기도 하였다.

제6차 계획기간(1987~1991)은 자율안정복지와 경제의 자율화와 공평성 확보, 경제의 개방화와 국제화의 추진, 소외계층과 낙후부분에 중점지원이 이루어져 9.8%의 성장률을 기록하였다. 그러나 1980년대 말 국내정치와 사회적 불안, 국내시장의 개방압력, 보호무역주의의 장벽강화, 노사문제, 물가폭등 등은 기업들의 수출을 둔화시키는 원인이 되었으며, 구조적 발전의 한계를 나타내기도 하였다.

1990년대는 사회복지와 경제정의 실현, 기술개발 및 제품의 고급화를 통한 새로운 도약을 시도하였으며, WTO체제의 출범에 따른 국제적인 무한경쟁시대가 도래하였다. 이 과정에서 제조업과 관련서비스 중심의 산업이 계속 발전하여 성장의 견인차 역할을 하였고, 제조업 중에서도 자동차 · 전자 · 기계 등 고부가가치의 가공조립산업 위주로 고도화되었으나 1990년대 말 급변하는 국내외적 환경에 대처하지 못한 우리나라는 IMF 지원을 받게 될 정도로 어려움에 처하게 되었다. IMF 구제금융의 원인은 다양한 곳에서 찾을 수 있으나 크게 정부의 경제정책의 실패, 우리나라 기업에 대한 대외신용도 하락, 국제적 정치경제환경의 변화에 기인하였다고 할 수 있다.

2000년대에는 원유가의 불안정에도 불구하고 정부주도적 구조조정이 진행되어 반도체와 통신기기, 서비스업과 금융업 등을 중심으로 평균 6%대의 성장률을 지속하고 있으며, 여기에는 통신기기 및 컴퓨터 등의 수출도 크게 기여하였다. 이러한 성장은 환율이나 미국경제의 불투명 등 다양한 불안요인이 잠재되어 있고, 수출과 소비 등을 중심으로 지속적인 성장세가 유지될 것으로 전망되고 있으나, IMF 구제금융 이후 소득격차의 심화는 새로운 사회적 문제로 대두되고 있다. 그러나 이러한 경제적 지표와 낙관적 전망에도 불구하고 제2의 환란에 대한 위기의식이 높아지고 있는 것도 사실이다. 이러한 불안심리의 원인은 크게 네 가지로 요약하여 설명할 수 있다.

첫째, 구조조정과정에서 기업과 금융, 기업과 정부, 정부와 금융 등 부문간 관계정립이 이루어지지 않은 상태에서 장기적인 비전이 결여된 정책추진이 이루어지고 있다는 것이다. 따라서 구조조정과정에서의 관리감독이 제대로 이루어지지 않고 있는 것도 하나의 원인이다.

둘째, 구조조정에 밀려 거시정책 결정이 경시되고 있는 것이다. 구조조정에 관심이 집중되어 적정성장, 고용유지, 물가, 금융 등의 거시경제정책이 소홀해지고 있다는 것이다.

셋째, 그 동안의 생산요소의 투입증대에 의존한 양적 성장구조의 한계를 들 수 있다. 특히, 연구개발, 기술인프라 등의 종합적 기술개발력이 이루어지고 있지 않다는 것이 경제성장의 장애물이 된다는 것이다.

넷째, 기업과 부의 축적에 대한 부정적인 평가, 구조조정의 장애물이 되는 정치적 요인 등도 경제위기의 원인으로 작용할 것이라 본다.

최근 우리나라는 76억 5천만 달러의 경상수지 흑자를 기록하면서 5%정도의 경제성장을 유지하고 있음에도 불구하고 최악의 실업대란을 겪고 있어 고용 없는 경제성장을 계속하고 있다(2004). 이러한 원인으로서는 수출품목의 대다수가 정보통신분야로서 많은 수의 근로자를 요구하지 않으며, 고용창출효과가 높은 제조업 가동률이 60% 이하로 저조하다는 것이다. 또한 내수경기의 장기침체로 인한 소비자들의 소비감소가 계속되는 것도 그 한 원인으로 지적되고 있다. 특별소비세 폐지품목의 확대, 소득세 감면, 연말정산 항목의 확대 및 건설경기의 부응책 등 정부의 다양한 소비활성화 대책에도 불구하고 기대효과는 나타나고 있지 않다. 더불어 권위 있는 전문기관과 연구소에서는 국제유가의 폭등과 일관성 없는 경제정책, 불안한 노사관계, 주변국가의 급격한 경제성장 등의 원인으로 인하여 향후 우리나라 경제상황을 연평균 2% 미만의 저성장국가로 전락할 것이라는 비관적인 예측을 하고 있다.

2. 경제성장의 원인과 재벌기업의 특징

우리나라는 과거 40년간 획기적인 압축성장을 해왔으며, 이러한 급격한 경제성장의 주도적 역할을 해온 것은 기업이다. 이 과정에서 정부의 역할이 결정적 기여를 하였으나 기업발전의 문제점을 야기하기도 하였다. 이러한 정부와 기업의 관계에 의한 경제성장은 다양한 평가가 이루어지고 있으며 다음과 같이 요약할 수 있다.

첫째, 우리나라는 산업화 초기부터 대외의존적 경제체제로 인한 수출드라이브 정책을 시행하였다. 이 과정에서 외국자본과 결탁한 국내 독점자본가의 급속한 성장으로 내실보다는 외형적 성장이 이루어지게 된다.

둘째, 재벌기업과 대기업에 대한 정부의 지원이 이루어졌다. 경제개발추진과정에서 정부는 특정 기업에 금융 · 세제 · 재정상의 지원을 함으로써 경제성장의 결정적 기여를 하게 된다. 그 결과로서 국가경제의 성장과 특정 기업의 성장도 이루어지게 되었다. 그러나 이러한 경제성장의 결과에 대해서는 다음과 같은 평가가 이어지고 있다.

기업이 우리나라 경제발전의 원동력이었다는 것은 주지의 사실이며, 이 과정에서 정부의 역할이 주도적이었다는 사실도 설명하였다. 따라서 우리나라 경제는 몇몇 재벌기업에 의하여 결정되고 이들 기업의 도산은 우리 경제에 치명적인 영향을 주기도 하는 불균형적 발전이 이루어졌다. 우리나라 재벌기업은 다음과 같은 특징을 가지고 있다.

첫째, 대규모의 자본과 자산을 소유하고 있다. 우리나라 재벌기업은 주력사업의 원재료와 관계회사, 유통분야 관계회사를 포함한 계열사에 투자함은 물론 주력사업과 관련없는 업종에까지 투자를 함으로써 위험을 분산하고 성장과 이익을 추구하려 한다.

둘째, 소유권이 친인척에 집중되어 있다. 우리나라 재벌기업은 전통적 가부장적 대가족주의에 입각한 경영스타일을 유지하여 조직구조가 집권화되고 학연과 지연에 의한 경영층의 응집력이 고조화되고 있다.

셋째, 정부와 밀접한 관계를 형성하고 있다. 정부와의 밀접한 관계를

〈표 2-1〉 우리나라 기업에 대한 평가

긍정적 평가	부정적 평가
취업기회의 확대	재벌기업 중심의 경제력 집중
제품과 서비스의 확대	부와 권력구조의 왜곡
생활수준의 향상	비효율적 자원분배
복지향상	산업구조 불균형
경제발전에의 기여	효율적 시장기능 저해

유지함으로써 차관도입이나 금융기관으로부터의 자금을 조달하고 있다. 이 같은 결과는 타인자본에 의한 무리한 사업확장으로 취약한 재무구조의 문제가 야기되기도 한다.

넷째, 사회로부터 상반된 평가를 받고 있다. 긍정적 측면으로는 경제성장의 주도적 역할을 담당한 것이고 부정적인 평가로는 정경유착과 비윤리적 행위, 부와 권력의 집중화 등을 들 수 있다.

다섯째, 비정상적인 부의 세습이 이루어지고 있는 것도 하나의 특징이라고 볼 수 있다.

3. 국제경쟁력 강화요인

세계화를 위해 우리나라 경제가 안고 있는 과제는 다양하다. 세계속에서 우리나라가 경제성장의 견인차적 역할을 수행하기 위해서 먼저 성장과 분배의 합리적인 조화가 이루어져야 한다. 이를 위해서는 올바른 노사관계의 정립을 통한 노사간 조화와 중소기업의 육성을 통한 경제기반의 안정화를 도모하여야 할 것이다. 다음으로는 산업구조의 조정이 이루어져야 한다. 시장여건의 변동으로 사양산업의 발생과 그에 따른 유망산업으로의 산업구조조정은 자연스러운 현상이다. 그러나 1990년대 이후 산업구조의 변화는 서비스업의 성장과 제조업의 위축으로 이어져 경쟁력의 약화를 초래하였으며, 국제경쟁력의 강화를 위해서는 과소비 억제와 첨단산업, 소재부품, 기계류 산업을 육성하고 기술개발 노력의 강화와 제품 및 생산공정의 혁신으로 산업구조조정을 위한 노력이 필요하다. 우리나라 기업이 국제경쟁력을 강화하기 위해서 해야 할 일은 다음과 같다.

① 기술인력을 양성해야 한다. 지식정보화 사회에서는 무형의 고급인력을 양성하지 않으면 안 된다.
② 중소기업의 기술집약화가 이루어져야 한다. 산업의 저변확대를 위해 벤처기업(venture business)에 기술지원을 실시하고 대기업과의 협력체제를 형성해야 한다.
③ 선진국의 기술습득이 요구된다. 첨단제품의 중요 부품 대부분을 외국의 수입에 의존하기 때문에 외국기업에의 의존도를 낮추지 않으면 안 된다.
④ 첨단기술의 개발이 이루어져야 한다. 경쟁력의 원동력은 기술개발이며 기술에 대한 보호장벽을 극복하기 위해서 고부가가치 첨단기술의 개발은 필수적이다.
⑤ 연구풍토의 조성이 필요하다. 과거 경제발전의 주역은 기능공이나 근로자였지만 이제는 전문적 지식을 소유한 근로자가 경제발전의 주역이다.
⑥ 수출의 다변화가 이루어져야 한다.
⑦ 공동화 현상을 극복해야 한다. 사양사업이나 수출경쟁력이 저하되는 상품의 제조공장을 이전하는 만큼 고부가가치의 첨단산업을 국내에 유치하고 이에 따른 인력개발과 기술개발을 이루어야 한다.

4. 노동시장의 유연화와 문제점

최근 급격하게 변화하고 있는 사회기술적 환경의 변화는 노동시장의 급속한 변화를 요구하고 있으며, 경제적 위기를 극복하기 위한 기업과 정부의 구조조정 노력이 일치하면서 근로자의 비정규직화를 초래하게 되었다. 즉 기업들은 이러한 환경적 변화에 능동적으로 적응하기 위하여 고용의 유연성을 확보하고 적정인력을 유지하며 상대적으로 임금수준이 낮은 비정규직 근로자를 고용함으로써 비용을 절감하고자 한다. 즉 적정한 인력을 유지하기 위한 기업의 구조조정에는 고용의 조정이 동반된다는 사실이다. 적정인력을 유지하기 위한 고용조정의 유연성 확보에 있어서 정규직 근로자의 경우 경영상의 이유에 의한 해고가 가능하도록 입법화되어 있기는 하지만 그 실행에 있어서는 많은 문제점들이 발생한다. 따라서 기업은 법이 규정하는 경영상의 이유가 없다고 하더라도 신속한 인력조정을 바라고 있으며, 그 방법 중의 하나가 비정규직 근로자를 활용하는 것이다.

따라서 이후 기업들은 정규직 근로자의 수를 줄이고 시간제 근로자, 임시 및 계약직 근로자, 파견근로자 등 다양한 비정규직 근로자의 수를 증가시킴으로써 인건비를 절감하는 고용패턴을 다양하게 시도하고 있다. 정부도 이러한 기업측의 입장을 지지하여 그 동안 정리해고, 근로자 파견제 등 이른바 노동시장의 유연화 정책을 도입해 온 것이 사실이다.

노동의 유연성에 따른 비정규 근로형태의 증가는 기존의 노동보호법제를 교묘하게 피해가면서 근로자의 고용불안을 야기하고, 저임금과 차별, 노동강도의 심화, 사회보험 및 기업복지로부터의 배제 등 열악하고 비인간적인 대우는 사회적인 빈부격차의 심화와 계층간 갈등을 초래하게 되었다. 더욱이 현재와 같은 경기침체와 구조조정의 상황하에서 일차적인 인력조정의 대상자는 비정규직 근로자일 수밖에 없는 것이다. 물론 사회의 디지털화에 따른 전문직 지식근로자의 자발적인 비정규직 근로의 경우에는 별 문제가 없겠지만, 현실적으로 대다수의 비정규직 근로자는 비자발적 선택의 결과로 이루어지고 있기 때문에 문제가 된다. 그러나 현실적인 측면을 도외시하고 무조건 비정규직 근로자를 정규직화하는 것은 현실적인 상황을 고려해 볼 때 불가능한 것이므로, 현실을 인정하고 이들을 보호하는 구체적인 방안을 강구하지 않으면 안 된다.

5. 비정규직 근로자의 활용과 실태

비정규직 근로자의 유형에 대하여 유치 등(Uzzi and Barsness)은 비정규직을 외부화의 정도에 따라 장소를 기준으로 프리랜서, 재택근로자 등으로, 관리통제를 기준으로 대리기업을 통한 임시직(agency temporary), 독립계약직(independent contractors) 등으로, 고용기간을 기준으로 시간제(part-time), 임시직(temporary) 등으로 분류하였다. 또한 재빌리어(Javillier)는 구조적 비정규근로와 기능적 비정규근로로 구분하고, 전자는 계약기간의 설정여부에 따라 임시직(일용직, 계약직, 촉탁직, 계절근로)과 직접고용 여부에 따라 파견근로자, 하청근로용역, 소사장 등으로 구분하고, 후자는 근로시간의 다양화에 따라 시간제, 교대제, 변형근로, 재량근로와 근로장소의 다양화에 따라 재택근로, 가내근로 등으로 분류하였다. 그러나 기업에서는 이러한 다양한 비정규 근로자를 활용하는 데 있어서 무조건 긍정적 태도만을 취하는 것만은 아니다. 〈표 2-2〉는 기업에서 비정규 근로자에 대한 태도를 분석한 것이다.

1997년대 말 우리나라는 경제적 위기를 거치면서 자본의 유연화 전략에 기인하여 비정규직 근로의 형태가 급속도로 진전하여 현재에는 정규직 근로자에 비해 비정규직 근로자의 비율이 53%를 초과하고 있지만 평

〈표 2-2〉 **비정규직 선호와 기피이유**(복수응답, 단위: %)

선호이유	비 율	기피이유	비 율
유연적 배치	32	몰입도의 부족	41
복지후생비 절감	23	기술의 부족	19
즉시적 배치	16	높은 이직률	18
전반적 인건비 절감	16	낮은 사기	12
일시적 이용가능성	15	정규직원과의 통합 어려움	10
비용이 없는 해고	14	높은 비용	7
선발의 사전단계로 활용	13	기업안정의 저해	5

균임금은 115.6만원으로서 정규직 184.6만원의 62.6% 수준에 미치고 있으며, 주당 평균근로시간(41.5시간)은 정규직(45.9시간)의 90.4%이며, 평균 근속기간 23.9월은 정규직 71.8월보다 짧은 1/3 수준인 것으로 나타나고 있다. 기간제 근로자의 국제적 비교에서는, 한국 17.0%, 프랑스 14.9%, 일본 12.8%, 미국 4.0%로서 매우 높게 나타나고 있다.

비정규직 근로자의 특징을 분석하면 주로 사업장 규모가 작을수록 비율이 높아 5인 미만 50.4%, 5-9인 40.5%, 10-29인 37.4%, 30-99인 33.4%, 100-299인 28.8%, 300인 이상 19.7%에 달하고 있으며, 서비스산업에 많이

〈표 2-3〉 종사상 지위별 취업자(단위: 천명)

연 도	전체취업자	비임금근로자	임금근로자	(상용	임시	일용)
2002	21,884	8,105	13,779	(6,608	4,736	2,435)
2003	22,139	7,736	14,402	(7,269	5,004	2,130)
2004	22,802	7,673	15,129	(7,792	5,020	2,317)
2005	22,699	7,425	15,273	(7,978	5,147	2,148)
2006	22,987	7,267	15,722	(8,367	5,198	2,236)

〈그림 2-1〉 비정규직 인력활용의 기대효과와 활용비용

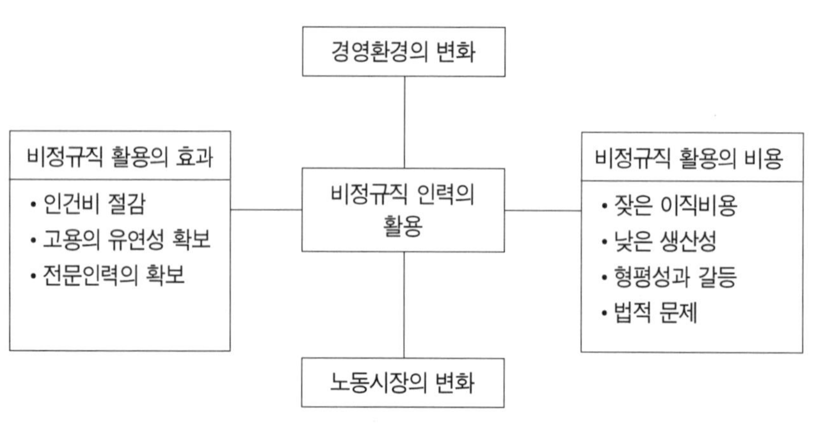

종사하고 있어, 사업 · 개인 · 공공서비스업 37.3%, 도소매 · 음식숙박업 21.8%, 건설업 15.3%, 제조업 13.3%, 전기 · 통신 · 운수 · 창고 · 금융업 10.2% 등이었고, 저연령 및 고연령층에 비정규직이 종사하는 비중이 높아 10대 70.6%, 20대 32.8%, 30대 30.4%, 40대 36.3%, 50대 42.8%, 60대 66.7%인 것으로 나타나고 있다.

이러한 비정규직 근로자의 실태조사에서 기업이 단시간 근로의 도입 이유를 ① 인건비 절감, ② 고용의 탄력적 조절, ③ 사무자동화로 인한 업무의 단순화, ④ 돌발적 업무 폭증에 대한 대응, ⑤ 인력난, ⑥ 노무관리의 용이, ⑦ 노동조합의 약화 등의 문항에 대하여 설문조사한 결과 주로 고용조절의 용이, 인건비 절감, 인력난 해소 등의 목적으로 도입되고 있음이 나타났다. 〈그림 2-1〉은 비정규직 인력활용의 기대효과와 활용비용을 나타낸 것이다.

6. 노동시장 유연화에 대한 대책

이번에 통과된 비정규직 보호법은 ① 기간제와 단시간제 근로자보호법 제정안, ② 파견근로자보호법 개정안, ③ 노동위원회법 개정안 등 3개 법안이다. 법안의 주요 골자는 ① 비정규직에 대한 불합리한 차별처우 금지 및 시정, ② 기간제 및 단시간근로 남용 제한, ③ 불법파견에 대한 제재와 파견근로자 보호 강화이며, 중소기업의 부담을 감안해 단계적으로 시행된다. 따라서 근로자 300인 이상 기업과 공공부문은 2007년 7월, 100-299인 기업은 2008년 7월, 100인 미만 기업은 2009년 9월부터 적용된다.

특히 이번 법안은 비정규직이 정규직처럼 일할 수 있는 길이 열렸다는데 의미가 있다. 우선 노동현장에서 정규직과 같거나 비슷한 업무를 수행하는 비정규직이 합당한 이유 없이 임금이나 근로조건에서 차별받을 경우 노동위원회를 통해 시정을 요구, 임금보상 등 차별시정명령을 이끌어낼 수 있다. 차별시정은 차별적 처우가 있는 날로부터 3개월 이내에 차별적 처우내용을 구체적으로 명시해 지역 노동위원회에 시정신청을 하면 된다.

노사간에 첨예하게 대립한 기간제(계약직) 근로자의 고용기간은 최대 2년으로 정해졌다. 이에 따라 2008년 하반기부터 종업원 300인 이상 회사의 기간제 근로자가 2년 이상 근무할 경우에는 해당 근로자와 사용자가 별도의 계약갱신을 하지 않아도 무기한 근로계약을 한 것으로 간주되어 계속 같은 사업장에서 일할 수 있게 된다. 또 불법파견으로 판정된 근로자가 사업장에서 2년 이상 근무했다면 사용자는 해당 근로자를 의무적으로 채용해야 한다. 기간초과뿐 아니라 파견허용업종 위반에 대해서는 적발 즉시 직접 고용해야 하며, 무허가 파견 등 모든 불법파견에 대해서도 고용 2년 뒤 직접고용이 의무화됐다.

노동시장의 유연성에 바탕을 둔 노동시장 기능의 활성화를 위한 대책은 다음과 같다.

1) 고용형태의 다양화

파견근로, 계약직 근로, 시간제 및 재택근로의 활성화를 도모한다. 이를 위해서는 이들의 근로조건, 사회보험 및 책임의 명확화, 고용체계 등의 기준을 마련하고 법률적 검토가 이루어져야 한다.

2) 기업내 노동시장의 유연성 제고

이를 위해서는 첫째, 임금체계의 유연성 제고가 요구된다. 그러기 위해서는 능력과 성과에 부합되는 임금체계로의 이행이 필요하고 객관적이고 공정성이 보장되는 평가기준이 마련되어야 한다. 둘째, 퇴직금제도의 개선이 요구된다. 국민연금이나 고용보험 등의 실시로 퇴직금의 의미가 퇴색되고 있으므로 장기적으로는 국민연금 및 근로자 연금제도 등의 발전과 더불어 법정퇴직금 제도를 사회보장제도로 흡수 전환하여야 한다. 셋째, 인간자원 관리 관행의 개선이 이루어져야 한다. 다양한 형태의 근로조건, 성차별 개선, 고용기회의 확산 등 인간자원관리의 관행에 대한 개선이 요구된다.

3) 공공부문 노동시장의 유연성 제고

공공부문에 대한 개방형 임용제도의 도입과 능력 및 성과에 기초한 임금제도, 퇴직의 유연성 확보 등이 요구된다.

4) 노동시장의 인프라 구축

유휴인력을 활용할 수 있는 기업체와 관련한 인력은행의 구축과 취업정보망 구축에 의한 정보제공 등이 필요하다.

제 **3** 장

현대사회에서의 조직과 인간

1. 현대 조직론의 역사적 위상
2. 현대 조직론의 동향
3. 조직모델의 4유형
4. 환경–조직–집단–개인의 공생관계

1. 현대 조직론의 역사적 위상

(1) 개인과 조직의 모순적 관계

조직을 둘러싼 논쟁은 궁극적으로 개인과 조직의 이율배반적 관계설정에 관한 것이다. 그러나 이 논쟁을 해결할 수 있는 해결책은 존재할 수 없는 영원한 과제이다. 따라서 일정한 역사적 상황 속에서 조직현상의 문제점을 지적하고, 배경으로서 조직구조 및 조직기능의 병리적 측면을 지적해서 문제해결의 방향성 및 실천적 기법에 대해서 고찰할 수밖에 없다. 이와 같은 상황적 요인에 의해 조직상(像)이 생성 및 변화한다면 현대사회에서 발생하는 인간과 조직과의 관계를 설정하는 데 해결해야 할 과제는 무엇일까? 개인과 조직의 관계변화를 프리 모던-모던-포스트 모던이라고 하는 역사적 상황 속에서 접근할 경우 다음과 같이 설명할 수 있다.

프리 모던에 있어서는 개인과 집단의 동질성이 대개 일치하는 운명공동체적 사회가 생성되어 왔다. 이것에 의해 산업화의 진전이 수반되고 동질적 사회집단의 분출현상이 발생하면서 사회현상이 변동하고 지역공동체 및 사회집단의 해체화가 진행되었다. 이 시대에는 인간의 해방에 의한 근대적 개인 및 자아의 확립이 제창되었지만 근대인의 이념으로서의 영역을 나타내는 것은 아니었다. 개인은 집단적 존재이고 필연적으로 자유, 평등, 독립된 목적, 합리적인 인격자라고는 할 수 없다. 집단주의적 원리(개개의 집단에의 몰입, 이질성의 배제 등)가 현재까지 잔존해 있다. 따라서 개인이 집단에의 의존정신으로부터 탈피했다고 할 수 없으며 집단 이외에서 개인은 고립되고 방임된 상태였다.

(2) 새로운 시스템의 조성

이러한 분화과정의 혼란기에 조직론이 등장하고 있다. 질서회복기의 통합과정에서 베버(Weber et al.)의 지배를 위한 조직론 구축은 보다 정교하고 철저하게 이루어져 왔다. 따라서 조직구성원에게 부여된 역할은 극도로 커지게 되었으며 조직의 대규모화, 합리화, 관료제화 과정이 점진적으로 진행하여 오늘의 거대조직의 시대를 맞이하고 있는 것이다. 조직의 거대화는 일차원적 사회, 프로그램 사회 또는 technocrat(기술관료)사회를 출현시키고 그 결과 또 다른 새로운 문제를 표출하고 있다. 대표적인 예로 사회주의적 조직론의 실패에서 보이는 오류 등을 볼 수 있다.

또한 포스트 모던을 개인의 이질성과 집단의 이질성이 공존 · 공생하는 시대라고 규정하면, 현대사회는 개인의 동질성으로부터 이질성으로(일체화, 몰인격화로부터 차별화 및 개성화로), 집단의 동질성으로부터 이질성으로(평준화 및 균질화로부터 다원화 및 다양화로)라고 하는 패러다임으로의 전환기라고 고려된다. 그러나 이 이질성화 사회에 있어서 개인과 집단과 조직과의 행동원리 및 편성원리는 아직 구축되지 않았다.

우리는 이와 같은 역사적 전환기에 있어서 점점 거대화해져 가는 조직을 어떻게 통제할 것인가 또는 개인은 조직에 어떻게 커미트(commit) 해갈 것인가 라고 하는 문제에 직면해 있다.

전자의 조직통제에 관해서는 수직적 분화로부터 수평적 분화로, 동태적 조직, 매트릭스 조직, holonic(이질적인 부분 및 요소로부터 성립된 집합이 전체로서는 조화를 취함)조직, 또는 네트워크 조직 등의 조직모델이 탐구되고 있다. 또한 후자의 개인의 커미트먼트(commitment)에 관해서는 자기조직성이론 등이 주장되고 있다.

그러나 현실적 문제상황으로 본다면 리스트럭처 및 리엔지니어링 등의 조직 변혁을 통해 위로부터의 조직화, 결국 관리통제적 측면이 강화되고 조직구조는 비대해질 뿐이다. 오히려 조직구조를 검토해서 통제하고 피드백하는 아래로부터의 조직화, 즉 참가형 조직이 확립되어야 할 것이다. 조직의 투명화 · 공정화 · 분권화 · 참여화를 통한 새로운 경로조성과 시스템 조성이 기대되고 있는 것이다.

(3) 개인을 위한 조직 조성

현대인이 조직에 의해 구속되고 규제되면서도 조직을 발생시키고 조직에 의해 살아가는 개인이 되기 위해서는 어떠한 이론과 행동이 형성되어야 하는지가 중요한 과제이다. 이것에 관해서 다음의 두 가지의 관점을 지적한다. 첫째, '조직인으로부터 생활자로' 라고 하는 발상의 전환을 도모하는 것, 둘째는 그 생활자라고 하는 관점을 백업하는 서포트 시스템의 도입을 적극적으로 진행하는 것이다.

생활자라는 것은 인간의 풍요로운 생활의 질(QOL)이라고 하는 관점에서 노동의 질을 제고해 보는 것이다. 조직인은 이제까지 노동(labor)을 수락적 · 종속적 · 의존적인 것으로서 취급해 왔다. 그러나 생활자는 노동을 개인단위의 생활(work)로서 주체적 · 자율적 · 독립적으로 취급한다. 생활자의 가치관과 라이프 스타일은 인생을 즐기기 위하여 생활하고 있다고 생각하고 회사는 자신을 위해 존재하며, 업무는 즐기기 위하여 존재한다, 직무도 즐기는 것이며 즐기는 것도 직무라고 생각한다.

생활자의 행동범위는 가정생활, 직장생활, 지역생활, 개인생활(업무도 가족도 취미도)로 볼 수 있다. 따라서 직장은 하나의 생활거점에 불과하며 회사 및 직무는 금전적 동기만이 아니라 생활활력소, 능력발휘, 자기실현, 사회적 평가, 사회적 공헌 등 자신의 인생을 보내는 장 및 기회가 되는 것이다. 그 결과 가정 제일주의의 생활방식만이 아니라 이들을 통합하는 통합적 균형감각이 요구되고 있다. 노동시간, 노동환경, 노동조건 등도 개정되어 노동의 인간화라고 하는 관점으로부터 직시하지 않으면 안 된다.

이러한 생활자의 관점으로부터 직무를 즐기는 것이 되기 위해서는 구성원의 직무에의 커미트먼트를 위한 서포트 시스템이 확립되어야 한다. 특히 모럴 및 모티베이션을 향상시키기 위해서는 직무수행 과정에서 개인의 책임과 권한의 동시위양이 실현되어야 한다. 또 현장 담당자에의 철저한 권한위양이 제도적으로 보장될 필요가 있다. 참여기회가 모티베이션과 업적을 향상시킨다는 원칙에 따라 의사결정 과정에의 참여기회를 보다 많이 조성하는 것이 바람직하다.

조직으로서는 어떤 목적으로 어떠한 과업에 대해서 어떠한 방법으로 어느 정도까지 개인의 직접 참가를 인정할 것인가라고 하는 구체적 시책의 검토가 요구된다. 이러한 개인화의 제도화로서 대내적으로는 직능자격제도의 도입, 전문직 제도의 활용, IT(정보기술)의 도입에 의한 정보의 공유와 공개 등이 있다. 대외적으로는 시민참가제도, 소비자운동, 자선사업조직, worker's collective(시민 등이 출자자가 되고 지역사회에 도움이 되는 사업을 공동으로 운영하는 사업체) 등의 협동시스템이 모색되고 있다.

2. 현대 조직론의 동향

(1) 조직화와 개인화의 통합

현대사회에 있어서 조직과 인간의 문제는 거대한 조직 속에서 한 사람의 개인은 어떻게 행동하고 무엇을 할 수 있는가, 개인의 자립이라는 것은 어떻게 가능한 것인가, 자립한 개인을 지원할 서포트 시스템은 어떠한 것이 있어야 하는가라는 과제가 중요하다. 이제까지의 근대 합리주의 사회에서는 조직의 기능 및 능률, 생산성이라고 하는 원칙이 우선되고 인간은 부수적 종속물로서 소외되는 존재에 지나지 않았다. 조직에서 근로하는 구성원에게 조직은 절대적 권위자로서 숭배되는 대상이었다. 조직주체로서의 가치적 규정이나 의미부여도 이루어지지 않았다. 결국 조직과 개인의 행동원리는 협동의 파트너로서 동조과정을 통해서 성장하고 발전한다고 하는 사회적 결속관계를 구축해 왔던 것이다.

그러나 시대는 글로벌화 · 무국경화 · 세계화시대를 맞아 개인은 하나의 집단을 초월하고, 조직을 초월하고, 더불어 국경을 초월할 수 있게 되었다. 사회는 완전히 이질적인 요소의 상호교류가 이루어지게 되고 개방된 사회로 변화되고 있다. 이러한 상황에서 민족 및 국가라고 하는 공동체와 소위 근대적 개인의 관계는 어떻게 정립되어야 하는가 하는 것이 문제이다. 조직의 본연의 자세 또는 구성원의 개성을 존중하며 더불어 생기

있는 조직사회(풍요로운 관계성과 즐거운 직장환경)의 실현이 무엇보다 절실한 과제인 것이다.

여기에서 말하는 공생이란 사람들이 스스로 인간적인 삶의 다양한 가능성을 탐구하고 상호 부단한 실천을 통하여 풍요로움을 지양하며 이질적인 것에도 항상 개방적인 사회적 결속양식인 것이다. 이러한 공존공영의 사회시스템의 수립이 요구되고 있다.

(2) 조직 패러다임의 변화

여기에서는 사회구조의 변화과정을 전체 · 집단 · 개인주의라고 하는 개념으로 규정하고 프리 모던 · 모던 · 포스트 모던이라는 시대적 구분에 따라 조직론의 관점으로부터 고찰한다.

프리 모던(pre-modern)이란 근대시민사회의 성립이전에 있어서 전통적이고 보수적인 시대사회를 의미하고, 모던(modern)이란 18~20세기 근대 합리주의의 시대사회를, 포스트 모던(post-modern)이란 20세기 중반부터 21세기 초반에 걸쳐서 조화, 협동 및 공생이라고 하는 새로운 가치이념의 시대사회라고 규정할 수 있다.

프리 모던은 총체적으로 전체주의가 강력하게 지배하고 있는 사회이고, 지역사회도 집단도 가족도 모두 운명공동체로서 존재하였다. 공동체란 전체적인 동질성 사회(a homogeneous society)로서 집단도 개인도 군집적 집합표상 속에 포함되어 있다. 공동체와 개인의 관계는 일부 소수의 지배자(군주, 귀족 및 영주 등)에 의해 관리되고 억압되어 있다. 물론 개인 및 자아에의 자각은 존재하지 않는다. 그러나 전체주의적 조직사회에 있어서는 중앙집권체제의 무책임, 지시명령에의 형식적 복종, 형식적 집무수행, 개인의 능력신장의 억제 등의 한계로부터 필연적으로 억압으로부터의 해방을 추구해서 변혁이 발생하게 된다.

이윽고 모던에 있어서 다양한 사회집단의 분출현상 및 근대적 자아의 각성이라고 하는 새로운 시대적 정황이 대두되었다. 모던은 이러한 이해집단 및 적대적 개인이 대립 · 충돌 · 분쟁하는 자본주의적 시장사회였다.

산업사회는 우승열패, 약육강식, 적자생존이라고 하는 자유경쟁원리를 채택하고 개인의 노동력의 상품화를 적극적으로 장려했다. 시민사회의 성립 또는 근대적 개인의 확립은 이러한 집단 및 개인의 자유주의, 민주주의, 개인주의, 평등주의 등의 제 원칙을 전제로 하고 있다.

그러나 공업화 · 산업화의 진전은 생산성을 높이기 위하여 능률의 논리 및 비용의 논리를 강조하여 포드 시스템으로서 지적되는 기계화의 도입 및 컨베이어 시스템 등을 꾸준히 채택하여 왔다(스톱워치와 컨베이어 방식 등의 도입). 컨베이어에 의한 작업흐름방식은 작업을 표준화 · 단순화 · 반복화 · 단조화하게 됨으로써 인간을 기계화하게 되었다. 인간의 기계화라는 것은 결국 인간은 비합리적 존재로서 감정적 행동을 하기 때문에 항상 금전적 자극을 부여받는 경제인으로서 교화해 가지 않으면 안 된다고 하는 사고방식이다. 공식(formal)조직은 이러한 목적 합리성을 갖고 점점 인간의 기능분화, 분업화를 촉진하고 질서와 안정과 통제를 강요하고 있다. 이 전형적 조직모델은 기능의 극대화를 목표로 한 조직이다. 따라서 이 조직구조는 처음부터 합리적이며 피라미드형 조직구조로서 매우 비인간적 조직이었다.

포스트 모던에서는 정보화 · 국제화 · 고령화 · 하이테크화 등의 진전과, 소프트와 서비스부문의 제3차 산업 종사자의 증대 등에 의해 보다 철저한 개인주의 및 주체의식이 조성되어 왔다. 포스트 산업사회에 있어서 구성원들의 이미지는 생산중심의 사회적 가치관으로부터의 탈피가 요구되고 있다. 즉 생산자 및 근로자라고 하는 종래의 억압적이고 차별적 이미지로부터 소비자 및 생활자라고 하는 능동적이고 주체적인 이미지로 변화되어 왔다.

또한 조직도 패러다임의 변환을 강력히 요구받고 있다. 예컨대 집단화로부터 분권화, 수직적 분화로부터 수평적 분화로, 권위로부터 반권위로(권력으로부터 전문화로)라고 하는 새로운 조직원리에의 흐름이다. 조직론으로 말한다면 자율적 창의시스템론, 자기조직성 이론, 게임이론 등으로 요약되고 있다. 이들 조직론에서의 가치이념을 요약 정리하면 협동주의, 공생주의, 관계주의, 호혜주의라고 하는 개념이 된다. 또한 공통적인 것은 개인의 자아실현 및 자기표현에의 요구, 개성 및 능력의 발휘를 목표로 하고 개인차나 독자성을 존중하는 것 등이다. 몇 가지의 구체적인 원리를 예를 들면 다음과 같다.

① 의사결정 과정에의 직접참가

경영참가는 현대조직에서의 새로운 경향이다. 어떤 목적으로, 어떤 직무내용을, 어떤 방법으로, 어느 과정까지 진행시킬 수 있을 것인가라고 하는 개인적 의사결정 및 공동결정의 제도적 본질이 권한위양의 문제로 논의되고 있다. 이것은 일상의 직무수행에 있어서 개인의 업무분담을 확대하고, 개인 책임제 및 자기 완결화를 명확화한다고 하는 것이다. 톱 레벨에의 의사결정 참가방식으로서는 경영참가, 주주총회, 이사회, 정책회의 등이 열거된다. 또 직장의 미들 레벨에서의 의사결정 참가방식으로서는 직무충실, 직무확대, 직무전환 혹은 직무재설계 등이 검토되고 있다.

② 수평적 분권 및 분산화

정보사회화 및 매스미디어의 급속한 진전에 의해 조직구조의 수평적 역할분화가 이루어져 왔다. 정보혁명에 따른 수평분화의 진전에 의해 분사화, 컴퓨터 네트워크화, 데이터 베이스의 공유화, 계층 단축 및 중간관리직 축소(화이트칼라의 대량해고) 등 자주적 개인참가에 기초한 수평적 대등 그리고 상호 규정적인 네트워크형 조직이 실현 가능하게 되었다.

③ 프로페셔널 조직화

이것은 피어슨(Parsons)의 전문분화에서 전문직화(status profession에서 occupational profession으로)로의 변화의 가속화를 의미한다. 새로운 조직원리는 명확하게 피라미드 지향으로부터 프로페션 지향으로 변화하고 있고, 프로페셔널리즘의 수평적 조직의 증대가 진전되고 있다.

이와 같이 포스트 모던에 있어서 새로운 조직원리는 상호부조적 · 상호의존적 네트워크론을 중심으로 개인의 원리를 전제로 자율적으로 자기의 주체성과 책임으로 수용해 간다고 하는 시스템 방식을 모색하고 있다. 결국 직무는 하향적 지시명령 및 직무규정에 의해서만이 아니라 개개인의 자발적 · 자주적 판단으로 행동하는 상향적 조직모델이 요구되고 있는 것이다(개인담당제, 담당책임제, 역할분담론, 권한위양, 현장분권론 등).

(3) 동질성 · 균질성 · 이질성으로

집단과 개인의 변화과정을 동질성 · 균질성 · 이질성이라는 개념으로 고찰할 수 있다. 프리 모던에 있어서 집단 및 개인도 한정된 이원적이며 폐쇄적인 동질성 사회 속에 존재하고 있다. 왜냐하면 개인은 높은 사회적 응집성 속에서 수동적이며 동조적인 집단의존성을 강하게 하고 거의 강제적으로 대세순응주의를 제창하여 왔다. 이 과정에서 개인은 비인격화와 몰개성화되고 주관성과 주체성은 배제되었다.

그러나 모던(시민사회화, 산업사회화, 대중사회화 등)이 되어 개인 및 집단의 이질화가 점차 현재화하고 정치 · 경제 · 사회 · 문화 등의 모든 장면에서 혼란을 초래하게 되었다(고급문화와 대중문화의 상호 영향에 의한 평준화, 새로운 중간층으로서의 중류의식의 증대, 모든 가치관의 상대화 등). 개인은 강력한 집단에의 일체화, 충성심으로부터 탈피하여 자율적 선택의 폭이 확대되고 있다. 그러나 조직원리적으로 개인은 집단에 종속한다고 하는 기본적 프레임으로부터 탈피할 수는 없었다. 집단의 이익 우선은 변하지 않고 일치단결 및 화(和) 중시, 기업에의 충성심, 일체화, 연대감 등은 잔존하고 있다.

또한 고도 경제성장은 생활수준을 향상시키고 비교적 기회 균등한 분배가 이루어져 '전체와 동일하게' 라고 하는 평등주의 및 평균주의가 모색되었다. 그러나 그 결과는 규격화된 유사한 획일적 표준화가 결국 어디를 가도 동일한 것이라고 하는 균일화 · 동일화 · 단일화가 달성되는 것에 불과하였다. 인간은 이러한 평균화 및 평등화에 만족할 수 없고 다시 타인과의 차이성 및 독자성을 요구하기 시작하고 있다.

현대사회에서는 해방된 집단 및 개인을 재통합하기 위하여 새로운 조직논리가 탐구되는 조직의 시대를 맞이하고 있다. 개인 및 집단의 새로운 관계를 모색하기 시작하였다. 조직이 대규모화 · 비대화 · 합리화하면 할수록 동태화 및 유연화를 요구하게 되고 더불어 이질성이 도입되게 된다. 이러한 의미에서 현대사회는 집단 및 개인의 다양성 · 차이성 · 개별성 등을 적극적으로 수용해 간다고 하는 포스트 모던의 시대이다. 이러한 이질성의 존중은 개인 및 집단의 주체성의 확립과 더불어 그 주체를 지원하는 서포트 시스템의 제도적 보장이 요구된다. 즉 현대사회의 동향은 전체주의 · 집단주의 · 개인주의로 변화하는 경향이고, 집단 및 개인의 측면에 있어서도 동질성 · 균질성 · 이질성으로 변화되고 있다. 따라서 새로운 조직론은 이러한 개인주의와 이질성이 융합하는 시스템으로서 재구축되어야 한다.

3. 조직모델의 4유형

조직모델의 4유형은, 종축에 집단과 개인을, 횡축에 동질성과 이질성을 기준으로 각각의 창문에 상정한 조직모델에 대해서 검토한다.

(1) 피라미드형의 관료제 조직

집단과 동질성의 영역에 있는 조직모델은 피라미드형의 관료제 조직이다. 이 조직은 집단과 개인이 일체화하여 극히 하드적이고 타이트한 조직원리를 확립하고 있다. 모든 권한, 재원, 인간, 정보 등의 조직자원은 정점의 한곳에 집중되고 전체주의적 · 권위주의적 분위기를 나타내고 있다. 더구나 조직의 논리를 대의명분으로 한 절대적 정당성은 소수자, 반대자의 의견 및 개인의 자유, 창조성을 억압한다고 하는 구조적 결함을 가지고 있다.

(2) 플랫형의 동태적 조직

이러한 동질성집단을 동태화해서 일정 정도의 변화를 가지고 있는 조직모델이 플랫형의 동태적 조직이다. 관료제 조직은 종으로 계층분화하고 횡으로 전문분화를 반복하여 종횡으로 다계층 비대화하고 있다는 특징을 갖는다. 이 계층분화 및 전문분화를 변혁하고자 하는 것이 계층단축 및 중간직위의 폐지이고, 각 부분의 통폐합 및 유동적 활동체제의 도입 등이다. 종횡에의 확대 세분화를 방지하기 위해 될 수 있는 한 계층 및 부문간 커뮤니케이션을 활성화해 간다고 하는 것이다. 관리직에 대해서 전문직을, 제너럴리스트에 대해서 스페셜리스트를, 종신고용에 대해서 계약제를, 연공서열에 대해서 실적주의 등 개인의 능력주의를 기준으로 하여 하나의 변화 및 동기부여를 시도하여 왔다. 즉 경직화된 조직을 동태화 · 유연화함으로써 관료주의의 제 폐단을 극복하기 위한 것이다. 그러나 프로젝트 팀 등에서 보이는 바와 같이 팀워크 및 팀 플레이로서 집단수준의 조직구조를 탈피할 수는 없으며 따라서 개인의 유효활용 및 활성화까지는 수용할 수 없었다.

(3) 매트릭스형의 동태적 조직

이러한 집단의 동질성에 이질성을 도입한다고 하는 발상이 매트릭스형의 동태적 조직이다. 이 조직모델은 한 상사와 하나의 과업이라는 개념에서 두 사람 이상의 상사와 두 개 이상의 과업이 동시에 주어진다고 하는

〈그림 3-1〉 조직모델의 4유형

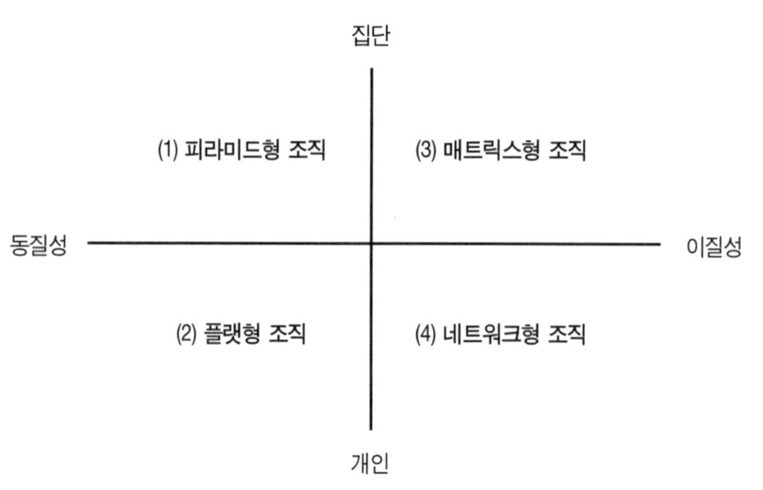

시스템이다. 개인은 본래의 업무에 추가하여 프로젝트 팀 및 태스크 포스 등의 일원으로 배속된다. 따라서 개인은 이것밖에 할 수 없다고 하는 단능형으로부터 다능형에의 능력전환이 요구된다(복수의 전문성).

선진적 조직체는 이러한 복수의 전문성을 향상시키기 위하여 직원연수 및 능력개발에 노력해 왔다. 조직의 동질성에 개인의 이질성을 부가하여 전사적 차원의 커뮤니케이션 루트 및 변화를 개척한다고 하는 것이다(단일목표의 달성으로부터 다원적 목표의 설정과 추구).

(4) 네트워크형의 개방조직

집단 속의 이질성과 개인 속의 이질성간의 긴장관계를 중시한다고 하는 조직모델이 네트워크형의 개방조직이다. 이것은 모든 집단과 집단, 개인과 개인, 집단과 개인의 새로운 관계조성을 탐구한다. 조직은 항상 내외환경의 변화에 유연하게 적응해 가지 않으면 안 되고, 이를 위해서는 무엇보다 먼저 개인의 각성과 자립이 중요하다. 개인의 시대 및 환경에의 수용력과 적응능력 및 노력이 다양한 아이디어, 새로운 상품개발 및 기획입안을 창출하는 것이라고 생각한다.

문제는 이러한 이질(異質)·이재(異才)·이능(異能)한 개인의 존재를 어디까지 조직이 허용하고 보장하는가라는 과제이다. 포스트 모던의 조직모델은 이러한 집단과 개인의 이질성과 다양성을 야기시켜 모든 복합주체가 공생하고 개방되어 유연한 협동체계를 구축할 수 있을 것인가에 관계된다.

이들 조직모델 유형의 관계성에 대해서 고찰해 본 결과, 피라미드형 조직·플랫형 조직·매트릭스형 조직·네트워크형 조직이라고 하는 흐름으로 파악할 수 있다. 또한 커다란 변화라고 한다면 (1)의 집단적 동질성인 피라미드형 조직으로부터 (4)의 개인적 이질성을 결합한 네트워크형 조직으로의 이행과정에 있다고 볼 수 있다.

4. 환경-조직-집단-개인의 공생관계

이제까지 조직론은 주로 조직이 개인을 어떻게 통제하는가라고 하는 관리 및 지배의 논리로서 고려되어 왔다. 그러나 그 결과 비대하고 거대화한 조직을 어떻게 통제하는가에 대한 문제가 대두되고 있다. 결국 개인화의 백업 시스템 조성이 문제가 된다. 이 시스템은 어떻게 하여 인간 및 개인중심의 규모로서 조직을 통제할 것인가에 관한 문제이다.

환언한다면 인간 및 개인이 조직에 어떻게 적응해 가는가라고 하는 문제이다. 그 전제에는 어디까지나 조직은 수단이라고 하는 사고방식이다. 개인이 주체로서 조직에 관여하는 이상 그 조직을 개인을 위하여 어느 정도 활용할 수 있을까라고 하는 능력이 요구되고 있는 것이다.

(1) 개성의 공생

현대조직에는 개인과 개인, 개성과 개성이 상호 공존해 가는 공생의 원리가 전제로 존재하고 있다. 이러한 전제를 위해서는 다양한 가치관, 세대, 과업, 학벌 등 이질적인 인간의 접촉기회가 보다 많이 설정되어야 한다. 따라서 이러한 조직에서 만나고, 접촉하고, 교류하는 과정에서 새로운 가치관이 발생하고 문화가 창조된다.

그러나 교류과정에는 대부분 긴장감과 위험이 수반된다. 이러한 갈등상태를 해소하기 위해서는 첫째, 상이한 개성을 인정하고 이해하는 것, 둘째, 개인 · 집단과 조직을 초월한 보다 상위의 개념을 준비하지 않으면 안된다. 이 상위 개념이 지역사회 및 인류라고 하는 키워드이다.

결국 개인 및 개성을 매개로 한 가치이념으로서 공생에의 공감원리이다. 공생이란 개인 및 집단은 사회 속에서 단독으로 생활하는 것이 아니라 주변의 환경상황 및 타인과의 협력에 의해 살아가야 하는 존재라는 것을 지각하는 능력을 갖는 것이다. 공생이라고 하는 공통의 목표가 조직의 이념 · 의지 및 임무가 되고 개인이 이러한 공통목표를 추구함으로써 조직은 분열하지 않고 통일을 유지하는 것이다. 이러한 발상으로서 mecenat(기업에 의한 문화예술의 지원)도 philanthropy(민간 및 기업이 공익을 위해 행하는 사회공헌활동)도 자선활동이라고 하는 개념이 성립한다. 결국 조직적 가치(신뢰, 창조, 도전, 협동 등)의 공유화가 명시되고 확정되는 것이 무엇보다 중요하다.

또한 이러한 개성이 발휘되기 위해서는 역시 개인의 확립이 전제가 된다. 개인이 확립되기 위해서는 개인의 다양성(위화감, 차이화, 무엇인가 차이가 있다는 감정 등)을 무엇보다도 존중하고 다원적 리얼리티의 관점으로부터 시도되어야 한다. 그래서 개인의 강한 의사, 직감, 아이디어 등 개인이 개성을 발휘할 수 있는 상황을 조직적이고 제도적으로 보장해 가는 것이다.

크게 변화해야 하는 것은 집단주의적 조직문화로부터 개인주의적 조직문화로의 조직변혁이다. 도전의식이 결여된 경영, 인화의 존중, 전체우선이라고 하는 종래의 의사결정방식을 먼저 근본적으로 변화하지 않으면 안 된다. ① 품의제도에 의한 공동책임(집단적 무책임), ② 종신고용, 연공서열, 기업내 조합, ③ 기업계열주의, ④ 사원의 생계를 부담하는 복리후생, ⑤ 기업주도의 교육체제(사시, 사훈, 충성심의 중시, 일체감 조성) 등의 조직문화에서 무엇을 남기고 무엇을 버릴 것인가에 관한 문제이다.

이제까지의 집단주의는 개인의 사생활까지 깊게 관여하는 온정주의적 배려를 함으로써 오히려 개인의 자주성 및 자율성을 침해했다. 집단주의는 동료의식 및 협동성을 강조하고 모두와 함께, 회사와 하나가 되어 행동할 때에는 나름대로 힘을 발휘한다. 그러나 집단주의적 행동은 전례 및 관습을 중시하고 매너리즘에 젖어들기 쉽다. 전례가 없고 눈에 띄지 않으려 함으로써 자중 · 자제한다든지 이미 결속되어 있고 그렇기 때문에 안심한다고 하는 부정적 심리가 작용하기 쉽다.

따라서 어떻게 해서든지 개인주의 조직문화를 형성해 갈 필요가 있다. 이를 위해서 조직주체의 이미지를 근로자 · 소비자 · 생활자로 변화해 가는 것이다. 근로자라는 이미지는 공업화 · 산업화 사회에 있어서 관리감독의 대상자 혹은 육체근로자라고 하는 강제적이고 수동적인 것이었다. 또 소비자는 대중소비사회에 있어서 고객 및 구매자라고 하는 상품판매의 피조작자라고 하는 이미지였다.

이에 대해 생활자는 새로운 라이프 스타일 및 가치관을 갖는 주체로서 자주적이며 자율적으로 살아간다고 하는 이미지가 강하다. 생활자의 논리는 무엇보다도 인간으로서의 생활의 장과 기회를 우선한다는 사고방식이다. 생활자는 모두 자신의 인생을 자신의 책임으로 살아간다, 자신을 위하여 살아가고 자신을 위하여 즐긴다. 또는 세상을 즐기기 위하여 자신은 살아간다고 생각한다.

타인과 조직과의 관계에서는 자신의 만족이 중요하므로 조직은 2차적이다. 회사는 자신을 위하여 있다. 직무는 즐기기 위한 것이다. 회사를 위하여 헌신하지 않는다. 어디까지나 자신을 위하여 자기연마하고 자신을 위하여 직무를 수행한다. 게다가 스스로를 즐기면서 자신이 할 수 있는 범위와 능력과 시간에 비례해서 세계 · 환경 · 사회와 관련한다고 생각한다. 극단적으로 직무 및 여가도 동일한 가치로서 즐긴다는 발상이고 개인이 활성화한다면 그 활력이 조직을 활성화한다고 생각한다.

따라서 과업현장은 결국 과업이 재미있다, 직장의 분위기가 좋다, 과업수행에 일정한 자신의 결정권이 있다는 요인을 추구하고 있다. 그들의 라이프 스타일과 근로 스타일은 직장생활과 가정생활과 지구생활과 개인생활과의 균형감각 위에 성립하고 있는 것이다. 따라서 회사도 다양한 선택권의 하나에 불과하다는 것이다.

이러한 개인의 생활방식을 중요시한 공생형의 네트워크형 조직론이 전개되지 않으면 안 된다. 네트워크 조직론이란 결국 개인과 개인, 개인과 집단, 집단과 집단이 시너지 효과를 통해 개인과 전체가 융합된 조직론이다. 이러한 조직론으로의 패러다임의 이동이 시대적 욕구로서 요구되고 있는 것이다.

(2) 개인을 위한 지원시스템

투명하고 개방된 의사결정 과정에 개인이 참가하는 제도적 보장은 어떻게 하는 것일까? 기본적 사고로서는 이제까지의 집단주의적 조직원리로부터 개인주의적 조직원리(자유재량권의 확대, 책임과 권한의 일체화, 직위와 인격의 일원화, 업적평가의 가산주의, 결정평가의 주관화 등)로 전환하는 것이다. 결국 권한의 주체(권한위양의 대상자)를 소속부과 및 직위만이 아니라 구성원 개개인에게 위양한다. 그래서 부문중심의 조직론으로부터 인간중심의 조직론으로 패러다임을 이동시키고 동시에 톱 중심주의로부터 현장 제일 우선주의로 전환시키는 것이다.

케슬러(Kestler)의 holon 혁명(전체로 보면 일부분이지만 그 자체로서는 완전한 것으로서 기능을 하는 것)은 부분과 전체에 동등의 가치를 두고 자립한 부분이야말로 새로운 가치를 발생시킨다고 주장했다. 새로운 가치는 모두 현장 및 상황으로부터 발생되는 것이기 때문에 먼저 이러한 상황에 기초하여 변혁하지 않는다면 조직 전체의 변혁은 이루어지지 않는다. 확실히 현실에서는 제일선의 직원에 의해 정보선택 및 즉각적 의사결정이 이루어지고 있다. 따라서 현장 스탭이야말로 의사결정의 정점에 있다고 생각할 수 있다.

새로운 조직리더는 이러한 현장에서 즐기고 현장에서 직무를 수행한다. 따라서 인재는 현장리더로서 육성되어야 할 것이다. 직장환경을 변혁하기 위해서는 현장리더(주로 계장상당의 직위)에게 실질적 권한을 최대한 부여하여야 한다. 또한 그들에게 요구되는 능력은 무엇보다도 현상분석능력, 고객욕구의 파악력, 사내외의 네트워크 능력, 문제형성 및 문제해결능력, 기획입안 능력 등이다. 게다가 환경분석 · 전략결정 · 활동계획의 책정 · 정책과제의 실행 · 애프터 케어의 종합평가라고 하는 능력과 마인드가 요구되는 것이다.

이 외에 리더의 새로운 자격으로서 중요한 것이 타인과의 공생능력이다. 타인과의 공생능력이란 먼저 자신을 믿고 자신을 사랑하는 것, 자신이 좋아하는 것을 위하여 행동하는 사람이고, 타인을 사랑하고 타인으로부터 사랑을 받는 인간이라고 할 것이다. 자신을 사랑해야만 자신을 사랑해 주는 타인(조직)을 사랑할 수 있다. 따라서 자신 혼자서는 과업을 수행할 수 없고 모두와 함께 수행한다고 하는 사고이다.

이러한 조직리더는 부과 및 기업보다도 지역 및 시민을 중요시하지 않으면 안 된다. 그리고 타인과의 공생관계라고 하는 관점으로부터 개인욕구와 조직목표와 환경상황과의 상호관련성을 긴장감을 갖고 적당한 균형감각으로서 판단하고 행동하여야 한다. 더불어 조직내외의 동질성과 이질성과 갈등상태로부터 새로운 조직적 가치를 창조하여야 한다. 과거 베버는 엄격한 관료제 조직에 의해서만이 최선의 효과를 얻을 수 있다고 하였다. 따라서 현대사회에 있어서 비인간화 및 몰주관화의 중요성은 크게 확산되고 있으며 개인의 주체성 및 주관성이 강조되고 있다. 즉 전문분화만이 아니라 전문직화라고 하는 흐름으로서 개인이 가져야 하는 조직적 가치가 강하게 요구되고 있는 것이다.

더불어 개인에의 의사결정권의 부여, 의사결정 과정에의 참가시스템의 확충시책이 재구축되어야 한다. 그래서 개인의 자유의사를 될 수 있는 한 조직 전체(직장집단)로서 보장한다. 이렇게 전 직원의 참여체제를 지향하는 조직에 있어서 참여가 과업 모티베이션을 높이고 업적을 높인다는 명제가 성립한다. 또한 개인의 동기부여와 노력－실력과 실적－성과와 보수라고 하는 연쇄반응의 피드백 시스템도 명확하게 기능하고 있는 것이다.

이러한 새로운 조직론 속에서 개인화를 위한 지원시스템이 다양하게 시행되고 도입되고 있다. 예를 들면 ① 직능자격제도의 도입(지위와 자격의 분리, 관리직과 전문직의 병존, 승진경로의 복선화 등), ② 전문직제도의 활용(자격취득의 장려, 프로페셔널의 육성, 전문직 수당의 지급 등), ③ 휴먼 액세스먼트의 도입(관리직 등용의 판단기준, 업적평가의 엄정 실행 등), ④ 인센티브 보수제도(높은 업적 및 성공에 높은 보수를 지급), ⑤ 여성 관리직의 활용, ⑥ 국제인의 육성, ⑦ 카운슬링의 충실, ⑧ 워크숍형 연수제도의 충실 등을 들 수 있다.

이 중 특히 ④의 인센티브 보수제도란 ㉠ 기업의 업적, ㉡ 부문의 업적, ㉢ 개인의 업적으로 분류하여 각각의 평가에 따라 공정하게 지급하는 보수시스템이다. 결국 성과는 회사에 공헌하고 이것에 의해 이익을 받는 것은 자신이라고 하는 피드백 시스템적 사고가 점진적으로 정착되고 있다.

실제로 개인의 능력개발 및 인재활용에 있어서 기획부문－인사부문－연수부문의 긴밀한 상호연대가 모색되고 있다. 기획부문의 새로운 기획입안 과정에서 아이디어 및 개성, 재능 및 행동능력을 소유한 유능한 직원이 요구될 때 인재등용제도, 제안제도, 우수직원 표창제도 등을 활용하고, 인사관리부문은 기획부문의 요청에 적재적소, 발탁인사 등으로서 대응하고, 연수부문은 개인의 권한 향상을 위하여 파견제도, 정책제안형 워크숍, 자선사업 휴가제도 등 개성신장형 교육체제로서 대응한다는 연대적 시스템으로 변화하고 있다. 물론 이러한 지원시스템은 개개인의 라이프 스테이지 및 라이프 스타일에 부합시켜 지원하지 않으면 안 된다.

이상 새로운 조직론의 과제로서 조직과 개인의 공생관계의 방법에 대해서 고찰하였다. 크게 역사적 동향을 전체주의－집단주의－개인주의로, 더불어 동질성－균질성－이질성이라고 하는 과정으로서 취급하고, 새로운 조직모델을 개인주의와 이질성이 교차하는 조직 패러다임으로서 검토하였다.

제 4 장

사람을 활용하는 조직

1. 인재활용의 조직내 문제점

기업진단을 해보면 공통적인 몇 가지의 문제점이 제시된다.

첫째는 일할 기분이 들지 않는 문제이다. 즉 회사가 근로자의 의향을 듣지 않는다고 하는 불만으로서 경영자와의 의사소통의 문제이다. 둘째는 명령계통의 혼란이다. 부하는 어느 쪽의 명령을 들어야 하는가에 대해 곤혹스러워 한다. 더불어 명령을 무시한다는 질책으로서 일할 기분이 들지 않는 경우가 많이 있다. 셋째는 직무를 중심으로 책임과 권한이 애매한 문제이다. 특히 관리자는 책임은 추궁하지만 권한은 부여하지 않고, 적절한 대우도 하지 않기 때문에 일할 기분이 없는 것이다. 넷째, 일관성이 결여된 명령이다. 이것은 근로자를 가장 힘들고 어렵게 하는 한 부분이다. 다섯째는 중간관리층의 직무환경의 열악함이다.

(1) 근로자와의 커뮤니케이션

조직방침의 가장 중요한 것은 커뮤니케이션이다. 이것은 조직내 통풍과도 같으며 결국 상호 의견의 소통을 양호하게 하면 된다. 커뮤니케이션의 형태를 개선하기 위해서는 먼저 조직도를 작성하는 것이며, 중요한 것은 무엇을 위하여 작성하는가 하는 것이다. 어떻게 하면 회사의 방침을 전 사원에게 정확하게 전달할 수 있을 것인가, 어떻게 하면 근로자의 기분 및 의견을 최고경영자에게까지 전달할 것인가를 근로자와 함께 고려하고 검토하여야 한다. 그 결과 회사에 적합한 이상적인 형태가 발견될 것이며 이것을 작성하면 조직도가 된다.

(2) 명령계통의 혼란(회사방침의 통일)

회사의 방침에 부합한 업무명령을 정확하게 근로자에게 전달할 것인가를 고려해서 이상적인 명령계통의 형태를 고안하는 것은 매우 중요하다.

명령계통에 혼란을 초래하는 것은 회사의 방침과 명령하는 주체자의 책임범위가 애매하게 되어 있는 것도 원인이 된다. 따라서 명령계통을 작성하기 전에 그 명령이 부드럽게 전달되고 실행에 이르게 하기 위하여 회사 간부는 대화하고 방침을 통일할 것이 요구된다. 각각의 직무 및 문제를 누가 책임질 것인가를 명확하게 해두지 않으면 명령계통도는 작성될 수 없고 명령은 혼란을 초래할 것이다.

예를 들면 영업상의 명령은 영업부장이나 과장을 통해서 이루어질 것이다. 그러나 긴급한 경우 최고경영자 자신이 직접 사원에게 명령을 할 수도 있다. 이 경우에는 필수적으로 이후에 해당 영업부장이나 과장에게 그 경과와 이유를 설명하고 양해를 구해야 한다. 최고경영자이기 때문에 문제없다라고 하는 것은 최고경영자의 무례이고 조직을 무시하는 것이 된다. 근로자와 관리직을 무시하고, 그 책임을 무시하고, 근로자를 낙심시켜 인재를 활용하는 것과 반대의 상황을 조성하는 것이 된다. 특히 친족들이 경영하고 있는 경우에는 상당히 냉정하지 않으면 감정이 개입될 수가 있다. 따라서 개개인이 개인으로서가 아니라 회사의 조직으로서 어떻게 처리할 것인가, 명령계통 및 책임을 어떻게 결정해 둘 것인가가 대단히 중요하다. 혹시 명령계통에 문제가 있다든지 의견에 차이가 존재할 경우에는 근로자 앞에서 논쟁을 하지 말고 이사회 등을 개최해서 정식으로 대화에 의한 합의가 이루어지지 않는다면 근로자에게 커다란 악영향을 미칠 것이다.

(3) 책임의 명확화와 권한의 위양

1) 책임과 권한 위양

근로자, 특히 중간관리직의 책임범위와 권한을 명확히 하는 것이 애매한 경우가 많이 있다. 경영자로서는 권한을 위임하는 것에 주의해야 할 것이다. 그러나 권한도 부여하지 않으면서 책임만을 추궁하는 것은 일할 수 있는 기분을 들지 않게 하는 것이다. 그러나 의외로 이러한 경영자가 많이 존재한다. 이를 극복하기 위해서는 역시 권한을 위양하려는 노력을

〈표 4-1〉 책임, 권한과 대우

■ 중간관리직 개인의 담당직위에 대해서
- 책임범위를 명확히 할 것
- 그 책임을 다하기 위하여 권한을 구체적으로 명확하게 부여할 것
- 그 책임의 크기에 따라서 직무수당을 지급할 것

하여야 할 것이다.

2) 책임에 대한 대우

어느 기업에서 중간관리직이 책임을 다하지 않고 있어 이에 대처할 수 있는 방법을 강구하였다. 이를 위해 조사해 본 결과 부장, 과장, 계장은 존재하나 각 직위의 책임범위가 애매하고 권한도 거의 주어지지 않았다. 한편으로 직무수당은 최소한도밖에 지급되지 않으면서 책임만은 엄격하게 추궁되고 있었다.

이러한 상황하에서는 중간관리직이 적극적으로 직무를 수행할 수는 없다. 부장이 일상적인 일까지 하나하나 사장과 상의하지 않는다면 부하에게 지시할 수 없는 상황이 되어버린 것이다. 책임추궁을 받으면 받은 만큼 그들은 일할 수 있는 기분을 상실할 것이다. 이를 극복할 수 있는 방법은 〈표 4-1〉과 같다.

그러나 이러한 기법을 적용시켜 인간을 변화시키고 그 효과가 나타날 때까지는 많은 시간이 소요된다. 일반적으로 경영자는 즉각적인 효과를 기대하나 급하게 서두른다면 실패할 것이다.

(4) 조직기능의 철저

조직기능이란 보고, 연락, 상담의 3가지를 함축하고 있는 언어이다. 조직이 기능을 발휘하기 위해서는 이러한 조직기능이 대단히 중요하다. 부하가 명령을 받아 업무를 수행했다면 그 결과를 명령을 받은 상사에게 보

고하지 않으면 안 된다. 그렇지 않다면 업무의 진행상황을 알 수가 없다. 시간이 소요되는 업무라면 중간에 그 진행상황을 보고하여야 한다. 이것이 조직적인 직무를 진행시키는 방법의 첫걸음이다. 상사도 명령을 하는 것만이 아니라 부하로부터 결과보고 및 중간보고를 요구하지 않으면 안 된다.

보고는 상하의 관계이지만 연락은 횡의 관계가 된다. 직무는 한 사람만으로 진행되는 것이 아니고 다양한 부문에 협조를 구하지 않으면 안 되는 것이 많다. 예를 들면 판매에는 재고와 구매의 관계가 있어야 하며, 물건이 없다면 판매도 할 수 없다. 그렇다면 재고와 구매의 부서간 연락을 확실히 취하여야 할 것이다.

상담은 상하나 횡으로도 관계가 있으나 대다수는 상하의 관계일 것이다. 조직적인 업무는 회사의 기본방침과 더불어 이루어진다. 개개인의 직무는 자유로이 진행되는 것이 아니기 때문에 독단으로 선행되는 것은 삼가야 하며, 자신에게 부여된 권한 내에서 판단할 수 있는 것은 자신의 판단으로써 이루어져야 하지만, 판단이 어려울 때에는 권한을 갖는 상사와 상담해서 진행하지 않으면 회사에 커다란 손실을 초래할 것이다. 다만 무엇이나 상세하게 상담한다고 하는 것은 아니다. 여기에서는 지시를 기다리는 데 있어 로봇화하지 않고, 중요한 것은 독단으로 결정하지 않는다고 하는 것이다. 현실적으로 사소한 것까지 일일이 상담한다든가 제멋대로 한다고 질책하는 상사를 볼 수 있지만, 중요한 것은 필요한 상담은 확실히 받고, 권한을 위양한 것은 위임하는 것이 상사가 하는 일이라는 것을 염두에 두어야 한다.

특히 소규모 기업에 있어서는 이러한 조직적 기능이 철저하지 않는 경우가 있다. 명령계통의 혼란과 더불어 조직이 원활하게 기능하지 않는 요인이 되고 있다. 회사로서는 명령계통을 통일하는 것과 더불어 이러한 조직적 기능을 근로자들에게 철저히 주지시켜야 할 것이다.

(5) 일관성 없는 명령

다른 하나의 문제는 일관성이 결여된 명령이다. 소규모기업이 대기업과 경쟁하는 데 있어서 정도의 문제이기는 하지만 신속성은 중요한 경쟁무기이다. 무엇보다 사원이 상사의 명령을 받아서 열심히 일을 하고 있는데도 불구하고 이것은 중지하고 저것을 하라고 한다면 근로자는 어떠할 것인가.

이것은 이제까지의 근로자의 노력이 무효가 되는 것이다. 열심히 노력했음에도 불구하고 급히 중지하라고 하고, 게다가 종종 반복된다면 누가 열심히 하려할 것인가. 일이 언제 중지될지 알 수가 없으니 적당히 하자는 기분이 될 것이다. 그러나 신속성으로부터 얻게 되는 이익과 근로자의 일할 기분의 감소를 비교해서 판단할 때 일관성이 결여된 명령을 하는 것은 커다란 위험이 내재되어 있다.

어쩔 수 없이 방침을 변경할 필요가 있는 경우에는 적어도 담당 근로자에게 설명하여야 한다. 명령의 변경이 많은 것은 회사의 방침이 확실히 결정되지 않은 것이 원인이 되는 경우가 많다. 회사의 방침이 확실하게 되어 있다면 급하게 변경하는 것은 없을 것이다. 전망을 하고 확실한 방침을 세우고 일정기간 후에 체크해서 방침을 수정하는 것이다.

(6) 중간관리직의 강화

조직문제의 포인트는 중간관리직의 강화이다. 이 중간관리직을 강화하는 방법을 정리하면 다음과 같다.

① 경영이념을 명확하게 해서 근로자, 특히 중간관리직에게 철저하게 주지시킨다.
② 근로자 중에서도 중간관리직과의 커뮤니케이션을 확실히 한다.
③ 명령계통을 통일하고 준수한다. 확실히 명령계통을 결정해도 이것을 준수하지 않고서는 의미가 없다.

④ 명령계통의 통일과 더불어 조직기능을 강화시키는 것이 중요하다.
⑤ 중간관리직의 책임과 권한의 범위를 명확화하게 한다.
⑥ 명령의 변경을 줄인다.

이상의 것은 간단한 것만은 아니다. 다만 기업은 사람이다라고 불려지지만 사람의 첫 번째는 경영자이다. 기업은 경영자의 재능 이상으로 크지 않는다는 말도 있다.

(7) 근로자를 신뢰한다

1) 근로자를 믿는다

조직을 개선할 때의 중대한 문제는 근로자를 어디까지 신뢰하는가 하는 것이다. 경영자가 근로자를 신뢰하지 않는다면 근로자도 경영자를 신뢰하지 않는다. 특히 권한을 위양하는 경우에 그 근로자를 신뢰하지 않는다면 그 권한위양도 의미가 없게 되어 버린다. 권한위양을 했음에도 불구하고 조금도 잘 되지 않는다고 하는 경영자는 근로자를 신뢰하지 않는 경우가 대부분이다. 부하를 신뢰하면 부하는 그 기대에 부응하게 될 것이다.

2) 조직 체크 기능

많은 기업에서 사장의 신뢰가 두터운 근로자가 회계업무를 수행하는 과정에서 횡령하는 사건이 발생하지만 이것은 신뢰하고 있기 때문에 발생하는 것이라고 할 수 있다. 사원이나 중간관리직도 인간이기 때문에 어느 정도 신뢰해도 잘못은 야기된다. 잘못이 야기되었을 때 상대를 신뢰했는데도 불구하고 배신했다고 하는 것은 잘못이다. 이것은 경영자가 체크를 하지 않았거나 방조한 데에도 원인이 있기 때문이다. 대부분의 기업에서 발생하는 횡령사건은 체크부족이 큰 원인의 하나이다. 잘못이 발생했을 때 기업의 신뢰성을 상실하게 되기 때문에 체크는 중요하다. 그리고 무엇보다도 근로자가 잘못이 없이 직무를 할 수 있도록 경영자와 근로자가 상호신뢰를 구축해야 한다. 인간은 신뢰하지 않으면 안 되지만 잘못도 발생할 수 있다는 전제에서 필요하다고 생각되는 조직의 체크기능은 항상 구축해두는 것이 요구된다.

2. 미래의 경영

(1) 집단주의의 새로운 경향

1) 기계화의 진전

전통적인 경영조직은 집단주의이다. 집단주의란 극단적으로 말해서 경영의 발전을 최우선으로 하고 개인의 사정은 이차적인 것으로 한다. 결국 회사라든가 조직이라고 하는 집단중심의 방법이다. 이제부터의 시대는 이러한 집단주의로는 대응할 수 없다고 생각한다. 그 이유 중의 하나는 기계화가 점점 진행되고 이를 기초로 근로자들의 의식이 변화해 왔기 때문이다. 특히 이제부터는 디지털시대로서 중고령자의 지위가 상대적으로 위축되고 젊은 근로자들이 중심이 되고 있다. 그 결과로서 숙련, 연공서열의 의미는 사라지게 되었다.

기계화 등의 생산성의 발전은 동시에 인간성 소외현상도 야기했다. 기계화에 의한 기본적인 조직화는 협업과 분업이다. 오늘날의 모든 직무수행은 이 분업방식으로 이루어진다. 분업은 직무를 세분화하고 근로자는 그 일부분만을 담당하기 때문에 직무 전체를 볼 수 없고 자신의 업무의 의미를 알지 못하게 되었다. 의의를 알고 있지 못하다면 일할 기분도 없어지게 된다. 결국 분업의 발달은 인간성 소외의 원인이 된다. 무엇보다도 근로자가 무엇을 위하여 근로를 하는가를 인식하도록 하지 않으면 안 된다.

2) 신세대의 불만

최근의 이와 같은 상황하에서 모든 문제는 신세대 근로자를 중심으로 다양하게 야기되고 있다. 중고령자가 이해할 수 없는 것이지만 일류대학을 나와 일류기업에 취업한 신세대 근로자가 얼마 안가 간단하게 퇴직하는 현상이 나타나게 되었다.

신세대 퇴직자의 이유는 정확하지는 않지만 일반적으로 다음과 같다. 가장 지배적인 첫 번째의 이유는 자신의 능력이 평가되지 않는다고 하는 것이다. 두 번째는 자신의 능력과 근로에 비해 처우가 좋지 않고 임금이 낮다고 하는 것이다. 이 경우 임금의 총액이 낮다고 하는 것이 아니고 자신의 직무에 비교하여 낮다고 인식한다는 것이다. 셋째가 잔업 및 휴일출근이 많고 사생활의 자유시간이 적다고 하는 불만이다. 또한 전근이 많고 회사도 싫다고 하는 경우도 있다. 사생활을 원활하게 설계할 수 없기 때문이다. 이것은 잔업 및 휴일출근은 곤란하다는 것과 동일한 내용을 갖고 있다. 이들 이유를 신세대 근로자가 한마디로 표현한다면 이 회사는 자신에게 맞지 않는다고 할 것이다.

3) 변화하는 신세대

자신에게 맞지 않는다고 하는 표현은 많은 내용을 포함하고 있다. 첫째는 자신의 사정보다 회사의 사정을 우선하는 집단주의에는 친숙하지 않다는 것이고, 자기실현의 욕구가 강하다는 것이다. 자기실현이란 인간으로서의 일을 하고 싶지, 극단적인 분업에서 기계의 일부분과 같은 비인간적인 직무는 하지 않는다는 것이다. 이것이 취업시 회사선택의 기준이 되고 있다.

예를 들면 직무는 엄격하나 재미있다, 개인의 능력을 발휘할 수 있다, 제안제도가 잘 운영된다, 자유재량이 많다, 근로자의 의욕을 활성화시키는 사풍 등이 회사선택의 기준이 된다는 것이다. 업무가 재미있고 능력을 발휘할 수 있다는 것은 분업중심이 아니라 개개인의 직무가 완결성을 갖든지, 이에 가깝다는 것을 알 수 있게 하는 것이다. 제안제도 및 자유재량, 사원의 의견 채택은 사내의 커뮤니케이션을 통해서 인재를 소중하게 하고 있는 것을 알 수 있게 하는 언어이다.

두 번째는 중고령자보다 신세대 자신이 보다 직무를 잘 하고 있다고 하는 의식이다. 이것은 기계화가 진전되고 있다고 하는 것으로부터 오는 신세대의 의식의 변화이다. 기계화가 진전되고 숙련 및 연공의 의미가 상실됨에 따라 신세대의 회사에 대한 공헌도가 커지게 되었다. 따라서 중고령자의 직무의 효율성은 낮아진 반면 연공에 따라 임금이 결정된다면, 즉 업무의 능률과 임금 및 처우가 역으로 되어 있는 것에 신세대의 불만이 있는 것이다.

게다가 신세대는 사생활을 중요시한다. 결국 자신의 인간성 및 개성을 중요시한다고 하는 의식이 강하고 잔업 및 휴일근로를 싫어한다. 그래서 현재 신세대는 이러한 불만을 갖는 것만이 아니라, 이미 일류기업에서조차도 퇴직하고 자신이 납득할 수 있는 직무를 찾는다든지, 자격을 취득하기 위해 자격시험에 도전하는 사람이 증가한다고 하는 행동을 취하는 것이다.

(2) 이익우선이 인간존중으로

1) 집단주의에서 개인을 활용하는 조직으로

이상의 문제들을 방치해 둔다면 이제부터의 시대에 적응할 수 없게 된다. 어떠한 방식으로든 새로운 조직을 조성하지 않으면 안 된다. 이미 이러한 경향에 대비해서 기업들은 다양한 조치를 취하고 있다. 연공서열로부터 능력주의로 하는 것도 그 하나이다. 때로는 퇴직금을 폐지하고 그 자금을 임금에 반영하여 높은 임금을 지불하는 기업도 있다. 또한 거점주의라 해서 전근을 본인의 희망지역으로 결정하는 제도를 채택하기도 한다.

어려운 일이지만 기본은 기업의 이익우선이라고 하는 집단주의를 개정해서 개인을 활용하는 인간존중의 조직을 조성하는 것이다. 그렇다고 해서 기업이 적자라도 좋다고 하는 것이 아니라 기업이 존속과 발전을 하고 회사에 공헌할 수 있는 만큼의 이익을 보장하면서 인간존중을 실시해 나가야 한다. 근로자 개개인을 존중하는 것과 같은 조직을 조성하지 않으면 이익도 오르지 않게 된다.

구체적인 것은 기업에 따라 차이가 있지만 중요한 기본은 다음과 같은 점이다.

① 근로자가 기업방침 및 구체적인 방침결정에 참가할 수 있는 것: 근로자 개개인의 의사와 기분을 경영에 반영시키는 것은 그 근로자의 인간성을 인정하고 인재를 활용하는 중요한 요소이다.

② 급여에 성과주의를 도입하는 것: 성과주의와 능력주의는 약간의 차이가 있다. 성과주의는 미래의 능력만이 아니라 단기적 과거의 실적을 평가해서 급여 등에 반영시키는 것이다. 신세대들의 불만은 자신은 중고령자보다 더 기여했다고 하는 인식이 높다는 것이다. 또 성과주의는 이익배분의 성격을 갖고 있다. 결국 근로자가 자신이 획득한 이익의 배분에도 있는 것이다. 다만 급여란 근로자에게 있어서 생계수단이기 때문에 생활보장을 해주지 않으면 안 된다.

③ 근로시간의 단축과 전근제도를 검토하는 것: 거점주의는 전근제도 변경의 한 예이다. 신세대의 사생활은 중요하다. 그 의미에서 근로시간단축이나 전근제도의 재검토도 중요한 문제이다.

2) 분업에서 완성방식으로

기계화와 분업방식은 인간성 소외문제를 야기한다는 것은 앞에서 살펴본 대로이다. 완성주의는 이러한 결점을 보완하는 방식으로서, 기계의 일부분으로 직무를 수행하는 것이 아니라 전체를 멀리 넓게 보는 형태로서 직무를 수행하는 방식이다. 될 수 있는 한 한 사람이 직무를 시작부터 완성까지 수행하는 것이 이상적이다.

다만 기계화가 진전되어 분업이 되기 쉬운 것이지만 이것을 어떻게 완성주의 방식으로 전환하는가가 그 근로자를 진정으로 활용하는 방식인 것이다. 예를 들면 청부방식을 채택하는 것도 하나의 방식이다. 또한 제조업에서는 도매상만을 상대로 할 수 없었지만 직접 소비자에게도 판매할 수 있도록 하여 소비자의 반응을 직접 관찰하는 것도 인간성 부활이라고 할 수 있다.

3) 근로자의 전문가화

지나친 분업방식을 어떻게 하여도 변화시킬 수 없는 경우에는 근로자를 전문가화하는 것도 하나의 방법이다. 신세대 사이에 자격열풍이 일고 있지만 이것은 전문가로서의 분업만이 아니라 하나의 전문가로서 독립된 직무를 하고 싶다는 현상이다. 사회적으로 전문가로서 성공하는 것은 때로는 중요하지만, 사내에서 각각의 직무의 전문가로서 양성하는 것은 가능하다. 자기만이 할 수 있다는 의식은 상당히 자존심을 높이고 기계의 일부분과 같은 직무에 비해서 충분히 인재를 활용하는 요소이다.

이 전문가화에 부합해서 사내에서 공적인 자격취득의 열풍을 조성하는 것도 할 수 있다. 경우에 따라 사내 자격을 만들고 그 자격에 수당을 지급하는 것도 유효하다. 다만 주의하지 않으면 안 되는 것은 직무의 전문가화에 앞서 자격제도를 부합시킬 필요가 있다는 것이다. 근로자의 사정을 무시하고 형식적으로 자격주의를 유지한다는 것은 피하여야 한다. 일부 기업에서는 자격제도가 오히려 피해를 주는 경우도 발생하고 있기 때문이다.

4) 시간제, 고령자의 활용

앞으로는 시간제 및 고령자를 활용하는 것도 고려하여야 한다. 인사의 경직화를 피하고 생산성을 높이며 인건비를 절약하기 위한 것이다. 특히 최근에는 인력파견이 증가하고 있다. 이것은 신세대의 일부로 회사에 구속되지 않고 자유롭게 일하고 자신이 능력을 활용하고 싶다고 하는 것에서 인재파견을 선호하는 사람이 증가하고 있기 때문이다.

인재파견을 잘 활용하는 것도 하나의 방법이지만 이것보다 이러한 기분을 갖는 신세대를 시간제로 활용하는 것도 유익한 방법이다. 물론 이러한 목적으로 고용하는 경우는 임금, 처우를 부합하도록 하여야 한다.

고령자도 신세대와는 다른 목적으로 그들이 가지고 있는 기술과 지식을 활용할 수 있다. 고령자에게 새로운 지식을 습득시켜 활용하는 것은 무리가 있으나 오랜 기술과 지식을 유효하게 활용할 수는 있다. 인간의 두뇌, 특히 지혜와 판단력은 70세까지 발달하고, 이때가 최고의 능력을 발휘한다고 알려져 있다. 정치가나 작가들이 고령자로서 활약하는 것이 그 예이다. 따라서 지금까지의 인간자원제도에 구애받지 않고 유동하는 노동력을 기업에서 활용하는 것은 새로운 경영과 생산에 큰 도움이 될 수가 있다.

5) 소규모 회사는 새로운 조직에 유리

대규모 기업은 이러한 다양한 조직조성도 가능하지만 소규모 기업에서는 무리라고 생각하는 사람도 있다. 그러나 실제로는 반대이다. 대기업은 자본과 조직이 발달해 있어 당연히 조직은 거대화된다. 소기업은 인간의 힘으로 발달한다. 조직도 당연히 소규모이다. 그러나 대기업은 미세한 부분까지 손이 미치지 않지만 소기업은 가능하다. 새로운 조직을 조성하는 것은 소규모 기업이 더 유리하다. 문제는 경영자나 근로자가 어느 정도 문제점을 인식하고 개혁으로 제도화하는가 하는 것이다.

(3) 조직의 이익추구

인간존중이라는 개념에서 볼 때 인간만을 중요시하고 이익은 경시해도 좋다는 것은 아니다. 오히려 지금까지의 방식은 이제부터는 적용되지 않게 된다고 하는 것이다. 이익을 우선하고 인간의 문제를 뒷전으로 해서는 오히려 이익이 향상되지 않는다는 문제가 발생할 수 있기 때문에 일시적으로는 이익이 충분할지 몰라도 기본적인 힘을 향상시켜야 한다.

사회에 공헌하고 근로자의 행복을 추구하는 기업이야말로 사회가 인정하게 되어 이익이 발생하게 된다. 결국 기업의 이익은 사회공헌의 측정지표이다. 이를 위해서는 경제성과 인간성의 통합 · 조화가 중요하다.

태도를 변화시키는 것은 일시적인 후퇴가 있을지라도 이것은 비약을 위한 준비라고 할 수 있다. 사물의 발전은 직접적인 것만은 아니다. 오르거나 내리거나 하면서 결국은 오르는 것이다. 예를 들면 일시적으로 하향하는 것 같아도 3년 전과 비교하면 향상되었을 것이다. 회사의 보다 나은 장래를 실현하기 위해서는 근로자를 사람으로서 중요시하는 것을 기초로 근로자의 총력을 결집해서 생산성을 끌어올려 이익을 확대하는 것이 기본이다.

제 5 장

신시대에 유효한 조직

1. 분 권 화
2. 유리한 조직의 규모
3. 계층이 적은 조직구조
4. 유동적이고 비항상적인 조직설계
5. 항상 새로운 정보가 흐르는 조직
6. 창의성을 촉진시키는 조직

1. 분권화

오늘날 경쟁압력으로 고객 및 제품에 보다 가까운 위치에서 의사결정하고 스탭의 지원이 이루어져야 하므로 의사결정권한을 분권화할 필요성이 발생하였다. 기업에서는 부가가치 지향의 구조를 위하여 각각의 사업을 단일의 이익중심센터(profit center)로 일원화하는 사고로부터 이익측정이 가능한 다수의 사업단위라고 하는 사고로 개선되지 않으면 안 된다. 사업단위에서는 통상의 의사결정 권한은 직접적으로 제품 및 프로젝트, 고객에 대응하는 팀으로 이행하지 않으면 안 된다.

최종적인 업무단위에서는 근로자 참가에 의해 의사결정을 하지 않으면 안 된다. 어떠한 경우도 신속한 의사결정, 품질관리, 고객접점에 있어서 서비스 제공을 위해 의사결정을 보다 낮은 수준(level)으로 이행하고 새로운 분산형의 조직구조에서 소규모의 조직, 평평한(flat) 조직계층을 중심으로 한 사고로 개선되지 않으면 안 된다.

조직의 분권화에는 두 가지의 측면이 있다. 분권화는 신속한 의사결정이라는 장점도 있지만, 세분화, 중복, 조정의 결여와 같은 단점도 발생한다. 그러나 신속함의 이익이 단점들을 상회하고 있기 때문에 대다수의 경우 조직은 분권화를 선택하지 않으면 안 된다. 그러나 사업을 할 수 있는 힘은 활동의 통합과 분권화와 조직단위의 자율성에서 나온다. 이러한 상황 속에서 많은 조직이 선택하고 있는 것이 분산형 조직이다.

관리직 교육과 같은 활동은 원래 본사에서 집중적으로 실시하여 왔다. 그러나 분산모델은 이들의 전사적 활동에 대해서 최적의 장소로 분산하여 실행한다. 결국 최적의 장소는 본사만이 아니고 오히려 최적의 교육능력이 있는 부문이다. 반도체의 구매는 구매량이 가장 많은 부문이 담당하게 되었다. 최근 경험이 풍부한 CAD/CAM시스템 부문은 기업의 모든 부문을 지원하고 있다. 이와 같은 각종의 활동이 기업의 최전선으로 분산되고 통상 본사에서는 보이지 않는 긴박감 있게 추진된다. 분산형 조직은 스피드, 조정, 코스트에 관한 요구 등의 타협의 산물이다. 이것은 중심능력의 공유를 통해서 사업의 부가가치를 높이고 싶은 기업이 선택해야 하는 조직이다.

(1) 글로벌 기업과 분산형 조직

분산모델은 국제적인 조직에도 적용되고 있다. 글로벌한 통합을 필요로 하는 전략은 사업단위가 특정 유형의 의사결정을 행하는 것이 요구된다. 그러나 다른 한편 글로벌 전략에 필요한 규모 및 일관성을 확보하기 위해서는 한 개의 장소에 집중해서 전개하지 않으면 안 되는 사업도 있다. 이제까지 이 장소는 본사가 있는 국가 또는 기업이 등기되어 있는 국가라고 생각되어 왔다. 최근 많은 활동이 등기상의 국가로부터 세계적으로 보아 활동에 최적인 국가로 이전하고 있다.

또 부가가치를 높이는 활동은 시장으로의 접근이 편리한 장소로 이전되고 있다. 예를 들면 인도는 소프트웨어 기술수준이 매우 높고, 이탈리아는 디자인 기술의 세계적인 리더이다. 기업은 우수한 기술을 가진 국가에 부가가치를 높이는 활동을 이전한다. 세계적인 본부는 욕구가 까다로운 고객과 최강의 경쟁상대가 있는 국가로 이전한다.

실무적으로는 분산형 조직의 운영이 어렵다. 분산화는 조직단위가 각각의 목표를 추구하고 각각 그 조직만의 마케팅을 최우선으로 할 뿐 전사적인 면을 등한시한다는 생각 때문에 종종 채용되지 않았다. 그러나 본사에는 분산화된 활동을 기업 전체의 기준으로 평가하고 보상하지 않으면 안 된다. 현장의 경영자는 글로벌의 입장에서 전사적으로 사고할 필요가 있다. 그들은 여러 부문 및 국가에서의 경험도 축적하여야 한다. 전사적인 책임이 있는 부문은 전사적인 레벨에서의 요원배치를 하여야 한다. 모든 관련부문은 일상적인 커뮤니케이션을 위하여 전자메일, 컴퓨터회의, 화상회의를 통해서 전자적으로 접속된다.

(2) 분산형 조직은 정보기술로 실현할 수 있다

기업의 스탭, 계획, 평가, 보수, 정보 시스템의 변화는 필요하지만 성공의 관건은 의존관계와 균형이다. 이들 두 개의 기능의 결합에 의해 기업에 상호의존과 운명공동체 의식이 형성된다. 상호의존관계는 책임의 분산화를 의미하기 때문에 각 부문이 타 부문에 의존하는 것이다. 그러나 상호의존은 의존하고 있는 부문간에 균형이 성립하고 있을 때만이 가능하다. 각 부문의 규모와 능력이 균형을 유지하고 있지 않으면 안 된다. 혹시 어느 부문이 다른 부문과 비교해서 대단히 큰 경우 커다란 부문으로부터 보면 특정의 적은 부문에의 의존은 상대적으로 적게 되는 것이다. 적은 부문은 커다란 부문에의 의존을 두려워할지도 모른다. 이러한 상황하에서는 서로의 관계가 비대칭이 되고 상호의존관계가 형성되지 않는다. 상호의존은 진정하게 상호적이며 대등할 때 한층 잘 기능한다.

집권적 계층구조모델은 대부분의 의사결정이 본사수준에서 이루어지기 때문에 단순히 일대일의 커뮤니케이션 네트워크가 사용된다. 이것은 친자관계이다. 한편 분산형 모델에서는 다수의 의사결정이 본사로부터 사업단위로 이관되어, 각 부문은 모든 부문과 복잡하게 커뮤니케이트한다. 분산형 모델은 고도로 커뮤니케이션 집약적인 조직을 발생해 내기 때문에 최신의 정보기술에 의해 지원되지 않으면 안 된다.

(3) 분산형 조직의 리더십

최후의 문제는 리더십 기술이다. 계층형 조직의 리더는 일련의 일대일 커뮤니케이션을 통해서 조직을 관리할 수 있다. 그러나 분산형 모델의 리더는 팀을 활용해서 관리하지 않으면 안 된다. 리더에게는 팀 매니지먼트, 문제해결, 갈등의 해소를 요구하고 있다. 자회사의 리더는 부문의 경영자인 동시에 팀 플레이어이지 않으면 안 된다.

요약하자면 분산형 조직은 현재와 미래의 조직이 포함하는 많은 문제에 대한 해결책을 부여한다. 이 모델을 실현하기 위해서는 조직의 시스템과 프로세스에 대해서 새로운 스탭의 배치, 보상시스템, 정보시스템, 평가, 계획 등 복잡한 변경을 필요로 한다. 여기서 중요한 사항은 상호의존관계를 통해서 상호의존과 균형을 창출해 내는 것이다. 부문간 상호의존은 최신의 커뮤니케이션 네트워크와 팀에 기초를 둔 방식을 통해서 관리된다.

2. 유리한 조직의 규모

제품 및 고객에 직접 대응하는 팀 및 부문에 의사결정 권한을 분산할 때에 팀 및 부문의 규모를 어떻게 할 것인가라는 문제가 발생한다. 대규모의 조직은 시대에 뒤떨어질 수 있는 가능성이 있기 때문이다. 마이크로 조직이 그 좋은 사례이다. 많은 영역에서 규모의 경제가 유효하게 기능하지 않고 있다. 제품은 소형화되고 시장은 세분화되고 있다. 이들 시장에서는 매스미디어를 통한 마케팅보다 케이블 TV의 이용 및 표적마케팅(target marketing)이 유효한 수단이 된다. 대량생산과 매스미디어는 FMS와 매스 커스텀화로 대체되고 있다. 미래의 물결은 작고 예민한 기업가적인 사업단위가 세분화된 시장에서 최적의 서비스를 제공하는 방향으로 나아가고 있다.

소규모의 기업은 근로자의 동기부여와 참가의식의 수준을 향상시킬 수가 있다. 규모가 적다면 근로자가 기업과 일체화할 수 있고, 직무의 결과를 평가하고, 기업 전체를 이해하고, 전 사원의 이름을 알고, 그들의 직무가 기업의 성공과 어떻게 이어지고 있는가를 이해하고, 기업의 성공 및 실패에 대한 책임을 지각할 수가 있다. 이제까지 장기간의 연구에서도 소규모 조직단위가 신뢰, 응집성과 참가의식이 높다는 것을 명확하게 규명하고 있다. 소규모의 기업은 소유권과 경영권이 동일한 경우가 많기 때문에 기업의 목표달성에 거대한 에너지를 발휘할 수 있다.

그러나 거대기업만이 경쟁에서 승리할 수 있다고 믿는 사람들도 있다. 이러한 사람들은 IBM도 규모가 적다고 생각하고 있다. 따라서 IBM은 새로운 세대의 반도체 칩의 제조에서는 독일의 시멘스와 제휴할 필요가 있다고 말하고 있다.

또한 드러커(P. Drucker)는 중규모의 기업만이 미래가 있다고 주장하고 있다. 중규모의 기업은 보다 신속함을 보장받을 수가 있는 동시에 소기업보다 미래에 필요한 기술에 투자할 여유가 있다. 그는 독일의 산업에 있어서 중규모의 기업이 진정한 힘이 되었다고 주장하였다.

이상의 주장들은 어느 측면에서는 정당하다고 할 수 있다. 그러나 금후의 비즈니스는 대기업에 유리한 것과 소기업에 유리한 것이 동시에 발생하기 때문에 조직의 규모를 획일화시킬 수 없다.

예를 들면 IBM에서는 확대와 축소 전략이 병존하고 있다. IBM은 시멘스와 제휴하는 것만이 아니라 모토로라와 반도체 메모리를 공동개발하고 있다. 더불어 반도체 개발을 위하여 각국의 컨소시엄에 참가하고 애플과도 조인트 벤처를 시작하고 있다. IBM의 소프트웨어 개발의 사업화에는 대량의 판매규모가 필요하므로 IBM의 RISC기술을 이용하는 컴퓨터를 대량으로 보급하기 위하여 대규모화되고 있다.

한편으로 IBM은 사업을 분할하고 있다. 외부기억 디스크와 주변기기장치를 만드는 사업단위는 반은 독립사업으로 운영되고 있다. 사무기기의 사업단위는 계열과 분리되어 별도의 회사가 되고 IBM은 소수주주로서 경영에 참가하고, 서로 지원하는 연결된 네트워크조직을 형성하는 것이다.

3. 계층이 적은 조직구조

계층은 원래 사회적 질서에 있어서 서열과 지위를 의미하는 용어이다. 사회적 질서의 상하를 결정하는 이러한 질서와 지위의 지정은 특정 유형의 조직에서 장애 및 장벽이 되고 정보의 흐름, 협력, 의사결정 그리고 학습을 방해한다. 그러므로 지위 및 질서, 지위에 기초한 권한은 민감하게 학습하는 조직에 있어서는 불필요한 것이다.

이러한 의사결정 프로세스는 정보처리와 집단의 합의형성에 있어서 인간의 한계를 보완하기 위하여 사용되어 온 것으로, 앞으로 적절한 소프트웨어와 기술이 개발된다면 소멸할지도 모른다.

스피드를 우선시하는 시대에서는 신속한 의사결정이 필요하지만 그러나 기존의 계층도 존재한다. 금후 수백인의 사람이 리얼타임으로서 상호작용할 수 있도록 하는 그룹웨어의 개발이 진전되고 있으나, 얼마 안 되는 두 계층의 팀에서조차도 계층적 의사결정의 프로세스는 있다.

결론적으로 말한다면 계층의 수는 적어지고 본사의 파워도 낮아지고 있다. 계층의 소멸은 협력을 필요로 하는 집단간의 장벽을 소멸시키고 있지만, 통합하고 갈등을 해결하기 위해서는 계층형의 의사결정 프로세스를 다시 필요로 한다. 이 프로세스 자체는 계층형 조직의 유용한 구성요소이지만 지위와 서열은 기능장애를 야기하는 구성요소가 되고 있다.

4. 유동적이고 비항상적인 조직설계

조직설계의 분야는 조직단위의 명칭 및 지휘명령을 나타내는 체계도와 계층적인 보고관계를 다룬다. 조직변경이 의미하는 것은 직무수행능력의 개선을 목표로 해서 지휘명령과 보고의 관계를 변경하는 것이다. 이 계층적이고 계획적인 조직변경의 어프로치는 환경변화가 점진적이고 예측가능성이 있다면 적용할 수가 있다.

그러나 현대는 환경변화가 너무 빠르다. 따라서 조직설계도 유동적이고 비항상적이고 보다 수평적인 것이 되어야 한다. 변경의 대부분은 공식조직도상의 것만이 아니고 팀 내에서나 팀 사이에 구축된 미묘한 비공식적인 관계가 해당된다. 이러한 관계를 비공식조직이라고 한다.

환경변화에 예민한 조직에서는 비공식조직이 중심이 되지 않으면 안 된다. 공식조직은 매크로 수준의 의사결정, 즉 어느 집단 및 팀이 특정의 고객, 서비스, 제품, 프로세스, 담당지역 등을 담당하는가 등을 결정한다. 한편 집단 및 팀은 일상적인 담당자 사이의 정보교환과 활동을 통해서 업무를 수행하고 고객의 욕구 및 환경변화에 신속하게 대응하지 않으면 안 된다.

전통적 패턴은 개인의 책임을 엄밀하게 정의하고 직무기술 외의 사항에 손을 대지 않는 것으로 되어 있다. 보다 다이내믹하고 민감한 조직디자인의 어프로치에 따르면 고객이 무엇을 요구하고 무엇에 의해 만족하는가가 개인의 직무기술보다도 우선된다.

조직이 자기디자인과 유동적인 모델에 의해 항상 진화하고 있을 때 조직의 각 부문은 각각 완전히 상이한 방법으로 편성된다. 이것은 환경의 다양성에 적응하기 위해서는 모든 상황에 적응할 수 있는 최적의 해결법을 찾아내어야 하므로 구식의 기계적 · 공학적 모델로부터 탈피하여 개별적으로 조직의 형태를 선택하는 것은 당연한 결과이다. 금후는 자기디자인의 어프로치가 보다 적절한 것이 될 것이다. 이 어프로치에 의해 조직은 직면하는 특정의 문제에 적응하고 자기의 능력에 적합시키기 위하여 스스로를 평가하고 재설계한다.

5. 항상 새로운 정보가 흐르는 조직

다이내믹한 조직으로서 진화하기 위해 핵심이 되는 것은 조직 내의 정보의 이용가능성이다. 종래 조직 내의 정보의 흐름은 계층지향과 조직 내의 정보전달비용이 높다고 하는 제약으로부터 도출된 모델에 기초하고 있다. 지금은 정보기술과 정보하이웨이에 의해 조직의 모든 방향으로 비교적 값싸게 정보를 전달할 수가 있다. 개인은 언제라도 바로 컴퓨터와 각종 네트워크에 접속할 수 있기 때문에 속도는 문제시되지 않는다.

유연하고 다이내믹한 조직은 정보가 모든 곳에 연결되어 도달할 수 있어야 한다. 수평형 조직은 정보의 흐름에 관해서 계층적 통제에서는 거의 의존하지 않게 되지만 정보의 수평적 흐름에 의존한다. 고도참가형 조직에서는 종래로부터 조직의 최상위에서만이 이용 가능했던 정보에 대해서도 낮은 계층의 근로자가 접근할 수 있는 것이 중요하다. 저비용 · 고효율적, 신속한 방법으로서 새로운 정보의 흐름을 창조하지 않는다면 새로운

〈표 5-1〉 조직의 신 · 구 스타일

신 조 직	구 조 직
• 다이내믹, 학습	• 안정적
• 풍부한 정보	• 로컬
• 글로벌	• 대규모
• 소규모 동시에 대규모	• 기능
• 고객 및 제품 지향	• 직무 지향
• 기술 지향	• 개인 지향
• 팀 지향	• 명령/통제 지향
• 참가 지향	• 계층적
• 수평적/네트워크	• 직무요구 지향
• 고객 지향	

조직설계의 모델은 거의 기능하지 않을 것이다. 즉 복잡하고 풍부한 정보의 새로운 흐름을 관리할 수 있는 새로운 조직형태만이 경쟁우위를 갖게 된다.

(1) 조직의 새로운 논리

신속하게 변화하는 복잡한 환경 속에서 유용성을 높이기 위해서는 조직을 어떻게 관리해야만 하는가라는 명제가 점차 중요해지고 있다. 〈표 5-1〉은 조직의 신 · 구 스타일을 기술한 것이다.

조직 내의 업무를 어떻게 조정하고 조직화하는가에 따라서 종래와는 다른 사고가 필요하다. 이제까지의 계층구조에 기초한 명령통제모델은 산업혁명 시절부터 지배적인 것이었지만 현재에는 크게 변화하고 있다. 이 모델의 대체안은 어디에 있는 것인가. 전통적인 조직론의 어프로치는 현재의 환경하에서는 유효하게 기능하지 않는다.

(2) 미래의 유효한 조직

모든 조직에 있어 올바른 조직구조는 존재하지 않는다고 할 수 있다. 다이내믹하고 경쟁적인 환경에 있어서 조직유효성을 유지하기 위해서는 환경에 적응하여야 할 필요성이 있는 것을 강조해 왔다. 조직은 자기의 현상을 조사하고 새로운 모델을 어떻게 적용하는가에 대해서 의사결정을 하지 않으면 안 된다. 조직은 최선의 성과달성과 새로운 구조의 실현을 위하여 학습 어프로치와 자기디자인 어프로치를 필요로 한다. 많은 경우 최선의 성과달성과 새로운 구조에는 새로운 기술의 개발과 진화가 필요하다. 이를 위해 기술의 유도, 연구, 개선이 필요하게 된다. 조직이 정말로 개발하여야 할 중요한 능력은 끊임없이 스스로를 평가하고 항상 개발에 몰두하는 능력이다. 따라서 스스로 어떻게 한다면 가장 적절하게 자신을 조직화하고 관리할 수 있을 것인가를 항상 염두에 두고 노력하는 조직에 미래가 있는 것이다.

6. 창의성을 촉진시키는 조직

(1) 창의성과 관련된 잘못된 견해

현대는 불확실성과 복잡성이 증폭된 비연속성(discontinuity)의 시대이다. 한치 앞을 내다볼 수 없는 어떤 극단적인 상황에서도 생존할 수 있는 능력은 창의성이 가장 필수적이라고 한다. 실제상황에 직면하면 전혀 예상하지 않았던 불확실한 상황에 처하는 경우가 많은데, 이런 경우에는 완전히 새로운 생존방법을 생각해 내기 위해 자신들의 훈련내용과 인생경험의 여러 요소를 새롭게 조합해야 한다.

창의성은 생존의 도구이며 필수조건이다. 한때 창의성은 예술이나 과학분야에서나 필요한 것으로 생각하고, 지능이 높은 특별한 사람들에게서만 나타난다고 보거나, 정신이상과 관련이 있다는 것이라고 생각하던

시절도 있었으나 이는 잘못된 시각이다. 창의성을 과학적 발견이나 시 또는 화음(和音) 등이 갑자기 머리에 떠오르는 식을 강조하는 견해가 있는데, 이는 신비롭고 관찰 가능하지 않은 과정을 통해서가 아니라 획득된 지식을 의도적으로 응용함으로써 가능하다.

프로이트(Freud)의 정신분석이론에 의하면 레오나르도 다빈치 그림은 아동기(4~5세경)에 경험하는 오이디푸스 콤플렉스가 원만하게 해결되지 못했을 때 성인이 되면서 방어기제인 승화(sublimation)를 통해 자신의 억압된 무의식적 충동과 욕망을 표현한 독창적 예술작품이라고 하는 등 창의성은 이상성격과 관련이 있다는 것이 20세기 중반까지 지배적이었다. 그러나 이후 연구자들은 프로이트의 견해가 지나치게 극단적이며, 실제 많은 창의성의 사례들에 적용되지 않으며, 창의적인 사람은 정신적으로 건강한 자아를 가지고 있는 사람들이라고 결론을 내렸다.

(2) 창의성의 3요소

창의성은 어떤 배경에서 생성되는 것일까? 창의성의 세 가지 요소로서 ① 지식과 경험, ② 창의적 사고, ③ 열정과 내적 동기를 중요시하고 있다.

1) 지식과 경험

해당 분야의 오랜 경험을 통해 축적된 지식과 경험(학교교육을 통해 획득되는 지식만을 의미하는 것은 아님)이 있어야 창의성이 생성될 수 있다. 특정 패러다임에 몰입되면 그 패러다임의 지배를 벗어나기 어려운 것처럼, 자신의 분야에서 오랜 기간 경험을 쌓다보면 기존 생각과 사고의 틀을 벗어나기 쉽지 않아서 창의성의 발현이 어렵다. 그러나 창의적이려면 지식과 경험에 기반을 둘 수밖에 없다. 단지 자기의 지식과 경험을 바탕으로 자신의 사고틀을 뛰어넘고 남과 다른 생각과 사고를 해야 하는 것이 중요하다.

2) 창의적 사고

창의성이 발견되기 위해서는 기존 지식과 상식을 넘어서는 역발상적인 사고가 요구된다. 창의성은 문제해결에 있는 것이 아니라 문제발견(problem finding)에 있다.

독창적인 화가는 다른 화가들이 잘 선택하지 않는 사물을 선택하고 사물들을 보다 더 철저하게 탐색하는 경향이 있다. 즉 오랫동안 각 사물의 특성을 여러 각도에서 보며, 최종 완성된 그림의 초기형태가 늦게 결정된다. 무엇을 화폭에 구현할 것인가를 보다 오랫동안 고민하고 다양한 탐색적인 행동을 많이 한 화가들이 보다 독창적인 데 비하여, 덜 창의적인 화가들은 무엇을 그릴 것인가라는 문제발견 측면에 시간을 덜 소비하고 해결(즉 그림을 기교있게 그리는 활동)하는 데 보다 많은 시간을 투여한다.

주어진 문제에 대한 창의적인 해결뿐만 아니라 문제 자체를 발견해 내는 능력은 질적으로 한 단계 높은 차원의 창의성이다. 특정 제품 시장에서 기존 제품에 새로운 혁신적 기능을 추가한 신제품 개발 및 시장점유율 확대는 주어진 문제의 창의적 해결이며, 고객욕구에 바탕을 둔 기존이 없던 새로운 상품개발은 문제발견이다.

3) 열정과 내적 동기

그러면 문제발견행동이 가능하도록 하는 원동력은 무엇일까? 창의성이 발현되기 위해서는 내적 동기(일에 대한 열정)가 필수적이다. 여기서 내적 동기는 어떤 행동을 하는 데 있어 행동 그 자체로부터 즐거움이나 성취감을 얻는 것이다. 많은 조직에서 구성원들의 창의성을 유발하기 위한 방법으로 단순히 복장을 자유롭게 하는 피상적 방법만을 강조하나, 보다 중요한 것은 구성원들의 일에 대한 열정과 내적 동기를 유발하는 것이다.

(3) 기업조직에서의 창의성

오늘날의 기업에서는 새로운 기술이나 제품의 개발과정과 절차가 너무나 복잡하고, 전문화 확대와 지식폭증으로 발명과 창조는 옛날과는 다른 방식으로 이루어진다. 오늘날 기업에서의 창의적 성과는 한 개인의 아이디어나 노력이기보다는 다수의 노력에 의한 결과가 더 많다. 기업에서 누가, 언제, 무엇을, 어떻게 창의적인 성과를 낼지 미리 예측할 수 없으며, 어떤 직원이 창의적이고 언제 어떠한 성과를 낼 것이라는 선입견을 가질수록 창의적 활동은 제한된다.

기업에 엄청난 이득과 혜택을 준 창의적 행위의 대부분은 전략상 미리 경영층에 의해 계획된 것이 아니라 특별히 창의적인 사람으로 생각되지 않은 사람들에 의해 전혀 예측하지 않은 곳에서 발현되었다. 기업 창의성을 증진시키기 위해서는 창의적인 사람을 찾아내는 데에 있는 것이 아니라 모든 종업원들의 창의성을 증진시켜야 하며, 경영자는 모든 조직구성원이 창의적 잠재력을 실현할 수 있다는 신념을 갖고 조직구성원들에게 여건을 조성해 주어야 한다. 그러면 창의적인 조직이 되기 위한 분위기를 어떻게 만들어야 할까?

1) 방향일치

직원들의 관심과 행동을 회사의 주요 목표에 지향하도록 하여, 모든 직원들이 잠재적으로 유용한 아이디어를 찾아내도록 하고 긍정적으로 반응하도록 해야 한다.

2) 자발적 활동

사람들은 창의적이고자 하는 선천적인 욕구를 갖고 있으므로, 그 욕구를 발현시키는 것이 중요하다. 이를 위해서는 직원들의 아이디어에 반응하는 효과적인 시스템을 구축하여야 한다.

3) 비공식 활동

아이디어의 발생초기단계에서는 회사의 공식적인 지원이 오히려 장애요소가 된다. 회사의 직접적인 공식지원 없이 새롭고 유용한 일을 하려는 의도에서 활동할 때 창의성이 촉진된다.

4) 영민한 발견

창의성은 겉으로 아무런 관련이 없어 보이는 것의 관련성을 재조합하거나 형성함으로써 발현된다. 기대하지 않은 우연한 발견에서 통찰을 얻을 수 있는 다양한 기회를 제공해야 한다.

5) 다양한 자극

다양한 자극에 접할 기회(예: 안식년)를 제공함으로써 업무에 대해 신선한 통찰을 제공하거나 색다른 시도를 할 수 있게 하여야 한다.

6) 사내 커뮤니케이션

회사규모가 커질수록 창의적 행위에 필요한 요소가 사내에 더 많이 산재해 있으나, 결합시키기는 어렵다. 예상치 않은 사내 커뮤니케이션은 소규모 회사에서는 자연스럽지만, 규모가 큰 회사의 공식적인 커뮤니케이션 채널은 창의성을 상당히 제한한다. 사내 비공식 커뮤니케이션을 원활하게 증진시키지 못하면 창의적 잠재력은 실현될 수 없다.

제 6 장

직무분석과 동기부여

1. 직무분석
2. 직무설계
3. 동기부여

1. 직무분석

(1) 직무분석의 개념

프렌치(French)는 직무분석(job analysis)을 직무설계의 파생물(outgrowth)로 보고 있으나 이러한 인식은 직무분석의 생성과 전개에 관한 역사적 관점이 결여되어 있다고 할 수 있다. 이반세비치(Ivancevich)는 미국 노동성의 정의를 인용하면서 직무분석에 관계되는 용어를 다음과 같이 정의하고 있다.

① **직무분석**(job analysis)

직무에 관련된 중요한 정보를 수집할 목적을 갖는 체계적인 프로세스

② **직무기술서**(job description)

직무분석의 주요한 산물로서 동일한 직무를 요약하여 문서화시켜 기술한 것

③ **직무명세서**(job specification)

부여된 직무의 효과적 수행에 필요한 지식, 기능, 능력, 특징 등의 문서화된 설명

④ **과업**(tasks)

성과(예를 들면 제품 혹은 서비스)를 산출하기 위해 이용되는, 조정되고 결합된 직무요소

⑤ **직위**(position)

개인에 의해 수행되는 책임과 의무(duties)로부터 구성된다. 조직에는 근로자의 수와 동일한 직위가 있다.

⑥ **직무**(job)

유사직위의 그룹. 예를 들면 컴퓨터 프로그래머 및 급여 전문가와 같은 직위의 그룹

⑦ **직무집단**(job family)

유사한 직무의무의 그룹. 사무직 · 기술직 · 영업직과 같이 직무를 보다

크게 그룹화한 것이다.

이상의 정의는 지나치게 간단하기 때문에 직무분석의 정의를 좀더 구체화하기 위해 보완하면 다음과 같다. 직무분석은 관찰과 연구에 의해 어느 특정 직무의 성질과 정보를 결정하고 보고하는 절차(process)라고 할 수 있다. 즉 이것은 그 직무를 구성하고 있는 과업, 그 직무를 완수하기 위하여 근로자에게 요구되는 기능, 지식, 능력, 책임 및 그 직무를 다른 모든 직무와 구별되는 것 등을 결정하는 것이다. 직무분석은 요컨대 직무에 관한 정확하고 적절한 정보를 획득하고 기술하는 기초적인 기법이다.

그러면 이와 같은 직무분석의 대상이 되는 직무는 무엇인가 하는 개념은 통일되어 있지 않지만 일반적으로 다음과 같이 해석된다. 인간이 어느 특정의 목적을 위하여 노력할 때, 여기에 하나의 과업이 발생하고, 한 사람의 근로자를 고용하기에 족할 만큼의 과업이 존재한다면 여기에 하나의 직위가 형성된다. 직위란 한 사람의 개인에게 공식적으로 할당되어 수행되고 있는 과업의 그룹이다. 따라서 근로자 1인 1직위, 근로자의 수만큼 직위가 존재하는 것이 된다. 유사직위의 그룹은 직무를 구성한다. 유사직무가 모여서 직업(occupation)이 된다. 구체적인 예를 들어 설명한다면, 어느 직장에 5인의 타이피스트가 고용되어 있다고 하자. 그러면 여기에는 5개의 직위가 존재하게 된다. 이들 5개의 직위는 타이피스트라고 하는 하나의 직무를 구성하고 있다.

직무분석의 성립기를 보면, 미국에 있어서 직무분석의 역사는 테일러(Taylor)의 과학적 관리법(scientific management)의 시간연구(time study)에서 출발한다. 그리고 제1차 대전을 계기로 노동력의 유효이용을 도모하기 위한 기초자료를 얻기 위한 연구가 진행되었는데, 현재의 직무분석과 가까운 형태를 취하게 된 시기이다. 그 이후 특히 1920년대 이후 그 방법이나 내용도 정교화되기에 이르렀다.

또한 1920～1922년의 공황에 대처하기 위하여 대규모 제조기업의 인사스탭들은 인간자원활동의 주요한 자료원으로 직무분석을 이용하게 됨으로써 직무분석은 1920년대에 급속하게 발전 · 보급되었다.

이상에서 직무분석의 개념과 기법의 생성 그리고 발전에 대해서 간단하게 기술하였다. 여기에서 중요한 것은 직무분석이란 하나의 절차에 불과하다는 것이다. 따라서 직무분석 자체는 어떠한 관리목적에 봉사하는 도구에 지나지 않는다고 할 수 있다.

(2) 직무분석의 프로세스

상기와 같이 정의된 직무분석의 프로세스를 이해하기 위하여 이반세비치는 〈그림 6-1〉과 같이 도식화하고 각 단계를 설명하고 있다.

① 제 1 단계

이 단계는 각각의 직무가 조직의 전체구조와 어떻게 적합하는가에 대해서 폭넓은 견해를 제공한다.

② 제 2 단계

이 단계는 직무분석과 직무설계 정보가 어떻게 이용되는가를 관계하는 사람들에게 알려준다.

③ 제 3 단계

분석해야 할 직무를 선택한다.

④ 제 4 단계

의미 있는 직무분석기법을 이용한다. 이 기법은 직무의 특성, 필요한 행동, 직무수행에 필요한 근로자의 특성에 관한 자료의 수집을 위하여 이용된다.

⑤ 제 5 단계

수집된 정보는 직무기술서를 개발하기 위한 단계에서 이용된다.

⑥ 제 6 단계

직무명세서의 작성

또한 단계 1에서 6까지 수집된 지식과 자료는 실질적으로는 모든 인간자원 개발활동의 기초로서 활용된다. 〈그림 6-1〉에서 나타난 바와 같이 이것들은 채용, 선발, 훈련, 업적평가, 급여와 같은 제 활동에 이용된다.

〈그림 6-1〉 직무분석 프로세스

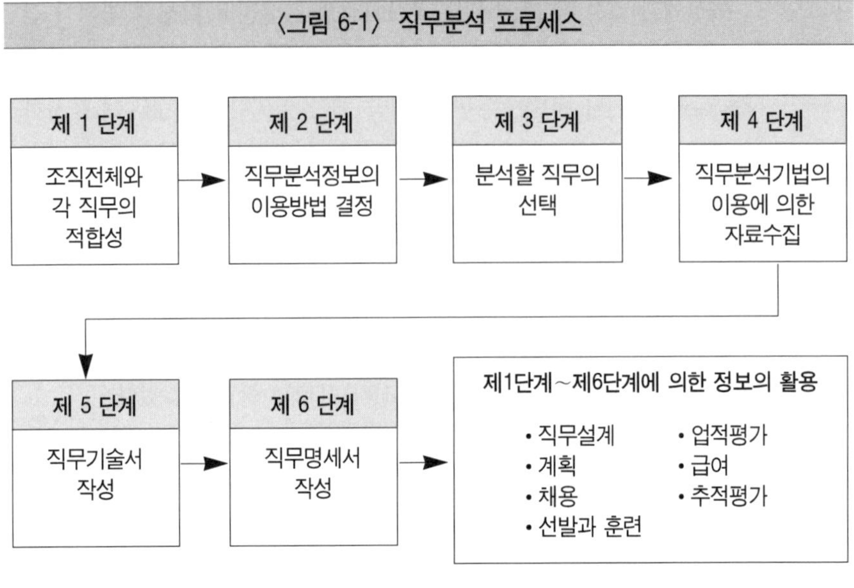

직무분석과정에서 수집된 정보는 이들 각각에 있어서 필수적이다. 또한 수집된 정보는 직무설계 및 직무재설계에도 이용된다. 직무분석은 근로자가 조직에서 생산적이고 만족적으로 근로하는 데에 필요한 정보를 제공하며, 직무분석정보는 조직이 계속적으로 행하는 직무설계의 노력의 평가에 이용된다. 이 단계에서는 조직이 그 노력을 평가하고 또 생산성 및 만족의 목표가 실제로 달성되고 있는가를 결정하는 데에 중요하다.

〈그림 6-1〉에서도 직무분석이 이용되는 인간자원 개발관리의 영역이 나타나고 있는 것과 같이 직무분석은 인간자원 관리의 시점이고 기초가 되며, 사람중심의 노무관리만이 아닌 직무중심의 근대적 노무관리의 기초가 되고 있다. 따라서 직무를 중심으로 한 서구의 경우 직무 자체의 상세한 검토가 이루어지는 직무기술, 직무표준화, 직무평가라고 하는 일련의 작업내용을 갖고 직무분석이 요구되지만, 인간을 중심으로 한 사고에서는 근로자의 직무수행능력을 상세하게 검토하고 정리하는 직무조사가 필요하게 된다.

직무분석의 기법으로서는 기본적인 것으로서 관찰법(observation

〈그림 6-2〉 직무분석, 직무기술서와 직무명세서

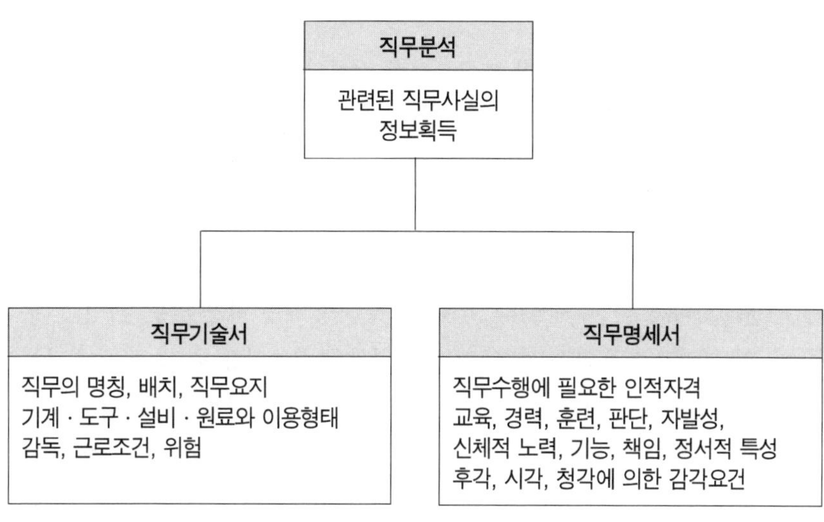

method), 면접법(interview method), 질문지법(questionnaires method)이 있으며, 이외에도 체험법, 영화분석법, 중요사건법, 작업일지법 등이 있다.

(3) 직무기술서와 직무명세서

직무기술서는 체계적인 직무분석에 의해 제공되는 주요한 성과의 하나이고 직무수행을 문서화한 것이다. 직무기술서의 표준적인 형태가 있는 것은 아니지만 일반적으로 직무명칭, 직무의 요지, 직무환경, 제 활동 등과 같은 정보를 수반한다. 또 직무명세서는 이 직무기술서로부터 개발되며, 직무수행을 위해 필요한 인적자질 및 경력을 상세하게 기술하고 있다. 특정의 직무수행에 어떠한 기능, 지식, 능력을 필요로 하는가를 결정하는 것은 체계적으로 되어 있지 않으면 안 된다. 직무기술서 및 직무명세서의 구체적인 예는 〈그림 6-2〉에 나타나 있다.

2. 직무설계

이반세비치는 정밀한 직무분석이 실시되고 이용 가능한 높은 질의 직무기술서와 직무명세서가 있으면 조직은 이 정보를 직무설계 또는 직무재설계에 이용할 수 있다고 하였다. 프렌치(French)는 직무설계를 조직의 각 구성원에 의해 수행되는 특정의 과업 및 책임을 결정하는 프로세스라고 하고, 직무설계를 통해서 확립되는 두 가지의 구성요소가 있다고 하였다. 하나는 직무내용이다. 직무내용은 수행해야 하는 의무, 과업, 직무책임 그리고 이용되는 설비, 기계, 도구와의 상호작용 등 그 직무에 관해서 실행하지 않으면 안 되는 일련의 활동이다. 직무설계를 통해서 확립되는 또 다른 중요한 구성요소는 직무에 따르는 일련의 책임이다. 예를 들면 각각의 근로자가 규칙 및 업무 스케줄에 따르는 것과 같이, 전체조직에서 수행하는 것이 기대되는 책임이다.

다음은 상기와 같은 직무내용과 관련된 해크만 등(Hackman & Oldham)의 JDS(job diagnostic survey) 모델을 고찰한다.

이들은 로울러 등(Lawler et al.)이 지적하는 직무의 6종류의 차원, 즉 다양성(variety), 자율성(autonomy), 과업의 완결성(task identity), 피드백(feed back), 대인관계(dealing with others), 친교의 기회(friendship opportunities) 중 4개인 다양성, 자율성, 과업의 완결성, 피드백에 과업중요성(task significance)을 추가해서 5개의 특성을 직무핵심특성(core job characteristics)으로 하였다. 그리고 이상의 특성은 다분히 주관적인 것이지만 객관적으로 측정되도록 하였다. 또한 이상의 특성은 동기부여 및 만족 등을 포함한 조직업적에 직접적으로 영향을 미치는 것이 아니고 직무의 특성이 환기하는 중요 심리상태(critical psychological)를 매개체로 하여 높은 직무성과를 얻게 된다고 가정하였다. 예를 들면 기능다양성과 과업정체성, 과업유의성은 가산적으로 직무의 유의미감(experienced meaningfulness of the work)을 환기하고, 자율성은 책임의 인식(experienced responsibility for outcomes of the work)을, 또 피드백은 실제적인 성과의 파악감(knowledge of the actual results of the work

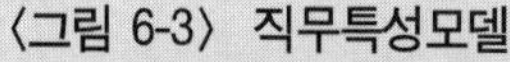
〈그림 6-3〉 직무특성모델

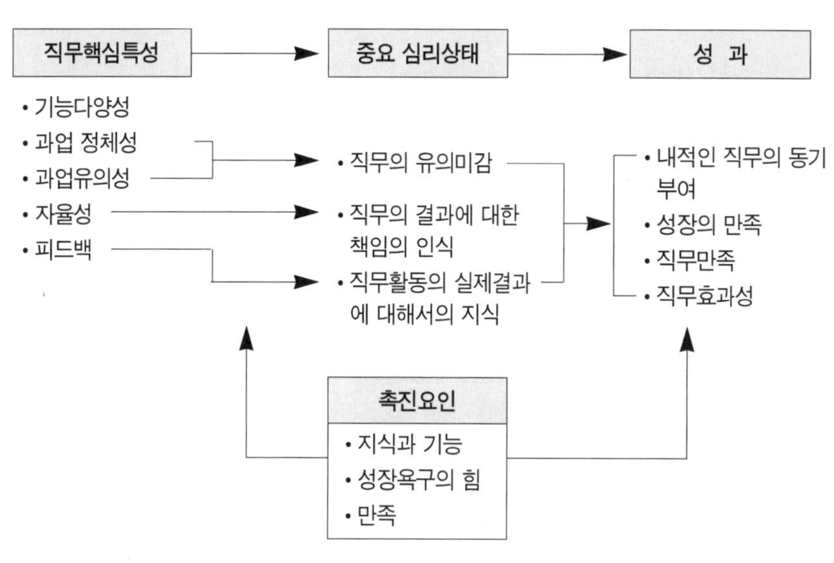

activities)을 각각 환기한다. 그리고 이와 같은 심리상태가 근로자의 반응, 즉 직무에의 내적인 동기부여, 성장감 충족, 직무만족, 직무효과성 등에 영향을 미치게 된다. 게다가 〈그림 6-3〉에서와 같이 이들 변수군 사이에서 이 관계의 방향 및 강도를 조정하는 개인차 변수가 고려된다. 개인차로서 특히 중시해야 할 요인은 성장욕구의 힘이다.

이와 같은 이론에 기초하여 직무설계가 진행되면서 직무특성을 강화하는 계획적인 프로그램의 전형적인 것이 직무충실(job enrichment)이다. 이것은 직무의 질적 · 수직적 확대로서, 그 목적은 근로자에게 자율성과 책임있는 직무를 제공하여 근로자의 불만에 대처하는 것이다. 프렌치는 이것을 근로자의 동기부여, 생산성, 만족의 증가를 목적으로 5개의 핵심적 직무특성을 강화하는 프로세스라고 하였다. 이것에 대해서 직무확대(job enlargement)는 직무의 수량적 · 수평적 확대로서, 직무에 보다 많은 곤란한 과업을 부가하여 직무의 단조로움을 제거하기 위한 것이다.

3. 동기부여

(1) 동기부여이론

조직은 구성원들로부터 일정수준의 조직몰입과 협조를 이끌어내지 못한다면 성공할 수 없다. 그 이유로서 이제까지 많은 동기부여이론이 연구되어 왔다. 동기부여란 개인행동을 지도하고 유지하는 원인이지만, 개인을 동기부여시키기 위한 올바른 모델을 추구하는 초기의 어프로치로부터, 개인과 환경요인의 상호작용으로부터 발생한다고 하는 현대적인 어프로치로 발전하여 왔다.

동기부여(motivation)의 초기이론은 모든 상황에서 모든 근로자에게 적용할 수 있는 동기부여의 단일모델을 구축하려는 것이었다. 그러나 여기에서도 전통적 모델, 인간관계 모델 그리고 인간자원 모델은 각각 인간관에 대해서 상이한 견해를 보이고 있다. 이것에 비해 동기부여의 현대적 견해는 동기부여에 영향을 미치는 몇 개의 요인에 초점을 맞추고 있다. 소위 내용이론은 동기부여에 있어서 개인의 목표 및 바람을 강조하고 있으며, 과정이론은 동기부여하는 접근방법을 강조하고 있다. 그리고 제3의 어프로치, 즉 심리학자 스키너(Skinner) 및 밴두라(Bandura)에 의해 대표되는 강화이론 및 사회학습이론은 내용이론이나 과정이론과 상이하여 행동과 학습되는 방법에 초점을 두고 있다.

(2) 모티베이션 내용이론

모티베이션 내용이론은 행동을 동기부여하는 내적 욕구에 초점을 둔다. 이 어프로치는 매슬로우(Maslow), 앨더퍼(Alderfer), 맥그리거(Mcgregor), 허츠버그(Herzberg), 애킨슨(Atkinson), 맥클리랜드(Mcclelland) 등이 대표적이다.

1) 매슬로우의 욕구 5단계설

심리학자 매슬로우는 인간의 기본적 욕구를 5개로 분류하고 이것들의 상대적 우세에 의해 계층을 구성하고 있다는 가설을 전개하고 있다. 5가지의 욕구는 다음과 같다.

① **생리적 욕구**(physiological needs)

인간생활을 영위하기 위한 기본적인 욕구로서 식욕과 성욕 등이 있다.

② **안전 또는 안정욕구**(safety and security needs)

안전, 안정, 의존, 보호, 불안, 공포, 혼란으로부터의 자유, 구조, 질서, 법을 추구하는 욕구, 보호의 강조 등이다.

③ **소속과 사랑의 욕구**(belongingness needs)

인간은 사회적 동물이기 때문에 귀속하고 싶고 동료로부터 사랑받고 싶은 욕구를 갖는다.

④ **승인의 욕구**(esteem needs)

자신에 대한 높은 평가, 자기존중 및 자존심, 타인으로부터의 승인 등에 대한 요구나 바람이다.

⑤ **자기실현욕구**(self-actualization needs)

사람은 자신이 하고 싶은 것을 하지 않으면 안 된다. 사람은 자기 자신의 본성에 충실하지 않으면 안 되며 이와 같은 자율적인 인간이 되려고자 하는 욕구이다.

매슬로우의 이론에 있어서 주의해야 할 것은 인간은 저차적 욕구가 충족되면 보다 고차의 욕구를 추구한다고 하는 가설이다. 즉 어느 욕구의 충족 → 그 욕구의 중요성 저하 → 보다 상위의 욕구강도의 증대라는 욕구변화의 메커니즘을 주장한다. 본 가설의 타당성은 아직 입증되지 않고 있지만 그의 가설은 후속이론에 많은 영향을 미치고 있다.

2) 맥그리거의 X · Y이론

매슬로우의 욕구이론은 많은 조직연구자에 의해 보완되었으며, 그 중에서도 맥그리거는 X이론과 Y이론의 가설을 전개했다. 이 이론은 경영자가 인재를 사용하는 데 있어 어떠한 이념을 갖고 있는가에 의해 그 기업의 성격이 결정되며 경영자의 질도 결정된다는 이념 또는 인간관이 태동한다는 것이다. 즉 X이론이란 인간은 본래 일하는 것을 싫어한다는 인간관에 입각해서 구축된 이론이고, Y이론은 인간은 본래 일하기를 좋아한다는 인간관에 입각해서 구축된 이론이다. 그래서 그는 종래의 전통적인 조직론은 X이론에 기초한 것이므로 이를 회피하고, 통합과 자기통제를 가능하도록 하는 새로운 인간행동 모델, 즉 Y이론에 기초한 새로운 조직론이 구축될 필요가 있다고 주장하고 있다.

3) 맥클리랜드의 성취동기

맥클리랜드는 머래이(Murray)의 TAT(주제통각검사)의 연구법을 계승하면서 성취욕구, 친화욕구, 권력욕구 중에서 특히 성취욕구를 경제발전의 원동력으로서 중시하였다. 그는 일반적으로 성취욕구 수준이 높은 사회는 한층 정력적인 기업가를 탄생시키고 그 기업들에 의해 급속한 경제발전을 가져왔으므로 경제발전에 있어 문제가 되는 것은 인간자원이며, 특히 중요한 것은 성취동기의 수준이라고 주장하고 있다. 풍부한 역사적 및 실험자료에 기초해서 성취동기가 높은 사람들은 중간 정도의 어려운 일에 도전하는 상황을 선호하고 그와 같은 상황에서 좋은 성과를 올리고, 자신의 성공 가능성에 대해서 보다 큰 자신을 갖는다고 주장했다. 성취동기는 예를 들면 우연성에 의해 결정되는 게임의 경우와 같이, 자신의 힘으로서는 어찌할 수 없는 것과 같은 업무에 대해서는 관심을 보이지 않는다. 또 성취동기가 높은 사람들은 어떤 행위에 의해 일련의 가능성의 결과가 좌우되며, 그 행위가 가져온 성과를 구체적으로 알 수 있는 기회가 있는 경우에 더욱 관심을 보인다. 금전과 관련된 경우에 돈 그 자체를 위한 것만이 아니고, 성공의 척도로서 돈이 인정되는 것이다. 높은 성취욕구에 의해 환기되는 행동과 기업가적 역할에 필요한 행동은 상호 밀접하게 연결되어 있다고 주장했다.

4) 허츠버그의 M-H이론

허츠버그는 피츠버그의 약 200명의 기사와 회계사와의 면접으로부터 직무만족요인(동기부여요인)과 직무불만족요인(위생요인)을 발견하였다. 또한 이 연구로부터 두 개의 중요한 사실이 발견되었다. 첫째로 직무만족을 발생하는 데 관련된 요인은 직무불만을 초래한 요인과는 분리된 별개의 것이었다. 직무만족과 직무불만족의 어느 쪽에 관련하고 있는가에 의해 각각의 요인을 고려하지 않으면 안 되었기 때문에, 이들 두 개의 감정이 표리관계가 아니라는 결론이다. 따라서 '직무만족' 의 반대는 '직무불만족' 이 아니고 오히려 '직무만족이 아님' 이며, '직무불만족' 의 반대는 '직무불만족이 아님' 이다. 직무만족과 직무불만족이 두 개의 단순하고 극단적인 속성이기는 하지만 파악이 곤란한 개념이라는 것은 확실하다.

그래서 그의 인간욕구가설(아담적 본성에 기초한 고통회피욕구와 아브라함적 본성에 기초한 성장욕구)과 면접결과를 결합해서 다음과 같은 결론을 내리고 있다.

인간의 기본적 욕구는 반대방향을 가리키며 두 개의 병행하는 화살표로 나타낼 수 있다. 하나의 화살표는 회피에 관련되는데, 인간에게는 심리적 환경이 이 고통의 주요원천이다. 다른 하나의 화살표는 아브라함적 본성을 나타내며, 이것은 과업의 달성을 통한 자기충실 또는 정신적 성장에의 접근에 관련된다. 이와 같은 허츠버그의 2요인이론의 역사적 의의는 동기부여에 있어서 과업의 중요성의 지적에 있다고 말해도 좋을 것이다.

(3) 모티베이션 과정이론

상술한 내용이론에 대해서 욕구란 개인이 어떻게 행동할 것인가를 의사결정하는 과정(프로세스)의 한 요소에 지나지 않는다고 하는 것이 과정이론이며, 개인의 능력, 역할인식, 혹은 어떤 행동이 높은 업적 달성에 필요한가에 대한 이해, 그리고 행동의 결과에 대한 개인의 기대 등이 고려된다. 대표적인 과정이론으로서 기대이론, 공정성이론 그리고 목표설정이론 등을 들 수 있지만 여기에서는 기대이론을 중심으로 고찰한다.

1) 브룸의 기대이론

브룸(Vroom)은 허츠버그의 2요인이론이 회답자의 직무내용에 관련된 것에 지나지 않는다고 비판했다. 그는 어떠한 때에도 사람들을 어떤 행동으로 지향하게 하는 동기부여는 그 행동의 결과가 바람직스러운 목표를 달성한다고 생각하는 각 개인의 강도를, 모든 행동의 결과의 평가치(플러스, 마이너스의 쌍방)로 합하는 것에 의해 결정된다고 했다. 환언한다면 동기부여는 행동하는 자에 있어서의 행동결과의 평가치와 그 사람의 목표가 달성되었다고 생각하는 가능성의 곱이다. 브룸의 용어를 사용한다면 그의 이론은 힘=유의성×기대치로 나타낼 수 있다. 여기에서 힘이란 개인의 동기부여의 강도, 유의성이란 결과에의 선호의 정도, 기대치는 어떤 특정 행동이 바람직한 결과로 도출될 가능성을 나타낸다.

브룸의 이론에서 주의해야 할 점은 개인의 다양한 욕구와 동기부여의 중요성에 착안했다는 것이다.

2) 포터와 로울러의 모델

포터와 로울러(Porter & Lawler)는 이와 같은 기대이론에 입각해서 동기부여이론의 보다 완전한 모델을 기초로 경영관리자를 대상으로 한 연구에 적용했다.

이 모델로부터 명확하게 된 것과 같이 노력(동기부여와 투입되는 에너지의 강도)은 ① 보상의 가치와 ② 직무수행을 위해 필요하다고 생각되는 에너지의 투입량 및 실제로 보상을 얻을 수 있는 가능성에 의존한다. 인지된 노력→보상의 가능성은 역으로 이제까지의 업무수행의 기록에 의해 영향을 받는다. 실제 달성업적은 기본적으로 소비된 노력에 의해 결정된다. 그러나 이것은 직무수행에 있어서의 개인의 능력과 요구되는 업무가 무엇인가의 역할인지에 크게 영향을 받는다. 직무수행은 달성감 및 자기실현감과 같은 내면적 보상과 근로조건 및 지위와 같은 외면적 보상을 가져오게 하는데, 이들 보상을 개인이 공정한 보상으로 인지하느냐의 여부와 관련하여 만족감이 발생하게 된다. 공정하게 보상하는지에 대한 인지는 직무의 수행에 영향을 미치나, 개인의 노력에 대한 보상은 예상과 실제가

〈그림 6-4〉 직무수행, 직무만족 모델

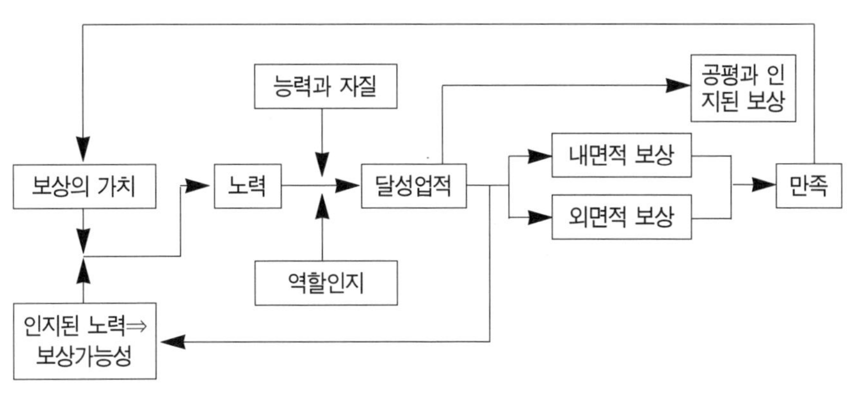

필연적으로 상이하므로, 인지하는 결과에 따른 만족감이 실제의 보상가치에 영향을 미친다.

제 7 장

인간자원 개발을 위한 고용관리

1. 인원계획, 채용계획의 작성
2. 채용관리
3. 배치관리
4. 휴직제도 관리
5. 퇴직관리
6. 해고관리
7. 고용조정(재고용, 퇴직, 해고 등)

고용관리(employment management)는 사람의 능력과 직무수행에 필요한 자격요건을 될 수 있는 한 적합하게 연결하기 위한 동태적 관리이다. 따라서 고용관리는 모집, 선발, 배치, 이동(배치, 승진, 승격을 포함), 휴직, 퇴직, 해고 등에 관한 일련의 관리로서 상당히 넓은 영역에 걸쳐 있는 것이다.

1. 인원계획, 채용계획의 작성

장기경영계획, 장기업무계획 수행을 위하여 조직계획에 기초해서 장기 인원계획을 수립한다. 이를 위해서는 직무계층별, 직종별, 남녀별, 연령별, 학력별, 능력정도(직능등급별) 및 고용형태, 근로형태별 등의 인원구성을 정확하게 산정하는 것이 필요하다. 먼저 현재의 인원구성부터 파악하고 인사제도를 운용하면서 중장기의 조직계획에 기초하여 인원구성의 변경을 산출해서 그 구성도를 작성한다.

퇴직 외의 감원수는 과거의 평균을 이용하고 조직의 변경에 합당한 인원의 이동 및 증감과 보충을 산정한다. 그리고 필요연도의 인원구성에 의해 인건비와 퇴직금 등을 산출한다. 기업의 미래에 대비해서 중장기 인원구성의 개혁 및 인사제도 개정의 필요성을 명확하게 하고 장기인원계획을 작성한다. 일반적으로 당기나 당해 연도의 인원계획 작성에 있어서는 먼저 자사의 임금지불능력 또는 투자증감률로부터, 허용되는 총 인건비에 의해 총인원을 결정한다.

다음으로 각 부문마다 인원계획(전년말 인원수에 대한 본년도의 증원, 보충과 전출감원의 요구인원수)을 집계해서 전사나 부서의 필요인원수를 산출하고 조정해서 인원계획을 작성한다. 또한 현시점에서의 각 개인의 능력에 적합시키기 위해서 직무변경, 배치이동 계획과 금후에 준비한 능력개발계획을 인원계획과 함께 제출받을 필요가 있다.

인간자원 개발관리 부문은 각 부문 및 직장의 특성에 적합한 인원의 산정방법, 절차 및 직무변경, 능력개발의 기법을 책정해서 제공한다든지 그 실시를 원조하지 않으면 안 된다. 이렇게 하면 어느 부문, 직장, 직무 및 업무에 언제까지 어떠한 사람(보유능력 정도)을 어느 정도(인원수) 필요로 하는 채용인원계획이 결정된다. 인원수 책정에는 정기채용계획, 인사이동계획과 중도채용계획, 임시채용계획까지 고려할 필요가 있다.

채용계획에는 예정인원수 및 시기만이 아니고 각각의 채용기준(예정된 직무내용 및 수행능력 요건에 기초하여 작성)과 그 선발방법, 채용조건(모집요강) 등을 구체적으로 작성한다.

2. 채용관리

근로자의 모집활동은 단순히 인원수만이 아니라 넓은 의미에서의 직무지도이다. 구직자가 자신의 이익과 처우, 삶의 보람을 추구하고 자신의 능력개발의 장을 추구하는 것을 중개하고 지도 · 원조하는 활동이다. 여기에서는 당연히 직무안정법, 장애자고용촉진법, 고연령자고용안정법, 남녀고용기회균등법 등의 법률을 준수하고 이것과 더불어 평상시부터 구인의 원천(요구하는 인원이 많다든가 모집하기 쉬운 집단이나 지역 등)을 개척한다든지, 구인매개체(구인에 유효한 회사안내, 모집광고 및 사원, 관계있는 사람들)를 개발한다든지, 기업의 구인능력(그 기업 및 경영자에 대한 사원 및 관계자의 신뢰도, 지지감이나 존속에 대한 기대 등)의 강화를 도모한다든지 하는 것이 필요하다.

선발(selection)은 채용예정의 직무 · 직위마다의 채용기준에 의해 적격자를 선택하는 것이다. 응모자의 개인적 특성 및 가치를 파악하기 위해 합리적인 방법을 선택하여 실시한다. 일반적으로는 응모서류에 의한 선발, 학력검사, 적성검사, 면접시험, 건강진단 등으로 종합판정한다. 선발은 그 과정을 통해서 응모자에게 기업의 분위기, 관행과 특성, 사원에게 기대하는 능력 및 행동을 이해시켜서 기업에 적응시킬 필요가 있다.

채용면접은 채용예정 부문 또는 직장의 장을 면접자로 포함시킬 필요가 있다. 그리고 한정된 면접시간을 유효하게 활용하기 위하여 화제나 질문사항, 질문자, 평가항목과 그 기준 등을 사전에 협의해서 결정한다. 그리고 평가서를 작성해서 각 면접자에게 제시한다. 채용의 가부를 결정한 후에는 신속하고 확실한 방법으로서 본인에게 통지한다.

채용통지로부터 실제로 입사할 때까지는 상당한 기간이 있다. 이 경우 내정자 관리 및 내정자의 정착대책이 필요하게 된다. 일반적으로 이 기간에 입사전 교육을 실시하여 회사와 친근감을 향상시키고 기업인, 직업인이 되기 위한 원조를 하는 예는 많이 있다.

또 입사에 필요한 노동계약서, 서약서, 신원보증서, 가족사항 등을 정리해서 수속을 완료한다. 동시에 노동조건 및 사내생활에 대해서 배려하고 신입사원 교육 준비 등을 정비하지 않으면 안 된다.

3. 배치관리

배치(placement)가 관리로서 이루어지게 된 것은 제1차 세계대전에 의한 노동력 부족이 제약요인이 됨으로써 노동력의 유효이용이 중대한 과제가 되었기 때문이다. 여기에서는 직무분석의 발달에 의해 직무가 요구하는 자격요건이 명확하게 규명이 됨과 동시에 각종 직업적성 테스트가 과학적으로 발달하게 되어 직무와 사람을 합리적 · 과학적으로 적합시키는 것이 가능하게 되었다. 제2차대전중의 노동력 부족대책으로서 미국에서 개발된 일반직업 적성검사기법은 전후에 개선되어 현재에 이르고 있다.

(1) 적정배치

배치관리란 직무와 인간을 합리적으로 적합화시키기 위한 관리이다. 이것은 두 가지의 측면이 있는데 그 하나는 적재적소에 의한 배치이다. 적재적소에 의한 배치는 엄밀하게 직무의 자격요건과 사람의 적성을 합리적으로 적합화시키는 것이다.

다른 하나는 직무순환(job rotation)으로서의 배치이다. 이것은 제너럴리스트의 육성을 목적으로 한 배치로서 적정배치와는 내용이 다른 사고방식이다. 이것에는 인재의 장래성을 배려한 인간자원 장기계획에 기초한 배치와 인재개발을 목적으로 한 배치가 있다.

(2) 배치의 형태와 목적

직장배치는 상기와 같이 ① 신규졸업자의 배치, ② 재직의 이동배치, ③ 인재개발 및 조직변경에 수반한 배치가 있으나 그 목적은 노동력의 효율적 활용, 근로자가 단결해서 직무를 수행하기 위한 의욕의 향상, 직장에서의 인간관계의 강화, 제너럴리스트의 육성과 교육훈련 효과의 추구, 매너리즘의 방지 등이다. 또 배치의 시기는 신규근로자의 채용, 경영계획 변경 및 기업환경의 변경, 근로자의 업무처리능력의 향상, 기업 자체가 위기에 처해 있을 때 등이다. 배치는 기업규모, 경영내용, 직무의 범위, 작업환경과 조건, 기업의 장래성과 속인적 특질을 배려해서 이행하여야 한다.

(3) 이동, 승진, 승격관리

직무의 내용은 기술의 진보와 혁신에 의해 변화하고, 근로자도 하나의 직무에 숙련하고, 교육훈련 등에 의해 혹은 자기계발에 의해 능력이 향상되는 것과 더불어 보다 곤란한 직무를 담당할 수 있게 되고 이것을 본인도 희망하게 된다. 이와 같이 보다 책임이 크고 등급이 높은 직무에 배치전환하는 것이 승진(promotion program)이다. 이것에 대해서 이동(transfer program)은 승진을 수반하지 않고 동일 수준의 타 직무로 횡단이동하는 것을 의미한다. 그리고 승격은 기업내 자격의 상승이므로 조직의 장으로 승진하는 것과는 다르다.

이들 승진과 승격은 책임과 권한의 강화, 담당직무영역의 확대, 임금의 상승을 수반하는 것으로서, 내부승진제 모델에 의해 근로자는 보다 높은 수준으로 승진하기 위해 장기적으로 노력하면서 학습하는 것을 지속함으로써 사기를 유지할 수가 있다.

이상과 같이 승진, 승격의 종류는 ① 상급으로의 승진인 직계승진과 ② 일반근로자로부터 계, 과, 부장으로의 직위승진, ③ 직위와는 무관하게 자격처우만의 승진인 자격승진 등을 들 수 있다.

① **승진자격자 사정기준**

승진자격자 사정기준에는 직무수행능력, 직무에 관한 자기통제능력, 직무목적의 실현, 직무수행을 위한 질적 능력, 전체적 조정능력 등이다.

② **승진판단사항**

판단력, 창조성, 책임감, 통솔력, 직무수행능력과 역량, 인간적 특질과 성격, 지적 밸런스, 교육정도, 직무수행능력, 협조성, 타인과 구별되는 공적 등이다.

승진, 승격은 제도로서 실현하는 것에 의해 사기의 향상을 도모하고, 인적구성의 모순을 완화하고, 리더십을 강화하고, 업무효과를 기대해서 경영질서의 유지와 확립을 목적으로 하고 있다.

4. 휴직제도 관리

휴직은 근로자가 장기간 취로불능의 경우에 신분 및 지위를 상실하지 않고 직장으로부터 이탈하는 것이지만, 그 원인이 해소될 때에 복직시키는 제도이기 때문에 휴직규정을 정하고 명확히 해두지 않으면 안 된다. 휴직에는 ① 근로자 본인의 사정에 의한 경우와 ② 회사의 사정에 의한 경우가 있다.

① **본인의 사정에 의한 휴직**

업무외 질병, 노동조합 간부가 될 때, 여성의 산전 · 산후, 육아휴가 등

② **회사의 사정에 의한 휴직**

업무상의 질병, 파견 등으로 타사에 나가 있는 경우 등

5. 퇴직관리

퇴직(retirement)은 일반적으로 정년에 의한 퇴직과 중도퇴직을 지칭한

다. 정년퇴직은 어느 일정의 연령에 이르면 자동적으로 퇴직하는 제도이다. 이 연령은 기업에 있어서 취업규칙으로 결정되어 있으며, 이것은 종신고용을 기초로 한다. 그러나 최근에는 기술혁신의 진전에 수반하여 기업경영이 다각화되고 이에 따라 환경에 대한 적응력이 필요하기 때문에 중도채용이 이루어지고 있다.

이것과 수반해서 퇴직도 증가하는 경향이 있으며, 특히 젊은층은 자기사정에 의한 퇴직의 경향이 강하다. 이러한 자기사정에 부합해서 복수의 퇴직코스를 선택할 수 있는 제도가 확립되고 있다. 이 제도를 선택정년제라고 한다. 이것은 금후 고령화사회에 있어서 정년연장이 필요하게 되지만 일률적 연장만이 아니라 근로자의 희망 및 기업이 필요로 하는 상태를 고려해서 유연하게 퇴직선택이 가능하게 하는 제도이다.

정년퇴직 및 선택정년, 중도퇴직 등은 근로자를 쇄신하는 것에 의해 능률의 향상을 도모하고 젊은층의 승진의 활로를 개방하고, 사기의 향상을 도모하고 경영조직활동을 활성화시키며, 정년제를 통해 고용을 보장함으로써 근로자의 기업에 대한 공헌도의 향상을 목적으로 하고 있다.

6. 해고관리

해고(discharge)는 고용중의 근로자를 기업이 일방적으로 사임시키는 것이다.

(1) 징계해고 관리

징계해고(disciplinary discharge)는 근로자의 부정과 부당한 행위에 대한 처분으로써 이루어지기 때문에 경우에 따라 회피하기 어렵고 또한 필요한 조치이다. 징계해고에 대비해서 다음과 같은 조치가 필요하다.

① 해고에 해당하는 경우를 명확하게 문장화해 둔다.(어떠한 경우에 징계

해고한다)

② 전 근로자에게 철저하게 주지시킨다.

③ 관리직에 대해서 관련된 규칙과 내용을 철저하게 주지시킨다.

④ 징계해고가 부과된 경우에는 즉시 사실의 분석이 이루어져야 한다.

⑤ 해고는 중대한 것이기 때문에 인사부서만이 아니라 업무수행라인의 상위관리직이 재검토할 필요가 있다.

⑥ 해고된 근로자를 그들에 대해서의 조건이 완전하게 조치될 때까지 조직 내에 잔류시키는 것이 필요하다.

⑦ 재조사를 위한 규칙이 있어야 한다.(노동조합이 있는 기업에 있어서 재조사하는 것은 당연하고, 노동조합이 없는 기업에 있어서도 고용주는 근로자가 재심을 요구하면 재조사하여야 한다)

(2) 무능력 근로자의 해고관리

이 문제는 정년제를 배려하지 않는 것으로서 고령근로자가 증가한 경우이거나 근로자의 무능력에 의한 업무처리의 비효율이라는 두 가지 측면이 있다.

(3) 고령근로자의 퇴직관리

1) 고령근로자와 노동부하

이 문제는 기업 및 조합의 일률적인 정년이라고 하는 것이 아니고 기업이 개인적으로 취급하여 고령근로자를 고용하기를 결정한다면 노동환경 및 노동부하에 관해서 특별한 조정을 필요로 하게 된다. 이와 같은 조정에 이용되는 방법은 다음과 같다.

① 보다 가벼운 종류의 직무로 배치전환

② 반나절이나 하루 간격과 같은 시간제 노동

③ 긴 휴식, 긴 휴가가 가능한 업무 담당

④ 신체적인 허약함을 보좌할 수 있는 노동환경의 변경, 좌석배치, 특별한 지원 및 각종 육체적 편리를 고려
⑤ 급료를 감소하는 방법 등

2) 고령근로자가 퇴직에 임해서 준비하는 것

기업은 고령근로자의 퇴직준비를 사전에 시키는 것이 필요하다. 이와 같은 기본적 항목으로서는 다음과 같다.

① 퇴직을 준비하는 데에는 어떠한 것이 필요한가
② 퇴직후의 자금관리(퇴직후의 수입, 수입을 위한 권리, 보험, 생활비 등)
③ 의료상담(직무은퇴와 관련해서 의료보험은 어떻게 되는 것인가, 현재의 건강상태는 어떠한가 하는 것 등)
④ 심리적인 카운슬링(직무로부터의 은퇴를 자연스럽게 받아들일 수 있는 은퇴후의 생활, 취미, 직무, 가족관계 및 주거조정 등의 심리적이고 정신적 요소에 대해서 이루어져야 한다)

최소한 위와 같은 것들이 필요하다. 그리고 공통요소로는 집단 카운슬링이 효과가 있으며 특수한 개인적인 문제에 대해서는 개인적 카운슬링이 필요하다. 이러한 방법에 부가하여 퇴직에 있어서의 정보는 각종 미디어를 이용하여야 한다. 예컨대 사내신문 및 특보, 특별한 공보 등을 활용할 수 있다.

3) 퇴직을 위한 준비기간

근로자의 취미, 레저, 여행 등과 같은 퇴직준비는 적어도 1년 전에 활동을 개시해야 하며, 최저 3개월 전이나 6개월 전에는 실시되어야 한다.

4) 퇴직행사와 사후관리

많은 기업은 퇴직행사를 개최한다. 특별상이나 기념품이 주어진다. 이것은 의미 있는 것이지만 이러한 상이나 기념품 등에 있어서 근로자 사이

의 불평등이 존재하지 않도록 배려해야 한다. 사후관리는 일반적으로 퇴직 근로자에게 각종 기업 공보물을 배송하고, 기업의 대표와 공식적으로 예정된 방문을 행하는 프로그램을 실시하고, 각종 기업의 서비스 이벤트에 참여를 권장하고, 기업은전이나 시설이용의 지속적인 참가 등을 들 수 있다.

(4) 사망, 사고, 질병 퇴직관리

기업 외에서 개인적으로 발생한 사망이나 질병의 발생은 근로자 또는 그 가족이나 친구가 기업에 정보를 전달하는 것을 장려하지 않으면 안 된다. 또 기업내 직무와 관련된 사고 및 사망의 경우는 최소한 관계 부 · 과에 통지하여 주지시켜야 한다. 두 번째로는 혹시 가족이 지불하지 않으면 안 되는 시급한 채무를 갖고 있는 경우에는 후에 지연 등으로 인한 곤란한 일을 겪지 않도록 될 수 있는 한 빨리 당사자나 유족의 모든 재산적 채무를 청산하도록 하는 것이 중요하다.

7. 고용조정(재고용, 퇴직, 해고 등)

고용조정에서는 잔업규제, 중도채용의 소멸과 정지, 신규채용의 중지, 배치전환 및 파견, 일시휴업, 희망퇴직자 모집, 전직원조, 퇴직장려 등이 행해지고, 이것들은 근로자들에게 있어서 근로조건의 저하 및 인원감소이다. 여기에서 근로자들의 불안과 불만, 회사에 대한 반발, 불신감을 적극적으로 감소시키기 위한 배려가 필요하게 된다.

이 고용조정에서 위기를 극복하려는 장래의 비전을 제시하고 이 희생을 경영자 및 관리자, 주주도 공평하게 부담하도록 하여야 한다. 그리고 노동조합 및 관리자의 합의에 의해 이에 대한 계획 및 공평성에 대해 납득할 수 있는 기준과 룰을 설정하고, 이것과 더불어 현재 보유하고 있는 인간자원과 물적자원, 정보의 활용에 의한 신규사업 및 활동분야에서의 창출노력을 전 근로자에게 촉진하는 것도 필요하다.

고용조정의 구체적인 대책으로서 파견, 휴업 및 능력과 의욕 있는 근로자에 대한 취로의 기회와 장을 부여하기 위한 재고용, 근무연장, 복직에 대해서는 구체적인 제도를 설정하여 공시하고 합리적으로 운용하여야 한다. 그러나 퇴직, 해고에 대해서는 자기의 경우는 퇴직, 회사의 경우에서 보면 해고, 징계해고, 정년퇴직 등이 있다. 이것에 대해서 각각 필요한 절차와 사무처리사항을 명시하고, 특히 해고에 대해서는 그 사유 및 기준, 조건 등을 구체적으로 설정하고 공시한다. 해고의 이유 및 기준, 조건은 노동협약 및 취업규칙에 명시하지 않으면 안 된다.

고령화사회가 된 현대사회에서는 능력과 의욕이 있는 근로자는 생활의 안정과 생활의 만족을 얻을 수 있도록 정년을 연장하는 것이 바람직스럽다. 그러나 연장을 위해서는 인사제도의 개정과 정비, 직무환경, 작업조건의 개선과 개량이 필요하다. 이를 위해 노사대책협의기관을 설립하고 전사적인 협력에 의해 연장을 실현하는 것이 필요하다.

또 고용조정의 하나의 방법으로서 희망퇴직자 모집을 제도화한 조기퇴직자 우대제도가 있다. 이것에는 정년자유선택제(일정연령 이상의 근로자가 자유롭게 퇴직을 해도 부가금을 지급하여 그다지 불리하지 않도록 하는 것) 및 코스선택제(일정연령의 근로자가 소정의 코스 하나를 선택하고 혹시 퇴직코스를 선택한 경우에는 할당금 및 부가금을 지급하는 것), 전직 및 자영알선제도(일정연령 이상의 근로자가 전직 및 자영을 위하여 퇴직하는 경우 할당금 및 위로금을 지불하는 것) 등이 있다.

휴직과 퇴직, 해고 등의 관리는 쉬운 것만은 아니지만 금후 중도채용이 증가한다면 이것만으로 이직자나 퇴직자가 증가하기 때문에 이들의 관리는 부문관리의 핵심적인 업무로 발전할 가능성이 있다. 이 경우 당해 사항에 대해서 사전계획 및 사전배려의 정도가 크면 클수록 결과는 성공적일 것이다. 또 근로자에게 적당한 질문을 하여 근로자의 의견을 청취하면 고용주는 그 합리적인 시책을 전개하고 적용하는 기본적인 정보를 발견할 수 있을 것이다. 그래야 원칙적인 것 이외에 특수하게 부여된 환경에도 부합할 수 있다. 결코 타사나 지역의 관행에 대응해서는 안 된다.

이상과 같이 인간자원 관리부문은 자사의 인원계획에 기초하여 적용대상자의 조건 및 기준, 운용방법, 관련 시책 등을 구체적으로 설정할 필요가 있다.

제 8 장

능력개발 활동

1. 투자효과가 높은 능력개발 활동
2. 자기계발원조제도
3. 실천적 OJT의 전개
4. 집합교육(OFF-JT)의 도입과 전개

1. 투자효과가 높은 능력개발 활동

(1) 능력개발 목표와 능력개발 방법

기업경영에 있어서 전략적이고 효과적인 능력개발 활동을 전개하는 데 있어서는 목표를 명확하게 하고 몰두하지 않으면 안 된다는 것은 두말할 필요도 없다. 능력개발 활동에 있어서 능력이란 기본적으로는 경영전략 전개능력과 매일의 직무수행능력을 의미한다.

조직의 일원으로서의 근로자는 담당업무를 수행할 능력을 구비할 것이 요구되며, 이 기본적인 능력은 당연히 인사고과의 평가영역의 하나인 정의고과의 영역(규율성, 책임성, 협조성, 적극성 등의 조직의 일원으로서의 자각과 의욕에 관한 영역)을 포함한 능력으로 이해해야 되지만, 일반적으로 직무수행 능력은 조직활동을 수행하기 위한 능력에 비중을 두고 있다.

그 때문에 근로자의 정신적 측면, 인간으로서의 생활, 한 시민으로서의 생활 등의 능력적 · 태도적 측면의 비중은 비교적 적다고 할 수 있다. 현대사회에 있어서 기업의 위치를 고려하면 근로자의 능력개발은 조직원으로서 요구되는 직무수행상의 능력개발에만 비중을 두고 인재를 육성하는 것은 곤란하다. 조직의 일원으로서 사업능력의 개발이 극히 중요하다는 것은 말할 필요도 없으나, 근로자는 시민의 한 사람으로서 지적으로 또는 심신을 건강하게 영위하는 지혜를 포함한 능력개발 활동이 되지 않으면 안 된다.

배치전환, 파견 등 인사시책의 성공, 정년퇴직 후의 재취업을 성공시키는 결정적 요인은 근로자의 인간성, 휴먼스킬, 사회성 정도가 좌우하는 경우가 적지 않다. 따라서 기업인의 능력은 인간성과 휴먼스킬 등의 개인영역이 기반이 되어 사업수행능력이 구성되는 것으로 이해해야 한다. 기업에 있어서 능력개발은 사업영역과 개인적 영역의 통합을 목표로 하고 있고, 그 목표를 달성하기 위하여 인재육성 이념을 명확히 하는 것이 바람직하다. 상술한 목표를 달성하기 위하여 선택되는 능력개발의 방법은 일

〈그림 8-1〉 능력개발 목표와 능력개발 방법

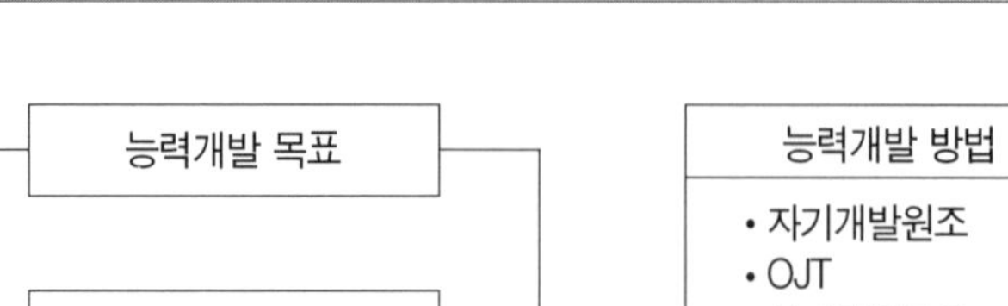

반적으로 자기계발원조, OJT, 사내집합교육, 사외세미나, 연구소 파견, 직무순환, 국내 대학에로의 위탁교육, 해외유학, 타기업 등에의 파견 등이 있다.

(2) 능력개발 방법의 선택과 활용

경영전략 수행과 기술혁신에의 대응이 가능하도록 근로자의 능력개발이 이루어진다면 경영활동에 공헌할 수 있는 인재육성이 이루어졌다고 평가할 수 있다. 사회로부터 높은 평가를 받는 기업은 지적으로 높고 상식과 교양을 습득한 인재가 일을 하고 있는 기업이고, 이와 같은 인재를 육성한다면 높은 수준의 능력개발 활동이 이루어진다고 할 수 있다. 따라서 경영활동을 원활히 전개하는 유능한 인재이고, 양식있는 시민으로서 생활하는 인재를 육성하기 위해서는 어떠한 방법을 선택할지를 고려하지 않으면 안 된다. 여기에서 중요한 것은 개별 능력개발 방법의 장점과 단점 그리고 특징을 명확히 이해하고 상황이나 욕구에 가장 타당한 방법을 선택해서 활용하는 것이 요구된다. 타사가 도입하고 실시하고 있기 때문에, 타사가 성공하고 있기 때문에, 전문가가 효과가 있다고 하기 때문이라는 이유로 도입되는 능력개발의 방법, 교육훈련 프로그램, 세미나 등으로는 많은 효과를 기대할 수 없다. 직장의 상황, 근로자의 욕구 등에 맞는 능력개발 방법을 선택하고 노력한다면 투자효과가 높은 능력개발 활동이 된다.

2. 자기계발원조제도

(1) 능력개발 활동과 자기계발원조제도

능력개발을 촉진하는 수단이 되는 방법에는 자기계발, OJT, OFF-JT 등이 있다. 그 중에서 기업의 능력개발은 일반적으로 자기계발과 OJT가 기반이 된다고 할 수 있다. 특히 자기계발은 가치관과 의식의 다양화가 진전되고 있으며, 고령화사회, 기술혁신, 정보화사회로의 이행이라는 배경하의 능력개발 활동으로서 극히 중요하다.

사회변화가 빠른 현대사회에 있어서 개개인이 능력개발의 방법을 선택하고, 노력해서 변화에 대응할 수 있는 능력을 개발하고 향상시키려는 욕구는 극히 높다. 자기계발의 대상에는 직무수행능력의 충실과 향상을 목표로 한 영역과, 개개인이 인간으로서 성장하기 위한 영역이 있다. 이들의 어떠한 영역도 개개인이 노력해 주어야만 향상되며, 각자의 노력이 없다면 기대하는 인재로 성장하는 것은 불가능하다. 각자가 자기계발에 전념하는 조직풍토를 조성시키는 인간자원관리제도가 되도록 해야 한다. 최고경영자, 관리자, 감독자가 충실하게 자기계발에 전념하며, 부하의 자기계발욕구를 자극하고, 전면적으로 원조하는 자세가 자기계발활동을 활발하게 하는 중요한 요소가 된다. 또 각자가 계발한 능력과 자격 등을 직장에서 발휘할 수 있도록 자기계발원조제도를 수립하는 것이 중요하다. 습득한 능력, 취득한 자격이 활용된다는 것은 인간자원관리제도, CDP가 정비되어 있는 것을 의미하지만, 근로자 개개인에 있어서는 사기와 동기부여에 좋은 결과를 가져오고 인재육성수단으로도 효과적인 방법이다.

〈표 8-1〉 자기계발원조책―자기계발원조제도의 활동

1. 통신교육강좌의 수강 원조
2. 공인자격의 취득 원조
3. 사외강좌나 세미나의 수강 원조
4. 도서 및 시청각기기 등의 대출
5. 추천도서의 소개
6. 자발적 참가의 사내강좌나 강연회 등의 개최
7. 자발적 연구회 실시에 관한 원조
8. 참고도서, 외국어 습득을 위한 교재구입 원조
9. 자기계발 목적을 위한 해외연수의 원조
10. 전문지식, 기술, 전문단체, 연구자 등의 정보제공
11. 교육훈련 휴가에 관한 원조

(2) 자기계발원조제도의 정비와 운용

자기계발이란 스스로가 계발목표를 세우고, 학습계획을 세워 자기계발을하며, 스스로가 달성의 정도를 평가해가는 활동을 의미한다. 각자의 노력에 의해 습득한 능력, 취득한 자격이 직장에서 활용될 수 있도록 제도화하는 것이 중요하다. 즉 배치, 이동, 승진 및 승격 등의 인사시책과 연결하면 자기계발원조제도가 활성화되며, 종합적인 능력개발시스템으로서의 CDP와 일체화시키는 것이 바람직하다. 자기계발원조제도에 의해 실시되고 있는 시책은 〈표 8-1〉과 같은 원조, 소개, 정보제공 등이 주가 된다.

이상은 산업계에서 실시되고 있는 일반적인 자기계발원조를 위한 시책들이다. 이들 시책이 정착되고 인재개발의 유효한 수단이 되기 위해서는 습득한 능력이나 자격이 활용될 수 있는 제도가 정비되고 인재개발시스템을 명확하게 해두는 것이 요구된다.

3. 실천적 OJT의 전개

(1) OJT의 개념

자기계발과 더불어 기업인의 기본적 능력개발의 방법으로서 인식되고 있는 OJT(On the Job Training)에 대한 정의는 아래와 같이 다양하다.

① 기업내 교육훈련의 기본적 방법으로서 직제상의 상위자가 소속 부하에 대해서 일상업무를 통해서 하는 직장교육
② 조직내 부하의 지식, 기능, 태도 등과 사회인으로서의 행동에 영향을 미치는 모든 요인을 통제하는 것
③ 직무에 필요한 지식, 기능, 문제해결능력 및 태도를 부하가 상사로부터 계획적으로 교육훈련받는 것

이상의 견해를 정리한다면 관리자 및 감독자 등이 일상의 업무를 통해서 부하를 육성 · 계발하는 행위라고 이해할 수 있다. 따라서 OJT는 실제의 업무를 처리하는 과정 또는 관리과정으로서의 목표설정 및 계획책정, 실시, 통제의 각 단계에 있어서 발생하는 관리행동이고 감독행위라고 할 수 있다.

(2) 관리감독자의 역할과 OJT

OJT는 관리감독자가 직장 내에서 직무를 수행하면서 부하를 육성하는 것인데, 여기서 관리자란 부 · 과장 수준의 중간관리자(middle management)를 지칭하고 그 주된 역할과 책임은 다음과 같다.

① 최고경영자의 사고 및 방침을 구체화하고 이것을 담당부서에 전달함과 동시에 감독하고 최고경영자에게 그 실시상황을 적시적절하게

보고한다.

② 최고경영자가 행한 의사결정을 적극적으로 보좌한다.

③ 방침 및 시책을 전개함에 있어서 관계부문을 적극적으로 조정하고 문제를 해결한다.

④ 담당부문, 부서의 목표실행계획 수립과 목표달성을 위한 인력의 유효활용, 업무전반에 걸친 개선과 개혁을 행한다.

⑤ 부하의 능력과 업적을 공정하게 평가하고 부하의 능력을 개발하며,

〈그림 8-2〉 관리감독행위와 OJT의 프로세스

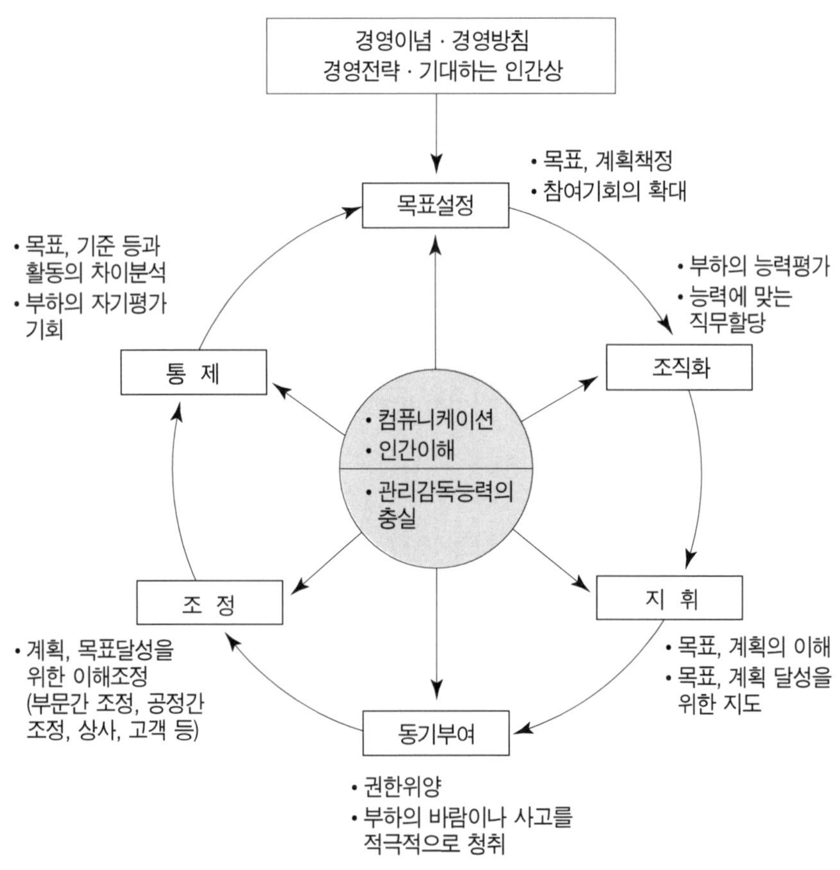

대행자를 적극적으로 육성한다.

이상은 관리자가 일상적으로 행하는 업무이지만 그 업무의 하나하나가 부하의 육성과 관련된다.

주임, 반장, 직장 등의 감독자는 일반직의 사람들과 가장 밀접한 관계에 있고 그 역할과 책임은 다음과 같다.

① 담당부서에 부과된 목표달성을 위해 최선의 노력을 한다.
② 상사를 보좌하고 직장상황 등의 정보를 제공하고 의견을 상신한다.
③ 일하기 즐거운 직장을 조성하기 위하여 직장을 개선하고 개혁에 적극적으로 참여한다.
④ 업무의 효율화를 촉진하고 전후공정과 협조를 촉진시킨다.
⑤ 부하의 능력 · 업적을 공정하게 평가하고 부하의 능력개발, 대행자의 육성을 적극적으로 행한다.

이상이 감독자가 일상적으로 직장에서 담당하는 업무이며, 이 역시 부하육성과 관련된다. 따라서 관리자와 감독자의 일상의 업무과정에 OJT가 수반되고 이것에 전념하는 것이 관리감독자의 역할과 책임이다.

(3) OJT의 전개

관리감독자는 부하에게 필요한 교육사항을 명확하게 파악하고 적절한 방법을 선택하여 육성지도하며, 평가의 사이클이 반복되는 것에 의해 OJT가 실천된다.

우선 제일선의 관리감독자가 부하의 육성요소를 파악하고 육성목표를 설정하는 데 있어서는 자사의 인사고과의 평정요소, 평정척도를 고려해서 육성지도의 요소를 파악하는 것이 바람직하다. 인사고과를 인재육성의 수단으로 활용하기 위해서도 1차평가자인 관리감독자는 자사의 인사고과제도, 평정요소, 평가척도를 바르게 이해하고 이것을 기준으로 해서 부하육성의 요소를 명확하게 하는 노력이 이루어져야 한다.

부하의 육성지도요소에 기초한 목표의 설정에 있어서는 부하와의 대화가 이루어져야 되고 관리감독자와 부하가 상호 납득하는 목표를 세우면 효과적인 OJT의 전개가 가능하다.

(4) OJT와 관리감독자(관리감독능력의 평가)

스탭으로부터 평가된 관리감독자의 능력과 직무수행상의 자세를 분석한 체크리스트를 활용해서 효과적으로 OJT를 전개한다. 또는 라인의 관리감독자는 자기진단에 의해 능력개발 · 자기계발의 요소를 인식하고 개선책을 고려하는 것이 실천적으로 OJT를 전개하는 것이 된다. 이를 위한 체크리스트의 예는 다음과 같다.

■ 관리감독능력 진단 체크리스트

1. 업무능력, 지식, 기술은 충분한가
2. 업무의 관리(업무의 계획, 할당 및 조정)은 적절한가
3. 관리감독자로서 부하지도의 중요성과 그 효과에 대해서 충분한 인식을 갖고 있는가
4. 부하의 능력을 정확하게 파악하고 있는가
5. 부하의 능력을 전개하고 부하를 육성하는 관점에서 업무에 적극적으로 도전시키려는 기회를 적극적으로 조성하고 있는가
6. 부하의 기분을 파악하고 이것에 대응해서 행동을 취하는가
7. 부하지도의 구체적인 방법을 이해하고 있는가
8. 부하의 노력, 성과는 공정하게 평가하고 있는가
9. 관리감독자로서 직원의 문제해결에 적극적으로 몰두하고 있는가
10. 관리감독자로서 항상 자기계발에 노력하고 있는가

■ 직무수행자세 진단 체크리스트

1. 부하의 개선제안 등을 항상 거부하지는 않는가

2. 관리감독자와 부하, 직장과의 관계에 대해서 항상 생각하고 있는가
3. 업무 이외의 정보에도 적극적인 관심을 가지고 있는가
4. 신세대의 가치관을 이해하고 있는가
5. 정당하게 부하를 칭찬하거나 질책하고 있는가
6. 부하의 의견이나 사고를 적극적으로 청취하고 있는가
7. 부하의 즐거움이나 슬픔을 같이 지각하고 있는가
8. 한 사람의 인간으로서 마음을 열고 대화할 수 있는가
9. 관리감독자로서의 업무를 부하에게 강요하지는 않는가
10. 부하를 돌볼 수 있는 여유는 있는가, 이기적이지는 않는가

이상과 같이 OJT는 관리감독자의 직무수행 능력적 측면과 그 기초가 되는 인간성, 태도적 측면의 양 영역이 충실하게 성립되어야 한다는 관점에서 체크리스트가 구성되어 있다.

4. 집합교육(Off-JT)의 도입과 전개

(1) 집합교육의 도입과 교육훈련

집합교육(Off the Job Training)은 다양한 이유로 도입 · 실시되고 있다. 예를 들면 경영전략의 전개에 필요로 하는 인재육성을 위한 교육훈련, 직장의 문제해결을 위해 필요한 지식 · 기능의 수준을 향상시키기 위해 실시되는 교육훈련과 같이 다양한 이유로 실시된다.

여기에서 다양한 이유라는 것은 통상 교육훈련요구(training needs) 또는 교육훈련의 필요점이며 다음과 같이 나타내고 있다.

기대능력(표준능력)−근로자의 보유능력=교육요구(교육훈련의 필요점)

여기에서 기대능력 또는 표준능력은 근로자 개개인에 대한 기업의 요

구능력수준이고 현재 및 장래에 요구되는 수준이다. 기업이 근로자에게 기대하는 능력수준과 근로자의 보유능력의 차이가 능력개발요구, 즉 필요점이 된다.

다양한 능력개발요구에 따라 교육훈련의 요구가 생긴다. 교육훈련활동은 교육훈련활동에 의해 기대되는 지식 · 기능 · 태도를 확인하는 것으로부터 출발한다.

(2) 교육훈련 프로그램의 설계

교육훈련 요구에 따라 직위, 직계, 담당 업무별로 교육훈련 프로그램이 설계된다. 교육훈련 프로그램은 개개 기업의 경영이념, 경영방침, 장단기 경영계획, 경영전략, 부문목표, 직장의 문제 등으로부터 발생하는 교육훈련 요구와 근로자의 보유능력과 관련되어 설계되지만 실무적으로는 다음과 같은 절차로 이행된다.

1) 1단계: 교육훈련 프로그램의 명칭 결정

교육훈련 프로그램은 참가자의 의욕에 관계시켜 동기부여시키는 명칭으로 결정되어야겠지만, 참가자가 프로그램의 내용을 파악할 수 있는 명칭이 되는 것이 중요하다.

2) 2단계: 교육훈련 프로그램 참가자의 확정

업무의 번잡함이나 조직상황을 감안하여 참가자를 결정한다. 신임 관리감독자 등의 승진시점에서 이루어지는 교육프로그램과 참가자가 임의로 참가하는 프로그램의 성격은 차이가 있어야 한다.

3) 3단계: 교육훈련 프로그램 목적의 명확화

교육훈련 프로그램의 목적이 명확하고 참가자에게 이해되는 것이라면 교육훈련의 효과를 높일 수 있다.

〈표 8-2〉 교육훈련 기법의 체계

■ **기본적 능력개발 기법**(자기계발원조, OJT)

■ **교육훈련 기법**

1. 지식, 사실의 습득에 적합한 기법(강의법, 데몬스트레이션, 견학)
2. 기능의 습득에 적합한 기법(실습, AV교육, CAI교육)
3. 태도 및 의식개혁에 적합한 기법(토의법, 역할연기법, 교류분석(TA), 오리엔테이션, 게임 등 행동과학을 응용한 기법)
4. 문제해결능력 및 의사결정능력 향상에 적합한 기법(사례연구법, 과제연구법, KT법, 비즈니스게임, 인-바스켓 등)
5. 창조성 개발에 적합한 기법(브레인스토밍, NM법, 이미지 트레이닝, TKJ법)
6. 조직활성화와 직장활성화에 적합한 기법(커뮤니케이션 향상 기법)
7. 리더에 적합한 교육(리더 양성을 위한 기법)

4) 4단계: 교육훈련 내용의 결정

교육훈련 내용은 그 교육훈련의 욕구, 목적, 참가자의 능력, 기법 등에 의해 결정된다.

5) 5단계: 교육훈련 기법의 선택

교육훈련 기법은 담당하는 강사, 참가자의 교육훈련 체험의 정도 등에 의해 선택되고 결정되어야 하지만, 담당자는 기법의 성격, 특징에 대해서 충분한 연구를 해둘 필요가 있다.

6) 6단계: 교육훈련 일정의 결정

교육훈련 요구, 프로그램의 목적, 참가자의 업무상황 등에 의해 교육일정이 결정되지만, 어느 정도 여유가 있게 프로그램의 일정계획을 세워야 집합교육을 원활하게 시행할 수 있다.

7) 7단계: 교육훈련의 개최일시, 장소, 강사의 결정

교육훈련 프로그램의 내용, 일정, 기법, 참가자의 업무상황 등과 예산에 의해 일시와 장소는 신중하게 결정되어야 한다. 강사는 사용하는 교육훈련 기법을 구사할 수 있고, 프로그램의 배경이 되는 지식 · 정보 · 기능 등을 구비하고 있고, 참가자와 양호한 관계가 유지될 수 있는 퍼스낼리티의 소유자인 것이 중요하다.

8) 8단계: 교육훈련 교재, 그 외 비품의 정비

교육훈련에서 사용하는 교재의 정비 또는 배포, 교육훈련 장소에서 사용이 예상되는 메모지 등을 사전에 준비해 둔다.

이상은 교육훈련 프로그램의 설계와 시행에 있어서의 기본적인 단계이지만 실제로는 이들의 각 단계는 변화될 수가 있다.

(3) 교육훈련 관리

교육훈련 관리는 교육훈련의 도입 · 전개 · 통제의 프로세스를 말한다. 따라서 교육훈련의 도입단계(plan)에 있어서 이루어지는 것, 전개단계(do)에서 배려해야 하는 것, 그리고 통제단계(see)에 실시되는 것이 각각 충실하게 실시되고 있어야 효과적으로 교육훈련활동이 이루어지고 적절하게 교육훈련 관리가 이루어지고 있다고 평가될 수 있다.

교육훈련의 도입단계에서 이루어지는 것은 근로자의 능력개발 기회, 교육방법의 이해와 제도의 정비이다. 상술한 바와 같이 자기계발, OJT, OFF-JT, 인간자원관리시책(이동, 승진, 승격, 배치, 파견, 응원 등)과 사외세미나, 연구회에의 파견, 대학이나 연구소 등에의 파견, 교육훈련 휴가제도의 활용, 직업능력개발 세미나에의 파견, 통신교육의 활용 등이 능력개발의 방법으로 활용되고 있다. 그리고 OFF-JT의 도입에 있어서는 교육훈련 요구의 파악과 프로그램의 설계 등이 필요하다.

전개단계는 집합교육을 담당하는 강사, 강사의 능력, 담당자의 준비사항에 대한 배려가 중요시된다. 교육훈련을 담당하는 강사는 교육훈련의 필요성, 교육훈련의 목적을 이해하면서 사용 교재에 관한 정보를 축적하고 참가자에게 정보를 제공하는 자세를 갖추는 것이 교육훈련의 효과를 향상시키는 포인트가 된다. 담당자는 강사를 측면에서 지원하고 참가자의 요구를 파악하는 등의 자세를 유지하는 것이 요구된다.

(4) 근로자 학습

인간은 성숙해짐에 따라 의존적인 인성에서 자기주도적인 존재로 변한다. 성인은 계속적으로 경험과 풍부한 학습자원을 축적하며, 개인적인 경험은 주체의식을 형성함으로써 높은 가치를 인정받게 한다. 개인은 성숙해짐에 따라 지식의 미래 적용에서 즉각적인 적용으로 변화되며, 학습에 있어서도 주제중심보다는 문제중심을 택하게 되므로, 근로자의 학습은 당면한 사회적 역할과 수행해야 할 과업과 밀접하게 관련된다.

손다이크(Thorndike)와 존스 등(Jones & Conrad)의 연구를 종합해 보면 16세까지는 지능의 성장이 급격하고, 18세부터 20세까지는 어느 정도의 성장을 보이며, 인간의 학습능력의 최고는 20세부터 25세 사이에 나타나며, 이 시기 이후에는 42세까지 약 1%씩 감소하는 것으로 나타나고 있다. 50세 성인의 지능은 16세 청소년의 검사결과와 비슷하며 이들의 지적능력이나 능력의 퇴화속도도 그 영역에 따라 다르다고 보고되고 있다. 그러나 상식과 어휘력은 연령의 증가에도 불구하고 거의 퇴화하지 않으며, 차원이 높은 지적 작용(문제해결능력이나 창의력)에 있어서는, 성인의 능력은 청소년에 비하여 뒤진다고 볼 수 없으며 오히려 보다 종합적이고 신중한 반응을 보인다.

일반적으로 25세부터 40세 사이가 가장 생산성이 높으며, 창의적 활동의 절정기는 대개가 35세 전후로 보고 있다. 그러나 사회적으로 공헌한 사람들은 70~80세에 이르기까지 창의적 생산활동을 하는 것으로 보아 어느 정도의 지적능력을 가지고 있다면 연령에 상관없이 누구나 창의적이 될 수 있다. 따라서 창의력이란 의지와 정열, 인내와 자신감, 사회적 환경에 크게 의존한다고 볼 수 있다.

그러나 근로자에 대한 교육의 효과가 잘 오르지 않는 이유는 무었일까?

이는 기존에 형성된 습관이나 가치관, 사고방식 등을 바꾸기 어렵기 때문이며, 그 근본 원인은 축적된 경험과 지식으로 나름대로의 인지 지도(cognitive map)를 그려왔기 때문에 이를 탈학습(unlearning)하는 것이 더 어렵기 때문이다. 성인들은 이미 정립된 인지 지도에 따라 피교육자의 학습스타일이 다를 수 있으므로, 고유한 학습 스타일을 고려하여 학습을 촉진시킬 수 있는 교육훈련 프로그램 제공이 과제이지만, 그 개별학습에 드는 비용이 조직의 입장에서 효과적이지 않은 것이 문제이다.

개개인의 경험과 지식은 학습자원으로 활용될 수 있다. 성인 학습자 교육프로그램은 자기고유의 경험을 교육프로그램과 연결시켜 의미를 형성할 기회를 제공해 주고, 학습자들간에 경험공유기회를 마련해 주는 것이 중요하다.

아동이나 청소년 학습자는 미래를 위한 준비과정으로 학습을 추구하지만, 성인들은 보다 가까운 미래의 현실에 활용될 수 있는 학습을 선호한다. 즉 직무와 관련된 문제해결, 직업을 위한 준비, 집이나 지역사회에서 의무를 다하기 위해, 여가선용이나 취미생활을 위해서도 학습을 계속한다. 즉 유용하다고 판단되는 학습을 추구하게 된다.

성인 학습자들은 자기주도적인 접근방법(self-directed approach toward learning)을 취하기를 원하며, 자기 자신의 속도를 가지고, 자기 자신의 학습구조를 설정하고, 학습방법의 선택권을 가지기를 원하므로 교육훈련 프로그램 설계에 참여시켜 주인의식을 가지게 하는 등 근로자 나름대로의 학습방식을 권장하는 방안이 필요하다. 결국 근로자 학습프로그램 성공의 두 가지 측면은 알아야 할 필요(유용하다고 느끼는 가치)와 학습할 준비도(학습자가 학습할 수 있다고 느끼는 것)이다.

(5) 훈련자 양성

훌륭한 훈련프로그램이 편성되더라도 훈련자가 부적격하다면 그 효과는 기대할 수 없다. 근로자 교육의 기술적 측면에 중점을 둔 종래의 방식보다는 피훈련자를 전인간으로 보고 교육훈련 프로그램을 계획하고 교육을 진행시키는 것이 효과적이므로 훈련자의 단편적 지식보다는 소양이 훨씬 중요시되고 있다. 훌륭한 훈련자는 선발하는 것보다는 계획적으로 양성하는 것이 좋다.

훈련자는 다음의 조건을 구비한 인물이 적합하다.

① 교육훈련에 흥미와 열의를 갖는 인물이어야 한다. 피훈련자의 성장을 샘내는 감정을 지니는 인물은 바람직하지 않으며, 부하의 성장을 좋아하며, 부하의 성장을 자기의 사는 보람으로 느끼는 인물이 이상적이다.

② 훈련과정에 있어 피훈련자의 학습속도가 늦는 것을 이해해 주며, 인내하고 격려할 수 있어야 한다.

③ 훈련내용과 방식을 숙달하고 알기 쉽게 전달할 수 있어야 한다. "이렇게 하면 된다"와 같이 결론적인 것이 아니라 그 결론에 이르는 충분한 이론적 배경의 설명이 있어야 한다. 피훈련자를 지나치게 꾸짖는 것은 효과적인 방법이 되지 못하며, 상대편의 심리를 파악하여 어려운 문제라든가 잘 이해하지 못하고 있는 이유 등을 해명해 주고, 그 상태에서 벗어나는 방향과 수단을 잘 교시할 수 있는 것이 더 중요하다.

④ 학습곡선(learning curve)과 교시법 등 산업훈련의 기초가 되는 심리적인 소양을 갖지 않으면 안 된다. 학습곡선은 표준적인 피훈련자가 일정한 훈련을 거친 후에 도달한 숙련의 수준(level of skill)을 나타낸 것으로, 초기에 급속하고도 지속적인 상승이 있고, 그 후는 완만히 상승한다. 왜 처음에 학습효과가 높다가 정체현상(학습고원)이 생기는 것일까? 그 이유는 아직 정설은 없지만, 모든 훈련은 절대적인 의미로 '무'에서 출발하는 것이 아니라 과거에 체득한 것이 훈련이 기초가 되어 작용하는 데다가, 초기에는 초두노력(initial spurt)이 작용하여 피로감이나 권태감이 없으나, 습숙(習熟)이 진행됨에 따라 '생리적 한계'(physiological limit)에 도달하게 되기 때문이다. 어쨌든 학습고원이 생긴 것은 피훈련자가 다음 단계에 도달하는 조건이 갖추어지

지 않고 있다는 것을 의미하지만, 고원 다음에는 급격한 상승을 볼 수 있다는 것이 일반적이다.

따라서 근로자에 대한 훈련은 훈련방법의 적부, 피훈련자의 의욕을 검토하면서 훈련을 계속해야 한다. 또 초기의 상승이 없고 중도에서 해이해지는 경우와 전반적으로 학습속도가 늦은 경우에는 피훈련자의 의욕부족이나 교재 · 교시법(教示法)을 검토해야 한다. 또한 연습의 고원현상이 있다는 것을 사전에 예고하여 고원에서 빠져나갈 때까지 격려할 수 있어야 한다.

〈표 8-3〉 효과적인 성인학습의 교시법

① 분산법이 집중법보다 효과적이다

단숨에 해치운다든가 하루만에 해치우는 것과 같은 집중적인 연속적 학습보다는 몇 시간씩 수일 또는 격일로 여러 날에 걸쳐 간헐적으로 학습하는 분산적 학습이 일반적으로 효과적이며, 일단 학습된 결과도 유지하기가 쉽다.

② 전습법(全習法)이 분습법(分習法)보다도 효과적이다

학습내용은 전체적으로 결부되어 있으나 자칫 전체와의 결부를 간과하고 부문적 내용만을 습득하는 경우가 많다. 따라서 통일적인 학습대상을 단위적인 부분으로 나누어 학습하는 분습법보다는 전체를 전체로서 학습하는 전습법이 더 효과적이다. 분습법을 택할 경우에도 전체와의 관련을 통찰할 수 있는 형태(처음부터 전체를 이해시킨 후에 부분을 학습시키고, 마지막으로 전체의 결합을 이해시키는 학습법)를 고려하지 않으면 안 된다.

③ 되도록 많은 감각을 활용하여 학습시킨다

학습하였다는 것이 인간의 머리나 육체에서 어떠한 구조적 변화를 가져오는가에 관해서는 아직도 잘 알려지지 않으나 학습이 전 정신기관, 특히 신경조직에 기초를 두고 있다는 것은 확실하다. 귀로 듣고 눈으로 보는 것뿐만 아니라 눈으로 보며 입으로 말해보며 말을 들어보며 글을 쓰기도 하는 것처럼 시 · 청 · 미 · 후 · 촉각 등 될 수 있는 한 많은 감각을 동원하여 학습하도록 하는 것이 잘 기억되고 또 잊어버리지도 않는다고 한다. 눈과 귀로 익힌 지식보다는 많은 감각이 참가하여 체득되는 기술이 일단 익힌 뒤에는 잊어버리지 않는다.

④ 속도보다는 정확성에 치중한다

완전한 학습을 위한 것이라면 속도보다도 정확성이 더 중요하다. 속도를 빠르게 훈련함으로써 좋지 못한 작업방법이 익혀지면 고치는 데에는 이미 익힌 작업의 구조를 파괴하고, '무'로 돌아가서 재출발하지 않으면 안 된다. 따라서 정확성에 치중하는 것이 좋다.

〈표 8-4〉 교육훈련 효과 측정방법

측정방법	효과측정의 절차
관찰법	참가자를 상사나 전문가가 일정기간 관찰해서 측정
면접법	참가자와의 면접에 의해 측정
테스트법	테스트를 해서 측정
질문지법	청취해야 할 선택지를 준비해서 앙케이트 조사하는 방법
전후비교법	교육훈련 전후의 참가자의 지식 · 기능 · 태도의 차이를 비교 · 검토해서 측정
상호비교법	참가자와 비참가자의 차이를 비교 · 검토해서 측정

〈표 8-3〉은 피훈련자의 학습의 성립을 용이하게 하고, 학습결과를 잘 기억할 수 있도록 하는 효과적인 교시법이다.

(6) 교육훈련의 효과측정과 피드백

교육훈련 후에는 교육훈련의 효과를 측정해야 한다. 교육훈련의 요구가 어느 정도 충족되고, 목표나 목적이 어느 정도 달성되는가를 확인하면 교육훈련활동에 피드백하여 다음의 교육훈련 목표나 프로그램이 효과적이 되도록 개선자료로 쓰이도록 하여야 한다. 교육훈련 효과의 측정을 위해서는 ① 교육효과의 측정영역, ② 측정방법, ③ 교육훈련 요구와 ④ 효과측정 항목과의 관련성 등을 명확히 해둘 필요가 있다. 또 교육훈련의 효과 측정방법에는 〈표 8-4〉와 같은 것들이 있으므로 적절한 방법을 활용하도록 한다.

제 9 장

인간자원의 개발체계

1. 인간존중의 인사
2. 직능적 인간자원 개발체계
3. 계층별 교육체계
4. 인간자원 개발의 방향

1. 인간존중의 인사

21세기는 집단주의로부터 개인주의로 인사이념의 흐름을 규정하는 시대이다. 구체적으로 첫째, 학력, 성별, 정기채용, 중도채용 등 소위 차별을 주체로 한 연공인사에서 기회균등, 즉 모든 사람에게 동등한 기회를 부여한다는 이념이다. 이 이념을 기초로 한다면 인간자원을 최대한으로 활용할 수 있게 된다. 둘째, 관료주의를 도전주의로 전환한다는 것이다. 관리와 규제가 아니라 자유와 창조 속에서 새로운 것을 추구하는 조직풍토를 조성하는 것이다. 즉 단점을 보고 비난하는 단점주의에서 장점주의로 전환하는 것이 중요하다. 이것이 인간존중의 인사이다.

(1) 인간자원 육성방침

- 인간자원 개발: 집합연수, OJT, 자기개발 원조 등
- 요원배치: 직무순환(job rotation), 배치전환 등
- 조직활용: CDP, 팀조직, 승진, 승격 등
- 인간자원 평가: 적성 및 능력평가, 업적평가, 피드백

인간자원의 육성은 연수만으로써 달성되는 것이 아니고 다양한 직무

〈표 9-1〉 인사이념의 확립

집단주의	→	개별주의
연공주의(차별주의)	→	기회균등
관리주의(관리와 규제)	→	도전주의(자유와 창조)
단점주의	→	장점주의
선별주의	→	육성주의
동질주의	→	개별주의
기업주의(집단주의)	→	생애노동충족주의(개별가점주의)

및 역할경험, 상사와 부하의 만남, 고과결과의 피드백 등 모든 것이 인재육성의 중요한 기회이다. 따라서 효과적인 인재육성을 위해서 사내의 모든 제도를 통합하는 관점이 필요하다. 특히 최근은 환경변화의 속도가 빠르기 때문에 필요로 하는 인간자원의 능력도 급변하고 있다. 이러한 상황에서는 고정적인 기법에 의존하지 않고 장기적 관점과 단기적 관점을 적절히 통합하면서 인재육성의 시책을 정비해가는 것이 중요하다.

(2) 인간교육

급변하는 환경변화와 함께 OA 및 FA가 전반적으로 진전되어 인간의 업무는 합리화 · 기계화가 이루어지고, 첨단기술의 도입과 보급으로 코스트 절감과 경영의 효율화를 추진하고 있다. 기업에 있어서 중요한 것은 인간이 생산하는 부가가치이다. 상품개발 및 기술개발은 로봇에 의해 불가능하며 또한 창조적인 과업은 OA로써 불가능하다. 노하우 조성, 판매촉진 및 시장개척이라고 하는 커뮤니케이션을 필요로 하는 업무는 인간의 능력으로밖에 할 수 없는 것이다.

현대는 비즈니스 정보가 대량으로 신속하게 창출된다. 이것을 어떻게 가치판단하고 의사결정에 반영할 것인가는 인간이 할 수 있는 중요한 과업이다. 이러한 사실을 기초로 할 때 인간을 필요로 하는 비즈니스 영역에 있어 인간교육의 장은 미래 첨단기술에 의해 대체되지만, 이에 수반하여 새로운 영역이 오히려 확대되는 경향이 있다는 것은 명확하다.

2. 직능적 인간자원 개발체계

직능은 각 조직마다 경영의 특이성에 의해 다양한 형태를 가지기 때문에 이것을 단순하게 체계화(모델화)한다는 것은 어려운 일이다. 직능급 경우의 직능은 직무능력이라고 하는 것이고, 여기에서 의미하는 직능은 업무의 전문성을 지칭한다. 따라서 전문직능이라고도 한다. 먼저 직능적 측면으로부터 교육체계를 고찰한다.

(1) 판매교육

제품 및 상품을 판매하기 위한 지식, 기능, 태도를 습득시키는 교육이다. 교육내용으로는 상품지식, 시장개발, 시장조사, 유통기구, 가격정책 등에 관한 지식, 대인적 접촉에 필요한 사회적 기능과 지식, 이러한 기능을 통합하는 지식 등을 포함한다.

(2) 첨단기술교육

소정의 품질과 원가에 대응하여 제품을 생산하기 위한 기계의 조작법, 상품의 가공법 등에 관한 지식, 기능, 태도를 습득시키는 교육이다. 교육내용으로서는 원재료, 에너지, 기계설비, 제조공정, 제품의 용도 등에 관한 지식, 작업에 필요한 기능 및 기술을 통합하는 마인드 등이 포함된다.

(3) 사무교육

생산활동, 판매활동에 수반하여 발생하는 사무를 처리하기 위한 문서, 계산, 파일링 등의 지식 · 기능 · 태도를 습득하는 것이다. 교육내용으로서는 라인(line)업무, 서비스 업무, 사무관리 등에 관한 지식, 업무처리에 필요한 계산, 부기 등의 기능 및 기술을 통합하는 스탭 마인드 등이 포함된다.

(4) 관리교육

경영관리의 효율을 전체로서 향상시키기 위하여 경영의 현상을 파악하고, 경영행동을 통제하기 위해 필요로 하는 지식 · 기능 · 태도를 습득하는 교육이다. 교육내용은 조직관리, 인사노무관리, 재무관리, 관리회계,

관리공학 등의 지식과 이들을 통합하는 시스템적 마인드 등이 포함된다.

(5) 일반교육

상기에서 열거한 각 전문직능교육은 담당직무와 밀접하게 관련된 교육이고 따라서 직능교육체계에 이것을 포함시킨다는 것은 약간의 무리가 있을 것이다. 그러나 우수한 능력을 소유한 개인도 이에 적합한 직무가 결여된다면 장기적으로 우수한 직능을 소유하였다고 할 수 없다. 따라서 직능교육의 일환으로 포함하여도 무리는 없을 것이다.

기업에서 행하는 교육훈련기법은 크게 OJT와 Off JT로 분류할 수 있다. OJT는 직장내 훈련으로서 직장의 관리 감독자 및 선배가 직무수행 방법 및 기초지식 등을 직무를 통해서 교육해 간다. 직무를 교육한다는 것은 당연한 것이지만 OJT에서는 달성목표가 명확하게 되어 있어 계획적이며 의도적으로 개별지도가 이루어져야만 한다. OJT는 직무와 직결된 내용의 교육과 훈련이 직장에서 이루어지기 때문에 경비가 절감될 수 있지만, 지도자의 능력 및 의욕에 의해 상당한 차이가 발생하고, 교육 및 훈련의 범위가 직무와 직접 관련된 것으로 한정된다는 단점이 존재한다.

Off JT는 직장을 떠나서 집중적으로 이루어지는 연수로서 직장외 교육, 집합교육이라 한다. 전문가의 체계적인 강의 및 집중적인 학습이 가능하고 지식 및 기능의 습득에 적합하다. 더불어 Off JT에서는 다수의 참가자가 대면의 기회를 갖기 때문에 타사 타부문의 사람들과 교류가 가능하고 교육내용을 동시에 전개할 수 있는 특징이 있다. 그러나 개별대응 및 실천에의 응용에는 적합하지 않다. Off JT에서 이루어지는 교육훈련에는 직능별 · 계층별 · 주제별 등의 종류가 있다.

직능별 교육훈련이란 판매, 생산기술, 사무, 관리 등 부문 및 직종의 공통적인 직무에 대한 교육훈련이고, 계층별 교육훈련은 신입사원, 중견사원, 신입관리자와 상급관리자 및 경영간부교육 등이다. 주제별 교육훈련은 외국어 및 OA 등 업무와 직무수행에 필요한 지식과 기능 등을 습득하기 위한 것으로서 주제마다 다양한 직종, 계층으로부터의 참가자가 함께 연수를 받는 것이 특징이다.

직무수행능력을 향상시키기 위해서 교육훈련과 동일하게 중요한 역할을 하고 있는 것이 직무순환이다. 직무순환은 5~10년의 장기에 걸친 인재육성계획이 필요하고 OJT의 형태라고 할 수 있다. 직무순환은 근로자의 인재육성이라고 하는 요소만이 아니라 인원부족 등 업무상의 요청이라고 하는 요소가 있기 때문에 확고한 육성목표와 계획이 필요하다. 직무순환을 경험하는 것으로서 각 부문의 직무내용 및 관련성을 이해할 뿐만 아니라 사내의 인간관계도 증가하고 정보 네트워크가 확대된다.

이와 같이 6개월부터 2~3년에 걸쳐 담당직무를 변화하고 이와 더불어 직무의 폭 및 책임이 확대되는 것이 경력을 향상시키는 것이다. 경력이란 본래 직무경험 및 경력을 의미하고 있지만 현실적으로는 승진이나 승격을 의미하고 있다고 할 수 있다.

3. 계층별 교육체계

계층별 교육체계는 기업마다 관리계층의 구분방식에 차이가 있어 모든 기업에 일률적으로 적용할 수 있는 것은 아니다. 여기에서 고찰하는 교육체계는 일반적인 것이며, 계층별 교육체계는 본래 각 계층에 공통의 교육목표를 설정하는 것으로부터 출발하기 때문에 집합교육과는 불가분의 관계이다. 따라서 많은 기업에서 교육체계가 가장 진전되어 있는 분야는 계층별 교육의 측면이다.

경영체는 크게 현장과 사무실이라는 계통으로 분류되고, 각각의 계통은 몇 개의 계층으로 성립되어 있다. 이 계층별 계통에 일정한 기능이 부여되어 집합을 형성하고 있다. 이 집합을 대상으로 설정된 교육과정이 상하로 연대해서 교육체계를 형성하고 있다. 이하에서는 하로부터 상으로의 각 코스를 기준으로 목적에 부합하여 고찰한다.

(1) 신입사원 교육

- 대학을 졸업하고 처음으로 근로생활에 들어가는 사람들을 환경의 변화에 적응시킨다.
- 사내 업무 일반에 관한 입문적 지식 및 기능을 습득하게 하고 동시에 직업인으로서의 태도를 습득시킨다.
- 직원의 일원으로서 인간관계를 배양한다.

(2) 기초교육

입사 2~3년이 경과하고 일단 사내생활에 적응한 사람들에게 사업 전반에 관한 기초적 지식 및 기능을 습득시켜 독립된 업무담당자로서의 자각을 갖도록 한다.

(3) 초급사원 교육(담당층)

회사경영에 관한 이해를 도모하고 실무에 관한 전문적 연수를 행한다.

(4) 중견사원 교육(초급관리자 후보)

중견사원으로서의 능력을 개발하고 관리직이나 전문직에 진출하기 위하여 소질을 함양한다.

- 각각의 직장에 있어서 습득해야만 하는 기본적이고 합리적인 정신, 판단력, 협조력을 신장한다.
- 담당업무에 대해 자신을 갖고 자기계발에의 의욕을 향상한다.
- 책임감을 배양한다.

(5) 초급관리자 교육(계장 및 전문직층)

초급관리자 또는 전문직으로서의 능력을 개발하고 보다 상급의 관리직 또는 전문직에 대한 소질을 함양한다.

- 담당업무의 책임권한에 대해서 이해를 도모한다.
- 각 부문의 직능과 상호 유기적인 협력에 관한 이해를 도모한다.
- 사내업무의 개선 및 새로운 발상에 대한 적극적 태도를 키운다.
- 부하를 지도육성하고 리더십을 키운다.
- 문제해결능력을 키운다.
- 신기술, 신제품, 신방식에 관한 이해를 추구한다.

(6) 중급관리자 교육(과장층)

중급관리자로서의 능력을 개발하고 보다 상급의 관리직으로 이동할 수 있는 자질을 양성한다.

- 사내외의 정세와 회사의 사업에 관한 통합적이며 장기적인 시각, 사고방식을 습득시켜 효율적으로 업무를 집행할 수 있는 식견을 함양한다.
- 담당직무에 대한 방침결정능력, 기획능력이나 발상력을 높인다.
- 현대적 경영관리 방식에 대해 조직적 · 체계적인 이해를 추구한다.
- 경영활동에 있어서 사람의 행동에 관한 이해를 깊게 하고 사람을 평가하는 능력을 높인다.

(7) 경영간부 교육(이사 및 부장층)

회사 수뇌부의 일원으로서 임무를 완수하기 위해 필요한 기업내외의 제 환경요인에 대해서 총합적 이해를 위한 시야를 확대한다.

〈표 9-2〉 능력개발 프로그램

구 분	교육훈련 내용
입문교육	신입사원 교육훈련/경력사원입문 교육훈련
직무향상 훈련	business presentation skill/time design & human network/business negotiation/management simulation/business coaching skill / team-power leadership/team-power development
일반 교육훈련	창의력 및 창조적 능력개발/conflict & communication/직장예절/상담능력 /process mapping/교류분석
계층별 교육훈련	① 고급관리자 교육훈련: 전략적 의사결정/정례세미나/경영자실무교육 ② 중간관리자 교육훈련: 능력개발훈련/혁신적 리더개발/관리능력개발 ③ 초급 및 관리감독자 교육훈련: 초급관리자 능력개발훈련/관리감독자 능력개발
여직원교육훈련	여직원 기본교육/여직원 능력개발교육/비서의 능력개발
승진 교육훈련	① 임원승진훈련: strategic thinking skill/업무기획력 개발훈련/고급관리자 육성교육 ② 중간관리자 교육훈련: 중간관리자 육성훈련/issue leadership/성과관리 교육 ③ 초급관리자 교육훈련: 초급관리자 육성교육/혁신적 실무교육/초급관리자 기초교육
직능별 교육훈련	인적자원관리교육/생산관리교육/마케팅관리교육/정보관리교육/회계세무 관리교육
국제화교육훈련	무역실무교육/국제금융교육/international business negotiation/어학 및 체험교육
원격훈련	기업 특성에 맞는 자기 주도적 교육 시스템 구축

- 회사의 최고방침의 결정에 영향을 미치는 사회적 · 경제적 · 정치적 요인을 체계적 · 총합적으로 파악한다.
- 회사내 제 부문의 업무방침 및 업무활동을 전사적 관점으로부터 평가하고 결정하는 능력을 높인다.
- 기업의 능률에 영향을 미치는 사회성 · 국제성을 파악한다.
- 경영조직의 응집력을 높이는 방책에 대한 인식을 추구하는 통솔력을 함양한다.

- 회사의 현재 및 미래에 관한 경영계획을 음미 검토하는 기회를 부여한다.
- 후계자 육성에 관한 계획을 음미 검토하는 기회를 부여한다.

이상이 사원계층별 교육목표이다. 〈표 9-2〉는 최근 기업에서 일반적으로 활용되고 있는 교육훈련 프로그램의 내용을 요약한 것이다.

4. 인간자원 개발의 방향

인간자원 개발과 관련하여 문제가 되는 것은 장기인적자원의 육성여부이다. 이것이 이루어지지 않고 연공과 능력의 역전현상이라는 괴리문제가 해결되지 않는다면 연공서열, 종신고용은 기업의 경쟁력을 저하시키고 기업의 생존은 위협받게 될 것이다. 이러한 시대적 변화는 기업으로서는 선택할 수 없는 것이고, 인재육성의 방향 역시 과거 기업주도적으로부터 개인주도에 의한 다양한 선택적 도전의 진로별 육성으로 전환이 이루어져야 한다.

기업주도의 장기인적자원 육성은 제너럴리스트로서의 경력형성이지만 사업 및 업무의 전문화와 다양화가 진전된 현대에서는 다양한 전문 프로페셔널리스트의 필요가 증대하여 제너럴리스트는 관리직으로서 활용할 수 없게 되었다. 또한 관리직으로 필요한 인원은 한정되어 있어 전 직원 모두를 관리직으로 육성하는 것은 바람직하지 않다. 따라서 인적자원 개발관리는 능력주의 관리가 되어야 한다.

이제까지의 인적자원관리는 연령, 근속연수, 학력, 성별 등을 특히 중요시하였다. 이러한 속인적 관리의 폐단을 의식해서 능력의 신장 및 발휘를 촉진하는 관리로서 전환된 것이 능력주의 관리이다. 능력주의 관리는 근로자 개개인이 기대하고 있는 능력의 신장 및 발휘를 구체화하기 위해서 어떠한 제도가 정비되어야 하는가를 검토하고 정비를 도모하는 것이 관건이다. 중요한 것을 무시하고 능력의 신장 및 발휘도를 반영하는 처우를 행한다면 결과의 능력으로 처우하는 인적자원관리라는 비난을 받게 될 것이다.

(1) 사외교육기관의 활용

전문교육은 직능별 교육 혹은 계층별 교육으로서 급속하게 정비되고 있지만 대부분 젊은 층을 대상으로 한 전문기초로부터 중급 정도까지의 교육이다. 특별히 확충강화가 필요한 교육은 그 이후의 상급으로부터 전문 최첨단의 교육, 대학에서 말하는 대학원이나 연구소 수준의 교육이 이루어진다. 이러한 사실에 기초하여 교육기회의 확충을 진행시키기 위한 것이 사외의 다양한 교육기회의 유효활용이다. 대표적인 것이 통신교육과 전문기관의 공개강좌 및 강습회 등이고 상당히 활성화되어 있다.

이것을 이용한 사원교육은 이미 상당히 이루어지고 있지만 문제는 이것이 장기인적자원의 육성코스로서 계통화되고 정착되어 있지 않다고 하는 것이다. 오히려 본인이나 개별직장에 맡겨버리는 비체계적인 상태로서 장기인적자원육성과는 별도로 진행되고 있는 것이 대다수의 현상이다. 그러나 다양한 기업의 욕구를 충족시키기 위하여 사외교육을 시도하기 위해서는 다양한 욕구에 대응한 다양한 교육기회 메뉴를 배포해서 그 가운데 개인이 자신이 필요로 하는 것, 학습하고 싶은 것을 선택 및 이수할 수 있도록 하는 것이 기본이다.

(2) 선택이수제와 목표관리

이러한 기업욕구에 기초한 다양한 교육메뉴로부터 개인이 학습하고 싶은 것을 선택해서 이수하는 방식은 현재 상식화되어 있는 기업욕구와 개인욕구(자아실현욕구)가 부합한 개인존중의 교육시스템이고 자기개발 페이스의 인적자원 육성시스템이다. 그러나 과업을 벗어난 학습이 되면 교육메뉴를 준비하고 정보를 제공하는 것만으로는 개인의 선택이수가 활성화되지 않고 이수해도 효과측면에서 문제가 남게 된다. 그 첫째 이유는 직장에서 능력의 중심이 되고 있는 사람, 직무가 요구하는 유능한 능력을 소유하고 있는 사람 등은 교육기회는 있어도 실제로는 선택이수할 수 없다. 이것이 능력개발의 최대의 장애인 것이다. 직장의 실적이 감소하는 것을 각오하고 이수를 권고하는 것에 대한 저항감은 강하다. 이것이 개인의 직무분담이 불명확한 집단주의의 근로체질에 근거한 관리의 문제이다.

다음은, 이수한 것을 업무에 활용하는 이수 후의 활용도에 관한 문제이다. 이것이 수반되지 않으면 교육은 교육으로서 역할을 하지 못하는 것이다. 자기개발 페이스의 이수라고 해도 상사의 OJT와 결합한 능력개발이 아니면 교육의 실적은 감소한다. 여기에서 창안된 것이 목표관리제도의 일환으로서 업적목표와 계발목표를 동시에 설정하고 그 달성실적을 공식적으로 평가한다고 하는 방식이다. 자기계발지원이라고 하면 교육비용 원조 및 교육휴가 정도에 관심이 집중되어 있지만 현실적으로 상사의 시간적 배려와 OJT의 측면이 중요하다고 할 수 있다.

(3) 능력개발계획의 설정

이러한 개인주의의 장기인적자원 육성을 진행해 가는 경우에 발생하게 되는 두 가지 문제가 있다. 하나는 개인욕구 및 희망을 존중하려 해도 그것이 애매해서 확실히 할 수 없다든지, 핵심이 없어 구체화할 수 없기 때문에 메뉴가 제공되어도 자기책임에 의한 성숙한 선택을 할 수 없다고 하는 것이다. 여기에서 필요로 하는 것이 현실을 따르는 진로선택능력을 습득하기 위한 교육지도이다. 이것은 경력설계 및 개인별 경력 카운슬링의 두 가지로 되어 있지만 과업수행을 위한 경력계발과 더불어 과업과 가정의 양립을 도모하면서 스스로가 후회하지 않고 만족할 수 있는 장래의 설계를 행하는 것이다. 일반적으로 입사시에 한 번 연수를 행한 정도로서는 개인의 진로를 확립했다고 할 수 없다. 다양한 업무를 경험한 결과의 평가를 피드백해서 3~4년 반복할 필요가 있다.

또 하나의 문제는 기업욕구는 전략변동 등의 사정에 의해, 개인욕구는 결혼, 출산 등의 가정상황의 변화 때문에 경력계획을 설정해도 현실에 부합하지 않거나 변경 및 재조정이 요구되는 문제가 발생한다는 것이다. 확립된 진로를 기본적인 경력 페이스로 생각하면서 장기경영계획에 부합해서 4~5년간의 경력계획을 설정하고, 매년 계획을 분석해서 경영계획 변경에 부합시켜 필요한 수정을 해야 한다. 따라서 경력계획이 현실로부터 괴리되지 않도록 수정해 가는 방식을 취해야 한다.

이러한 경력계획은 자기신고제도 및 지도면접제도(부하육성면접제도) 등으로서 보급되어 있기 때문에 직장의 상사는 부하의 계발계획을 기초로 대화를 하고 필요한 조언을 함으로써 확실한 계발계획을 설정하도록 하여야 한다. 자기신고는 자기신고로서 상사와 부하와의 대화는 하지 않고 그 자체로 인사교육부문이 경력계획을 설정하고 있는 기업도 있지만, 본래는 인사고과 결과를 본인에게 공개하고 이것을 기초로 본인의 능력과 적성에 부합한 경력계발계획을 지원하는 A&C 프로그램(Appraisal & Counseling Program)을 실시하여야 한다.

최근에는 인사고과 결과의 공개가 이루어지고 있지만 공정한 평가를 하지 않아 고과결과에 대한 신뢰성이 확보되지 않은 상황에서는 본인의 진정한 자기계발 페이스의 능력개발은 이루어지지 않는다. 직장의 업적 향상만을 위한 능력개발이 개인의 장래를 위한 능력개발이라고는 할 수 없다. 실제로 이와 같은 경우에 상사에 의한 경력카운슬링은 이루어지지 않는 경우가 많이 있다. 여기에서 창안되는 것이 상층부와 인사교육 스탭의 인재육성위원에 의한 카운슬링이며, 이와 더불어 제3기관에 의해 개인별 능력계발상황을 확인하는 것도 중요하다.

제 10 장

글로벌 시대의 인간자원 개발

1. 기업의 국제화와 문제점

(1) 국제화의 개념

기업의 국제화란 기업이 경영활동을 수행하는 데 있어서 새로운 경영자원을 해외와의 거래에 의존한다든지 기업경영의 형태 및 거점을 해외로 변화하는 것이다. 이 경우 경영자원에는 자금, 원재료, 인력, 판매시장, 정보 등이 포함된다. 따라서 해외로부터의 자금의 차입, 원재료의 수입 및 현지조달, 국내외에서의 외국 국적의 관리자 및 근로자의 고용, 제품의 수출 및 현지생산, 해외에서의 정보의 수집과 이용 등을 통해서 기업경영의 형태(자본구성, 경영방침, 조직구조 등)가 변화한다면 기업이 국제화했다고 할 수 있다. 기업은 본래 특정 국가에서 설립되고 그곳에서 자금, 원재료, 인력을 조달하고 상품을 생산 · 판매하면서 대규모화해 가지만, 국내시장이 협소하고 부족하게 되면 기업은 활동의 장을 해외로 확대하면서 국제화해가는 것이 통상적이다. 그러나 석유산업과 같은 특수한 원료자원이 주가 되는 산업에서는 기업활동을 처음부터 국제적인 무대에서 전개하는 경우도 있다.

물론 국내에서 기업활동을 영위하고 있는 기업에 있어서도 해외로부터 수입된 원재료를 사용하고, 외국의 기계설비를 사용하고, 제품을 해외로 수출하는 경우도 있다. 그러나 그것이 기업 자체에 의하지 않고 상사를 경유하게 된다면 기업은 국제화했다고 할 수 없다. 그 기업은 국제적인 분업관계를 기초로 활동하고 있지만 기업 자체는 국내기업이기 때문이다. 기업이 국제화하는 것은 스스로 해외의 은행, 메이커, 생산자, 소비자와 접촉하고 교섭해서 새로운 경영전략을 책정하기 위하여 경영조직을 편성하고 경영관리를 실시하는 것이다. 기업의 국제화에 대한 경영상의 의미는 이러한 기업경영의 형태와 내용의 변화이다.

최근 자본주의 사회에 있어서 기업의 국제화는 날로 증가하고 이것에 대응해서 기업경영의 형태도 변화하고 있다. 국제화가 대폭 진전되어 판매거점 및 생산거점을 세계의 요처에 설립하고 통일적인 경영전략을 전개하고 있는 기업을 다국적 기업(multi-national corporate)이라고 한다. 그러나 다국적 기업만이 국제화가 이루어진 것은 아니다. 최근과 같이 시장이 국제적으로 확대되고 기술 및 정보가 세계적 규모에서 활발히 교류되는 시대에 기업이 그 활동의 영역을 해외로 확대한다고 한다면 그 경영은 자연히 국제화되는 것이다.

(2) 국제화의 과제

기업이 국제화에 성공하기 위해서는 현지사회에 대한 정확한 인식과 이해를 위한 노력에 주력해야 한다. 투자국가의 사회는 본국과는 상이한 문화 · 역사 · 언어 · 관습 · 가치관을 가진 사람들의 사회이고, 이문화의 사회에서 문화적 차이를 인식한 경영활동이 되어야 한다는 것은 당연하다. 즉 이문화를 이해하고 적응하지 못한다면 해외진출에 대한 성공은 보장받지 못할 것이다. 예를 들면 최근 개방정책과 더불어 중국에 진출한 세계의 많은 기업들을 대상으로 조사한 바에 의하면 우리나라 기업의 실패율이 가장 높은 것으로 나타났으며, 근본적인 실패원인으로서 이문화에 대한 이해의 부족을 들고 있다. 따라서 해외에서의 경영활동은 이문화권에서의 비즈니스라고 하는 기본적인 인식을 전사적으로 확립하는 것이 중요하고, 21세기 들어 해외진출 국가로부터 반성을 요구하는 소리에 주의해야 할 것이다.

글로벌화 · 다국적화가 진전된 기업에 있어서 가장 개선의 요구가 높은 영역이 해외인사 및 인간자원관리시스템이다. 해외인사 및 인간자원관리시스템을 구축하는 데 있어서는 해외진출에 대한 기본적인 컨셉트를 확립하는 것이 중요하다. 예를 들어 최고경영자를 포함하여 미래의 인간자원 측면에서 다국적화를 염두에 둔 인적구성을 고려해야 한다. 해외사업소의 최고경영자는 현지 스탭을 임명할 것인가, 본사와의 혼합인사를 실시할 것인가, 국제적으로 유능한 인재를 순환근무하게 할 것인가 등의 종합적인 인적구성면에서의 제도를 확립할 필요가 있다. 인적구성면에의 기본적인 컨셉트가 확립되어 있다면 근로자의 국적에 집착하지 않는 인재의 채용, 승진, 승격 등의 처우체계를 글로벌화한 기업에 적합한 형태로 확립하는 것이 가능하다.

최고경영자의 현지인 비율은 해외에 진출하고 있는 기업의 현지화의 정도를 평가한 척도로서 산정할 수 있다. 제조업을 중심으로 현지 출신자의 최고경영자의 비율은 증가 추세에 있으며 기업의 현지화도 서서히 진행되고 있다. 현지인 최고경영자의 경력은 능력 있는 근로자로부터의 채용, 파트너 기업의 지명 등의 경향이 강한 것으로 보여지고 있으며 해외진출의 역사가 오래된 기업의 현지화가 높은 것으로 나타났다.

현지인이 최고경영자로 취임할 때의 장점으로는 현지사회에 근거한 경영이 이루어지며, 현지 근로자의 모럴을 향상하는 데 긍정적인 영향을 미친다는 것이다. 그러나 한편으로는 본사와의 커뮤니케이션이 어렵고 본사의 경영철학 및 전략 등의 실행이 어렵다는 등의 부정적 경향도 지적되고 있어 이러한 점을 본사는 신중하게 검토해야 할 것이다. 예를 들면 본사와의 의사소통이 어렵다고 하는 것은 본사가 국제화하고 있지 않다는 것을 반성해야 할 문제이고, 본사적 경영이 어렵다고 하는 것은 어떠한 경영 스타일, 제도를 지적하는가라는 것을 검토해야만 한다. 소위 종신고용적인 장기고용을 전제로 한 제도, 연공적인 처우제도를 이전하는 것이 어렵다는 지적 등에 대해서는 현지의 실정, 근로자의 의식을 조사하여 검토해야 하는 문제이다. 더불어 해외현지법인의 사장이 본사의 중역으로서 경영진에 참여하는가의 여부는 글로벌한 전략을 전개하는 정도, 해외사업을 중시하는 정도를 나타내는 척도이고 다국적 기업으로서의 성숙도를 나타내는 척도라고 할 수 있지만, 해외사업의 위치 등 전략적 측면에서는 불확실성을 나타낸다.

과거 아시아 각국에 진출한 기업에서 지적된 현지 경영자에게 권한위양을 하고 싶다, 업무지시를 명확하게 하고 싶다, 인사고과의 납득성 및 신뢰성을 높이고 싶다, 본사의 경영스타일을 요구하지 않고 의사소통능력을 높이고 싶다 등의 문제점이 21세기에도 존재하고 있고, 문제점이 명확함에도 불구하고 계속해서 존재하고 있는 상황은 조속히 해결할 필요가 있다. 특히 본사로부터 파견되는 최고경영자 및 중간경영자, 기술스탭 등의 교육 및 능력개발은 점점 중요하다고 하는 인식과 이에 대한 실천이 요구된다.

2. 국제화와 인간자원 개발

(1) 인간자원 개발의 요구

해외법인이나 사업소에서 업무를 수행하는 것은 문화, 언어, 관습, 종교 등의 차이로 인하여 국내에서 수행하는 직무와는 다른 측면이 있다. 본국의 기업으로부터 해외사업소 등으로 파견된 근로자들이 어떤 점에서 어려움을 지각하는가는 중요한 관점으로서, 직위의 차이는 있지만 공통적인 것으로 어학상의 문제를 들 수 있다. 의사소통의 수단으로서 외국어 능력에 대해서는 파견지의 문화 · 역사 · 관습 등의 문제와 깊은 관련이 있고, 또한 이문화 사회에의 적응성의 문제에도 관계된다.

직무수행 중 자주 지적되는 직무 자체의 문제, 경영상의 문제는 제도적인 문제나 전략상의 문제와 연관되는 측면이 있지만, 대인관계상의 문제 및 이문화 적응상의 문제는 의사소통상의 문제와 밀접하게 관련되고, 전문지식 과 기능의 문제는 파견자의 경력 및 파견 전의 교육과 관련되어 생각해야 할 문제이다. 해외에 파견되어 직무를 수행하는 과정에서 직면하게 되는 이들 문제 중 파견 전이나 파견 후를 포함하여 교육훈련에 의해 해결 가능한 영역은 의사소통능력으로서의 외국어 능력의 향상, 이문화 적응성(문화, 역사, 관습 등 포함)의 향상, 경영지식, 전문지식, 기능의 충실 등이 있다.

또한 본국의 국제사업요원이 직무수행상 어려움을 지각하는 영역은 본국에서 활동하는 외국계 기업의 본사로부터 파견된 파견자에게서 발생하고, 이러한 문제들은 국제사업요원 육성상의 공통과제로서 취급할 수가 있다. 본국에서 활동하는 외국기업의 본사로부터 파견된 근로자가 직무수행상 지각하게 되는 어려움은 다음과 같다.

① 어학상의 문제
② 문화와 일상생활상의 지식의 문제
③ 경영상의 문제
④ 전문지식 및 기능의 문제
⑤ 재외근무 경험
⑥ 직무 자체의 문제
⑦ 이문화 적응상의 문제

이상이 중요한 문제이지만 이들 문제를 극복하기 위한 유용한 교육으로서 언어력, 경영관행 및 전문지식, 국제감각(문화 및 일상생활의 관행), 지역연구, 이문화 적응 등을 들 수 있다. 이러한 점들은 본국의 국제사업요원, 본국체제 외국기업의 근로자들에게 공통적인 경향으로서 국제사업요원은 이러한 것들을 교육적 요구로서 인식하지 않으면 안 된다.

(2) 국제사업요원 육성제도

해외진출의 역사가 길고 노하우를 축적한 일부 대기업이나 해외진출의 역사가 짧고 경영노하우의 축적이 결여된 중소기업을 불문하고 사업의 다국적화 · 글로벌화는 급속하게 진행되고 있다. 이러한 상황에서 국제화 기업의 가장 중요한 경영과제의 하나로서, 또한 능력개발 및 교육훈련상의 과제로서 국제사업요원의 육성 및 확보가 있다. 예를 들면 국제사업요원이 해외 파견처에서 가장 어려움을 지각하는 외국어 능력의 향상을 위해서 선발된 파견요원을 대상으로 집중적인 외국어 교육을 행하는 경우가 있고, 해외파견자뿐만 아니라 일반 근로자나 관리감독자를 포함한 전 근로자를 대상으로 외국어 교육을 행하는 경우, 외국어 교육을 위하여 외국인 강사를 초빙해서 교육을 행하는 경우, 자사의 독자적인 검정제도 또는 사외의 검정제도를 활용한 외국어 능력 검정제도를 도입하고 있는 경우 등 다양한 노력이 이루어지고 있다.

더욱이 외국어를 포함한 글로벌화 교육의 상황을 보면, 집합교육의 내용으로서는 파견처의 국내사정의 이해, 국제감각의 함양, 법률 또는 무역업무 등이 중심이고, 제도로서는 외국대학 비즈니스 스쿨 등으로의 파견, 인사시책으로서 순환제도를 활용한 체험학습 등과 더불어 각 회사의 상황에 부합한 교육 및 방법이 강구되고 있다. 전문단체들이 실시하는 경영활동에 관한 각종 조사에 의하면 당면과제로서 해외요원의 육성, 국제사업요원의 육성을 들고 있으며 그 내용으로는 외국어 교육, 해외사정 교육 등이 이루어지고 있는 것으로 보인다.

국제사업의 육성과 확보를 위한 수단으로서 해외대학, 비즈니스 스쿨에 유학중인 학생들을 대상으로 채용하는 기업, 스카우트에 의해 국내외 기업에서 국제사업에 경험 있는 인재를 채용하는 기업, 현재의 근로자를 교육해서 국제사업요원을 확보하는 기업과 급속한 글로벌화의 진전, 업무내용의 확대와 더불어 이들 중 특정 방법을 도입하고 있는 기업의 경우가 일반적이다. 그러나 전통적인 경영풍토, 즉 종래의 고용관행에 의하면 일반적으로 현재 재직하고 있는 근로자로부터 국제사업요원을 선발 및 육성하는 경우가 많고, 선발에 있어서는 직위에 따라 차이가 있으나 외국어, 사업능력, 대인관계, 건강 등의 평가요소에 비중을 둔 선발방법이 정착되고 있다. 또 국제사업요원의 선발에 있어서 테스트(적성검사, 외국어능력)의 개발도 시도되고 있고, 선발시스템, 캐리어 개발, 다양한 교육을 결합하여 국제사업요원의 육성이 이루어지고 있다.

해외파견 전의 교육으로서는 외국어 능력의 충실, 지역연구, 국제감각, 경영능력, 이문화 적응력, 기술지도력 등이 중심이고, 이들 교육을 수강하는 것이 파견 후에 효과적이었던 것으로 입증되고 있다. 해외파견자와 해외사업요원이 파견처에서 직면하는 외국어의 어려움에 대해서 전 사원이 관심을 갖고 이를 극복하기 위한 제도로서 외국어 능력을 승진조건으로 하여 전 사원을 국제사업요원화하는 것도 하나의 방법이다. 더불어 고도의 실천적인 외국어를 구사해서 해외사업을 추진해 가는 요원을 계획적으로 육성하기 위하여 비즈니스 외국어 집중교육을 실시하여야 한다. 해외사업 진출에 오랜 역사를 갖고 있는 기업에서는 신입사원을 대상으로 외국어 테스트를 실시하고 그 결과를 본인에게 피드백하는 것과 더불어 각자의 수준에 맞는 외국어 교육을 실시한다. 이것은 자신의 언어로써 외국인과 의사소통을 할 수 있는 자신감을 갖게 하는 것을 목적으로 한다.

해외에서 국제사업을 확대하고 있는 기업은 외국어 교육을 장기 · 중기 · 단기로 분류해서 계획적이며 단계적으로 의사소통능력의 향상을 도모하여야 한다. 외국어 능력에 관한 장기적 교육으로는 장기를 전망해서 기업의 국제화에 필요한 근로자의 육성을 목표로 이루어지고 있고, 입사 시나 입사 후 일정기간을 정하고 외국어 테스트를 실시하여 외국어 능력을 파악하는 것과 더불어, 인적자원부서가 주최하는 통신교육 등에 의해 자기개발의욕을 환기해야 한다.

중기교육은 가까운 장래에 해외파견을 전제로 한 교육을 목표로 하고 있다. 중기적 교육의 참가자는 해외파견의 후보자이고 파견국 대학 등에 참가해서 실천적 교육을 행한다. 단기적 교육은 해외파견이 내정된 사람에 대해서 이루어지는 교육이고 단기적이며 가족에 대해서도 이루어진다. 이 외에 각사에서는 다양한 시스템 및 방법으로 진행되고, 비즈니스의 수단으로서 가장 중요한 외국어 능력의 향상에 노력하고 있다.

해외파견자가 직면하는 파견지에 관한 교육 및 이문화 교육을 보면, 해외사업추진 프로그램, 국제인 양성 프로그램, 해외파견자 프로그램, 글로벌화요원 양성 프로그램 등이 있고, 이러한 프로그램 내에서 이문화 교육이 실시되고 있다. 즉 사업부장, 업무 및 기획 담당부장 등을 대상으로 한 해외사업추진 프로그램에서는 해외사업 기획추진을 위한 기초지식(지역연구, 법적조건, 영업관행, 노동관행 등)을 정리해서 이해시키는 것에 역점을 두고 있다. 국제인 양성 프로그램의 하나로서 체계화되고 있는 국제화 마인드 교육에서는 본국 이외에 이문화에 속한 사람과 교류하는 법, 의사소통능력의 습득에 역점을 두고 있다.

해외부임 내정자에 대한 교육으로서 해외파견 프로그램으로는 단기집중 국제연수(외국어 사용, 이문화에 속한 사람과의 교섭방법론을 단기교육한다), 지역사정연수(부임하는 지역의 생활정보를 지역별로 제공하고 요원관리 및 건강관리 등에 대한 지식습득을 도모), 관련부서연수, 가족연수(부임내정자의 배우자에 대한 각종 정보 서비스 제공과 외부 연수회에의 참가) 등이 이루어지고 파견자가 파견처에서 반감을 최소화한 체험을 매뉴얼화하여 교육이 이루어지고 있다.

업무상의 전문지식이나 관련영역의 지식 및 기능을 구비하고 있는 것은 해외근무에 있어서 파견자 자신이 원활하게 업무를 처리하기 위한 기본요건이 되며, 현지법인측(대부분 현지 스탭)의 요구이고, 또 파견자의 평가를 높이는 요건이 된다. 따라서 사전에 이루어지는 집합교육, 직무순환, 체험학습 등은 해외파견자에게 있어서 중요한 수단이 된다.

(3) 국제화에 따른 경영간부의 능력개발

국제사업을 전개하는 데 있어서 본사로부터 해외법인으로 파견되는 최고경영자의 선발과 교육기회의 충실이 중요하고, 인적구성면에서 다국적화를 진행시키는 기간 동안은 최대의 경영과제가 된다. 최고경영자를 선발하는 데 있어서의 선정기준을 보면 ① 경영능력, ② 국제감각, ③ 직무수행능력, ④ 대인관계, ⑤ 어학력, ⑥ 이문화 적응능력 등이 있으며, 해외근무체험자는 ① 경영능력, ② 어학력, ③ 직무수행능력, ④ 대인관계, ⑤ 건강, ⑥ 전문지식 및 기능 등을 들 수 있다. 그러나 선진국 등과 같이 우수한 노동력을 확보할 수 있는 지역에서의 경영스타일과 그렇지 못한 지역에서의 경영스타일은 많은 차이가 있고 선발 파견해야 할 최고경영자에게 요구되는 자질 및 능력도 차이가 있을 것이다.

중간관리자 그룹과 이외의 요원에 관해서도 기업의 선정기준은 대개 동일하다. 모티베이션 관리에 관해서는, 예컨대 유럽 및 미국의 다국적 기업에서는 최고경영자의 승진조건으로서 해외근무 경험이 명확하게 규정되어 있는 경우가 적지 않다. 또 인사고과의 방법, 해외파견요원, 국제사업요원의 임금에 차별화를 두어야 한다는 요구도 대단히 높다. 해외근무가 일상화되어 있고 국제화가 국내외를 불문하고 급진전하고 있는 상황에 비추어 볼 때 국제사업요원의 육성을 위한 경력루트의 정비도 필요하다.

종래에 해외유학 체험자가 귀국 후 수년에 걸쳐 전직을 해가는 경우가 21세기에 있어서도 발생하고 있어 국내의 경영시스템, 경영관행의 변혁과 더불어 해외사업의 전략상의 위치확립, 현지법인의 인적자원 시스템도 염두에 두고 인간자원 개발시스템의 종합적인 변혁과 시스템 정비 및 확보를 하는 것이 해외진출의 성공요건이 될 것이다.

(4) 국제감각 체크리스트

글로벌 시대에 자신의 국제적 감각을 습득하기 위해서 다음과 같은 체크리스트를 참고한다.

① 외국어를 습득한다

국제화를 지향하는 비즈니스 맨에 있어서 가장 중요하고 기본적인 능력은 한두 개의 외국어를 습득하는 것이다. 이것은 교섭에 있어서 자신의 의사를 전달하고 상대방을 설득하여 원하는 목적을 달성하게 한다.

② 국적의 차이를 초월한다

교섭대상이 되는 외국인을 국적이라고 하는 개념에 따라 선입관을 가져서는 안 된다. 어디까지나 한 사람의 인간으로서 가치 및 능력을 객관적으로 평가하고 동등한 인간으로서 대할 수 있어야 한다.

③ 항상 상대의 반응을 분석한다

외국인과의 교섭에 있어서는 매뉴얼이나 교육과정에서처럼 진행되지는 않는다. 따라서 유동적인 사태의 진전에 임기응변으로 대처할 필요가 있다. 항상 상대의 반응을 분석하면서 탄력적으로 교섭을 진행할 수 있는 능력이 요구된다.

④ 글로벌한 지식을 겸비한다

현재 세계시장 및 세계경제의 정세 등 글로벌한 관점에 의한 정세파악이 필요한 시대로서 이에 대한 지식을 겸비해야 한다.

⑤ 현지의 입장을 분석한다

해외에 진출할 때 그 기업은 상대국가의 요청에 부응하여 더불어 발전하기 위한 방안을 제시할 수 있어야 한다. 예를 들면 현지인을 채용한다든지 현지인을 간부사원으로 등용하는 배려가 필요하다.

⑥ **균형감각을 갖는다**

필요한 것은 당사자가 상호 균형감각을 갖고 적정한 곳에서 타협점을 찾으려고 노력하는 것이다. 이해득실의 균형을 배려하지 않는다면 진실한 교섭은 이루어질 수 없다.

⑦ **이문화의 차이를 극복한다**

타국의 다양한 문화와 가치관을 받아들이고 상대의 입장에서 자신의 의견을 프레젠테이션할 수 있는 능력이 필요하다.

⑧ **계약서의 총합적인 의미를 분석한다**

구체적인 전문용어의 확인도 중요하지만 더욱 중요한 것은 그 내용의 개념이다. 그 결과가 초래할 깊은 의미를 파악할 수 있어야 한다.

이 외에도 국제인으로서 갖추어야 할 능력은 시차를 극복할 수 있는 능력과 체력 그리고 강한 정신력이 필요하다. 또한 글로벌 기업과 연구소에서는 기업의 핵심인재가 갖추어야 할 능력으로서 전문능력, 변화주도능력, 도덕성, 인간미, 최고를 향한 열망, 강한 승부근성, 도덕적 겸양, 높은 감성능력, 직업윤리, 흡수능력, 핵심가치에 맞는 가치관, 호기심, 마무리에 대한 집착, 사고의 유연성, 낙관론 등을 제시하고 있다.

제 11 장

인사평가와 상벌

우리가 조직원 또는 회사원인 이상 사람을 평가하고 사람으로부터 평가받는 일은 극히 당연한 일이며, 조직에서 상벌을 시행하는 것은 꼭 필요한 관리활동이다. 근로자는 모두가 공정한 인사평가를 기대하고 있고, 이를 여러 가지 관리활동의 자료로 삼는데, 그 수단이 인사고과이다.

1. 인사고과

(1) 인사고과의 의미

인사고과제도(personnel rating)란 개개 근로자의 직무능력, 근무태도, 근무실적을 합리적으로 규정된 고과항목에 따라서 주로 직속상사가 평가하는 제도이다. 인사고과는 합리적이어야 하는데, 인사고과요소는 주관적이고 포괄적이어서는 안 되며, 근로자의 직무를 기준으로 객관적이고 분석적으로 정해져야 한다.

근로자는 선발을 거쳐 채용되고 교육훈련을 받고 현장에 배치되지만, 근로자가 일정기간이 경과된다면 그 직무를 어느 정도 충분히 행하고 있는가, 또 어떻게 근무하고 있는가 등을 경영자는 알고 있을 필요가 있다. 또한 본인의 능력이 새로운 직무를 할 수 있을 정도로 발전하였는가 혹은 그 직무에 부적합한가를 밝혀서 현재의 직무로부터 타 직무로 승진이나 배치전환하거나 근로능력 향상 프로그램을 계획할 필요가 있다. 그러나 현 직무의 수행도 및 승진 혹은 배치전환의 필요성을 알기 위해서는 본인의 능력 및 근무성적을 명확하게 알고 있지 않으면 안 된다.

인사고과의 평가대상이 되는 것은 일반적으로 능력, 근무태도, 업무성적 등 세 가지를 들 수 있다.

① 능력

기대되는 업무수행능력과 비교해서 과부족을 파악하며 과거의 성장도와 관련하여 금후를 예측하는 것

② **태도**

능력과 업적을 연결하는 것. 업무를 수행하는 자세로서 적극성 · 책임성 · 협조성 등

③ **업적**

업무성과, 능력을 어느 정도 업무에서 발휘하였는가를 보는 것

위에서 업적은 과거의 실적이며, 태도는 행동의 전단계로서 가까운 미래의 업적을 예측할 수 있는 지표이며, 능력은 보다 먼 장래의 업적을 결정하는 요인임을 감안하고 인사고과를 하여야 한다. 능력고과는 승진의 기초자료로 사용하고, 업적고과는 성과배분의 기초자료로 사용하는 것이 바람직하다.

(2) 토털 인사제도에서의 인사고과

토털 인사시스템은 경영목적의 달성을 위하여 경영방침에 따라 직무나 직능을 모든 인사제도와 밀접하게 연동시켜 설계하고 체계적이고 계획적인 운영관리에 의해 인재의 개발과 능력화를 종합적으로 진전시키는 시스템을 의미한다. 결국 직무나 직능을 기초로 모든 제도를 결부시켜 제도화한 토털 인사시스템의 계획적인 운용에 의해 인재의 개발과 탄력화, 경영조직의 활성화라고 하는 인간자원 관리의 사명을 다하는 것이다. 기업에 있어서 인간자원 관리의 명제는 경영조직의 경쟁환경에 적응할 수 있는 근로자의 직능의 개발과 향상을 도모하고 인재의 활성화 · 탄력화를 실현하고 능력주의적 인사를 추진한다는 것이다. 직능과 직무를 기반으로 한 토털 인사시스템을 구성하는 하위시스템의 체계는 〈그림 11-1〉과 같다.

이 가운데 인사고과제도는 토털 인사시스템의 하위시스템을 구성하는 직능자격제도 및 직능임금제도, 승격, 승진, 이동제도, 직능개발제도 등을 공정하고 원활하게 운용하는 데 필요한 인사정보를 수집하고 제공하는 중요한 수단이 된다.

〈그림 11-1〉 토털 인사시스템

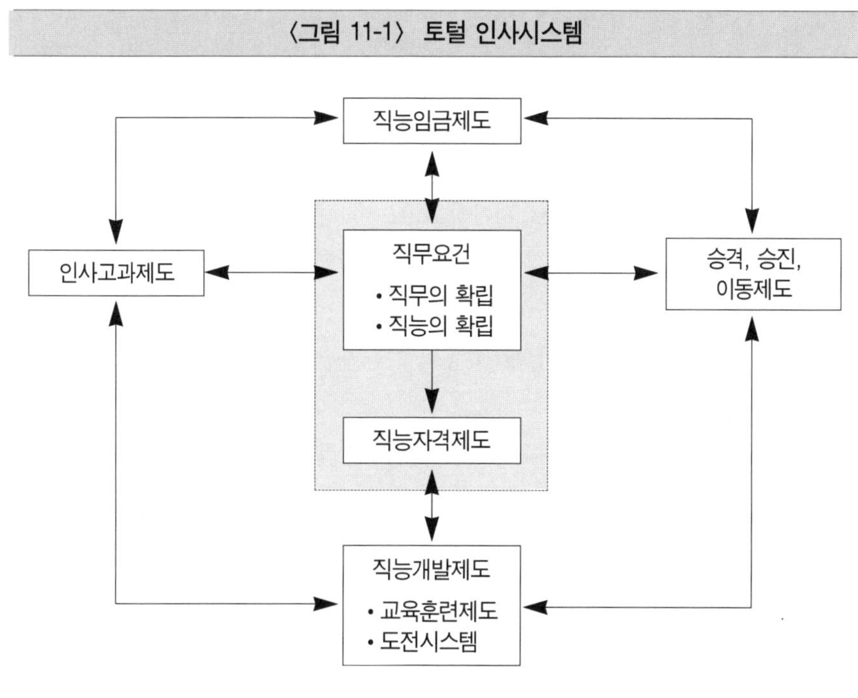

2. 업적평가

인사고과의 주요 평가요소가 능력, 태도, 업적이라면, 업적평가는 크게 보아 인사고과의 한 항목에 불과하다. 그러나 인사고과제도는 사내승진, 정기승급, 정년이 보장되는 고용안정을 근간으로 하는 제도라고 한다면, 업적평가는 인재가 필요할 때 외부에서 스카우트한다는 사고, 정년이 보장되지 않는 고용의 형태, 업적급 중심의 보수제도가 근간이 되는 제도라고 할 수 있다. 우리 사회는 경력직의 채용증가, 계약직 · 비정규직 등으로의 고용형태의 변화, MBO의 도입, 연봉제 등으로 진전되어가고 있어 업적평가에 대한 중요성이 더욱 증가되고 있다.

(1) 업적평가의 중요성

프렌치(French)는 "업적평가(performance evaluation)는 근로자가 설정된 기준과 관련하여 그 직무를 어느 정도 원만하게 수행하고 있는가에 대해서 공식적이고 체계적으로 평가하고, 또 이 평가결과를 전달하는 것이다"라고 정의하고 있다. 평가시스템이 어떻게 활용되고 평가결과가 어떻게 전달되는가는 사기와 조직풍토가 중대한 영향을 미치며, 업적평가의 결과는 훈련 및 개발, 급여, 승진 등의 인간자원 의사결정 프로세스에 중요한 영향을 미친다.

또한 이반세비치(Ivancevich)는 업적평가를 근로자가 그 직무를 어느 정도 효과적으로 실행하고 있는가를 결정하기 위하여 이용되는 인간자원 관리의 활동이라고 보았다.

여기에서 중요한 것은 상기와 같이 정의된 업적평가가 인간자원 관리의 다른 제 활동(서브시스템)과 밀접하게 관련되어 있다고 하는 것을 이해하는 것이다. 예를 들면 프렌치는 〈그림 11-2〉와 같이 업적평가시스템은 크게는 직무설계의 한 연장이며, 일반적으로 조직에 중요한 영향을 미친다고 보았다. 평가결과는 급여와 승진의 결정, 업적에 관한 피드백의 제공에만 필요한 것이 아니라 모집, 선발, 오리엔테이션, 훈련과 같은 다른 인간자원활동의 성공에 유익한 자료를 제공한다. 예를 들면 상당수의 근로자가 기능 혹은 지식이 부적당하다고 평가 프로세스가 나타내 주면 인사영역에서의 변경이 이루어진다. 대규모 조직에서 평가의 결과는 선발절차의 타당성을 연구하기 위한 기준으로서 종종 이용된다.

〈그림 11-2〉에서는 업적평가의 결과가 6개의 영역에 활용되고 있음을 나타내고 있다.

(2) 업적평가의 목적

일반적으로 업적평가의 목적은 ① 임금 및 승진의 결정을 위한 유효한 자료를 제시, ② 관리자가 유지 및 고용의 결정을 하고, 불만족한 업적에

〈그림 11-2〉 업적평가시스템

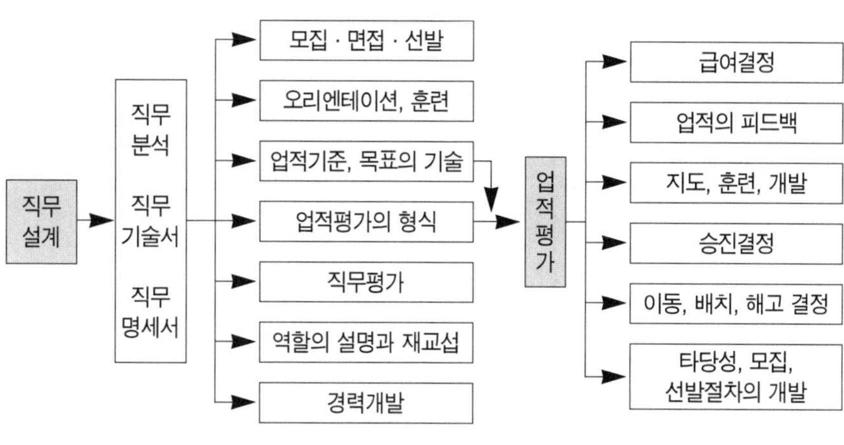

대해서는 근로자에게 경고하는 수단을 제공, ③ 업적을 개선하고 미래의 가능성을 개발하기 위하여 근로자를 상담에 의해 지도, ④ 경력기회 및 경력계획의 논의를 통해서 조직에 점차 몰입하게 하는 것, ⑤ 지원을 통해서 근로자를 동기부여하고 상사와 부하의 관계를 강화하는 것, ⑥ 개인 및 조직의 문제점을 진단하는 것 등이다.

이와 같이 업적평가는 많은 목적을 가지고 실시되고 있으나 크게는 조직과 관련한 평가와 개인에 관련된 평가로 분류할 수 있다.

(3) 업적평가 프로세스

상기와 같은 목적을 갖는 업적평가가 일반적으로 어떠한 프로세스로 전개되는 것인가에 대해서 몬디 등(Mondy & Noe)은 다음과 같이 설명하고 있다.

특정 목표의 인식은 업적평가의 출발점이다. 평가시스템은 바람직스러운 모든 목표에 효과적으로 기능한다고는 할 수 없다. 그러므로 관리자는 가장 중요하다고 믿고 실제로 달성되어 얻는 특정의 업적평가의 목표를

〈그림 11-3〉 업적평가 프로세스

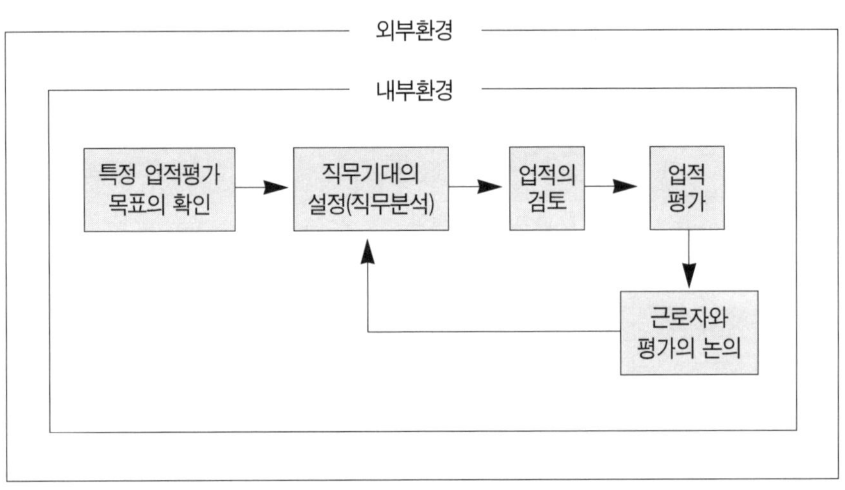

선택하여야 한다. 예를 들면 근로자 개발을 강조하고 있는 회사가 있는 반면에 임금조정과 같은 관리적 의사결정에 초점을 맞춘 조직도 있다. 지금까지 실패한 많은 업적평가시스템은 관리자가 무엇을 달성할 것인가를 특별히 결정하지 않기 때문이었다.

특정의 평가목표가 설정되면 근로자 및 팀은 조직이 기대하는 업적의 수준을 이해하지 않으면 안 된다. 그들이 기대하고 있는 것을 근로자에게 주지시키는 것은 가장 중요한 노사관계의 과업(task)이다. 평가자는 업적을 관찰하고 설정된 업적기준에 따라 평가한다. 평가결과는 근로자에게 전달되며, 상사와의 업적평가 논의는 직무요구를 재설정하는 데 필요하다. 〈그림 11-3〉은 이것을 나타내고 있다.

3. 상벌관리

(1) 상벌의 의미와 제한

1) 상벌의 의미

사원이 동기부여되어 열심히 일할 때에는 회사 및 경영자는 그 사원에게 큰 감사를 하여야 한다. 기업에 대한 공헌에 대해서 감사를 표시하는 것이 바로 상이다. 아주 열심히 일하는 사원에게 감사를 할 수 없다면 인재를 활용할 수 없게 된다. 감사를 한다면 사원은 보다 더 동기부여하여 일하게 된다.

벌은 규율의 문제이다. 그러나 벌만으로써 규율한다는 것의 효과는 의문시된다. 본래 규율이라고 하는 것은 직장의 분위기 및 인위적인 회사의 제도에서 발생한다.

어떤 면에서 본다면 벌은 적극적으로 발동하지 않는 것이 최고이다. 규율의 문란을 간과하라는 것은 아니지만 규율이 문란하지 않도록 하는 것이 더욱 중요하다. 규율이 문란해진다면 벌로써 다스리는 것보다 동기를 높일 수 있는 다양한 수단을 강구하는 것이 본래의 자세이다.

2) 상벌의 근거

상은 좋은 것이기 때문에 신경을 크게 쓸 필요는 없지만 벌에 대해서는 반드시 그 근거를 알아두는 것이 중요하다. 원래 회사, 경영자와 사원은 서로 평등하고 대등하다. 특히 사회적인 관계에서는 어느 것이 상하인가라는 것은 말할 수 없다. 회사가 사원을 벌할 수 있는 것은 고용하고 있기 때문이 아니라 다음과 같이 법적으로 근거가 있기 때문이다.

첫째로 고용계약이다. 고용계약은 근로조건에 대한 계약이다. 벌의 대상이 되는 것은 이러한 계약을 위반할 때이다. 예를 들면 매주 월요일부터 금요일까지 매일 8시간씩 근무하고 이것에 대해 얼마를 지불한다고 하는 계약이다. 이것을 무단으로 며칠 쉬었다면 명백하게 계약위반이다. 위반한다면 벌을 받는 것은 당연하고 이것은 사회적으로도 인정된다.

둘째는 취업규칙이다. 취업규칙은 본래 고용할 때 사원에게 인지시키고 승인을 받아두어야 한다. 그렇게 하면 취업규칙의 내용도 고용계약의 일부가 된다. 실제로 벌은 취업규칙에 근거를 두고 행하는 것이 보통인데, 이는 취업규칙도 고용계약의 일부로서 통용되기 때문이다. 따라서 취업규칙으로서 정한 이외의 벌을 부여할 수는 없다.

이 때문에 취업규칙 내의 상벌규정은 신중하게 결정하는 것이 중요하다. 다만 상술한 바와 같이 가능한 한 벌의 규정은 발동하지 않는 것이 좋기 때문에 규정은 엄격하더라도, 발동은 일벌백계의 경우로 한정하는 것이 좋다.

그러나 벌은 회사의 경영과 직무수행과 관련하여 행해지는 것이기 때문에 직무와 관계없는 사건에 대해서는 회사는 벌을 발동할 수 없다. 사생활까지 벌칙의 대상으로 하는 것은 고용계약의 범위를 이탈하는 것이고, 회사나 경영자에게는 그 권리가 없다. 예를 들면 사원이 불륜을 한 것을 벌할 수는 없다. 다른 장소에서 싸움을 해도 그것만으로는 벌을 줄 수는 없다. 이것은 경찰 및 법원의 직무이다. 다만 그것이 회사의 경영 및 다른 사원에게 큰 영향을 미치는 것은 별도이다.

3) 상과 벌의 제한

상은 기회가 있는 한 많이 주는 것이 좋다. 상에 대해서는 취업규칙에 정해져 있지 않을 수도 있다. 다만 불공평이 없도록 하지 않으면 역효과가 나게 된다. 상은 개근, 정근, 우수제안 등 다양하게 있으나, 대부분 취업규칙에 제시되어 있다. 다만 취업규칙에서 규정한 것은 회사의 의무가 되기 때문에 규정은 탄력성을 갖도록 하는 것이 좋을 것이다.

근로자에 대한 벌은 임의로 결정할 수 없다. 법이 허용하고 상식이 허용하는 범주에서 이루어져야 한다. 이를 위해서는 취업규칙에 규정하는 것이 중요하다. 벌에는 법률상으로도 다양한 제한이 있기 때문에 주의해야 한다. 첫째는 위에 기술한 바와 같이 직무 및 회사에 관계없는 개인적인 사건 및 범죄로서 벌을 부여하는 것은 개인의 권리를 침해하는 것이 되기 때문에 할 수 없다. 둘째는 근로기준법 등으로서 제한되고 있는 것이 있다. 예를 들면 감봉은 일종의 벌금이지만 1회에 한해서 일정액 이상을 초과해서는 안 된다고 하는 법적 기준을 준수해야 된다.

(2) 벌의 종류

벌은 일반적으로 다음과 같은 것이 많이 이용된다.

1) 견책, 경고

훈계, 질책, 시말서와 비슷한 의미로 볼 수 있다. 그러나 벌로서의 견책이나 경고는 단순하게 꾸짖는 것만이 아니라 벌로서 꾸짖는 것이기 때문에 그 무게는 다르다. 시말서는 활용하지 않는 것이 좋지만 시말서를 규정하고 있는 경우에는 다음에 이와 유사한 사례가 있으면 제재를 감수하겠다는 의미로 받아두는 것이다.

2) 감봉

감봉은 급료 감액만은 아닌 벌금의 성격이다. 감봉이 문자대로라면 매월의 금액을 감액하는 것으로 보이지만 그 의미에서의 감봉만이 아니고 벌금의 의미이다. 이것은 하나의 사건에 대해서 1회 벌금을 취하는 것이다. 하나의 사건으로서 2회 이상의 벌금을 취하는 것은 정당하지 않다. 이것은 일단 판결이 결정되면 동일한 사건에 대해서는 다시금 재판하지 않는다고 하는 재판상의 일사부재리의 원칙과 같은 것이다. 동일하게 하나의 죄에 대해서는 1회 이상 벌을 부여해서는 안 된다. 또한 감봉은 평균임금의 일정액 이하로 제한하고 있다.

주의해야 하는 것은 지각공제이다. 여분의 지각공제도 감봉이 된다. 5분이든 10분이든, 30분까지의 지각은 모두 30분의 임금을 공제하는 회사가 있다. 5분의 지각으로서 30분의 임금을 공제하면 나머지 25분의 임금은 감봉으로만 볼 수 없다. 아무리 지각이 많아도 이 여분의 계산된 공제가 제한을 넘으면 위반이 되기 때문에 주의하는 것이 좋다. 더욱이 이러한 지각공제는 지각방지에는 거의 효과가 없다. 오히려 지각분이 급여에서 공제되고 있기 때문에 결국 반은 공인되어 있다고 하는 의식을 사원에게 심어주는 결과가 되어 처벌의 의미가 없어진다. 귀찮아도 지각시간을 정확하게 계산해서 정확한 공제를 하고 나서 필요하다면 벌로서 감봉을 행한다. 당신의 행위는 좋은 것이 아니다라고 하는 인식을 주는 것이 효과적이다.

승급정지도 가능하다. 벌로서 급료를 내린다고 하는 것은 적절한 것은 아니지만 벌로 승급을 정지 또는 연기하는 것은 가능하다.

강등시키는 것은 벌만은 아니다. 강등을 벌로 취급하는 것은 문제가 있다. 예를 들면 계장으로서의 업무를 수행하지 못하고, 계장으로서 어울리지 않기 때문에 평사원으로 강등을 해서 계장수당을 없애는 경우가 있다. 이것은 그 사원의 적성과 처우의 문제로서 벌은 아니다. 따라서 벌에 관한 제한으로 받아들일 수 없다. 직무가 변하면 그 직무에 부여된 수당이 없어지는 것은 당연한 것이다.

3) 출근정지

이것은 소위 자택대기라든가 자택근신 등이다. 출근이 금지되는 기간은 근무하지 않기 때문에 급료도 정지된다. 그러나 이것은 벌로서의 자택대기와 회사의 사정에 의한 자택대기는 경우가 다르다. 회사의 사정으로 자택대기를 시키는 경우에는 아무리 일을 하지 않아도 평균임금의 일정 비율을 보장하지 않으면 안 된다. 그런데 출근정지는 아무리 벌이라고 해도 수입이 없게 되면 그 사원은 생활할 수가 없게 되기 때문에 이 경우에도 출근정지는 최고 1주간 정도로 제한되어야 한다고 생각한다.

출근정지는 해고에 비교되는 무거운 벌이다. 신중할 필요가 있으나 감급정도의 벌로써 개선되지 않는 벌이 있다면 출근정지로도 개선될 소지는 없는 것이다. 이 죄에 대해서 어느 정도의 벌을 부여하면 좋은가라는 문제에 신중을 기하여야 한다.

4) 의원면직

징계해고해야만 하는 것을 해고하지 않고 본인이 사표를 제출해서 퇴직하는 형태를 취하는 방법이다. 가능한 한 징계해고는 피해야 한다. 이 경우는 사표를 받아서 원만하게 퇴직의 형태를 취하는 것이 바람직할 것이다. 이것이 의원면직이다.

5) 징계해고

① 해고의 문제점

이유여하를 불문하고 사원에게 있어 최악의 상황이므로 해고결정에는 신중을 기하지 않으면 안 된다. 법률도 해고는 엄격하게 제한을 하고 있으므로 될 수 있는 한 피해야 한다. 다만 어떻게 해도 문제가 해결되지 않는 경우에는 일벌백계의 의미로서 징계해고를 할 수 있다. 이 경우에도 확실한 단계를 거쳐 후에 문제를 남기지 않도록 하는 주의가 요구된다. 준비가 부족한 해고는 재판에 휘말린다든지, 영업성적이 갑자기 하락한다든지, 사내의 분위기도 대단히 악화되게 되고 상당히 많은 배상금과 같은 크고 작은 심각한 경우를 초래할 수 있다.

② 징계해고의 수단

징계해고는 다음과 같은 절차로 이루어져야 한다. 해고에 해당하는 사실을 될 수 있는 한 증거를 수집해서 확인하고 기록한다. 감독청에 해고에 대한 기록을 제출하고 인정을 받는다. 본인에게 해고를 고지한다.

사실확인은 대단히 중요하다. 이것에 의해 징계해고가 성립하는가 아닌가를 결정하는 것이다. 해고의 고지도 이 사실확인에 의해 어떠한 사실이 있었기 때문에 취업규칙 제 몇 조에 의해 해고한다는 형태가 된다. 그러나 노동감독관으로부터의 인정은 경영자가 생각하는 것보다 어렵고 시간이 많이 소요된다. 이것보다는 법에 정한 해고예고수당을 지불하고 해고하는 것이 바람직하다.

(3) 제재의 정도와 강도

1) 제재의 정도(죄와 벌의 균형)

죄와 벌은 균형이 맞지 않으면 안 된다. 어떠한 죄가 어떠한 벌에 해당하는 것인가를 사원에게 납득시킬 수 있는 형태로 제시해 두는 것이 중요하다. 좋지 않은 것을 한다면 어떠한 처분을 받아도 관계없다고 하는 것만으로는 부족하다. 어떠한 좋지 않은 일을 한다면 어떠한 벌이 있는가를 가능한 한 구체적이고 명확하게 해두는 것이 바람직한 형태이다. 취업규칙을 만들 때에는 이러한 것들을 염두에 두고 규정해야만 한다.

사원 중에는 그것이 죄가 되는 것인지조차 모르는 경우도 있다. 예를 들면 무단결근을 죄라고는 생각하지 않는다. 그러나 무단결근이 직무에 큰 영향을 미친다는 것은 두말할 나위도 없다. 따라서 규정에는 무단결근이 1일이면 견책, 4일 이상이면 감봉, 1주일 이상이면 출근정지, 2주 이상이면 징계해고의 대상이 되는 것을 명기해 두는 것이다. 그러면 무단결근의 경우 당연히 결근일수의 급료는 없으며, 수당도 감액하고, 그 위에 이러한 벌을 부여한다는 것이다. 이것이 제재의 정도에 적합하다.

2) 벌은 일벌백계로

벌에 대한 이상은 벌을 발동하지 않는 것이다. 이를 위해서는 사내에 죄를 범하는 사람이 없도록 하는 것이다. 이를 위해서는 사원의 교육도 중요하고, 무엇보다 규율이 서는 직장의 분위기를 조성하는 것이 중요하다. 함부로 벌을 주는 것은 사원의 불만을 야기시키고 역으로 규율을 혼란하게 하는 요인이 된다. 이 의미에서도 벌은 될 수 있는 한 적은 것이 바람직하다. 물론 벌을 활용하지 않기 위해 잘못된 것을 방치하는 것은 잘못이다. 벌을 받을 죄가 있을 때에는 즉각 주의 및 꾸짖음을 주는 것이 필요하며, 그 정도로는 부족하여 다른 수단이 필요할 때에는 일벌백계의 의미로서 발동하는 것이다. 더욱이 법인인 회사도 자연인인 사원도 법의 기초에서는 동일한 인격을 갖는 평등한 관계이다. 사원에게 벌을 부여할 때에는 평등과 공평, 민주적인 취급이 중요하다. 이를 위해서는 사내에 상벌위원회를 만들어 공평하게 토론하고, 본인에게 변호의 기회를 부여하여야 한다. 다만 소규모 기업에서는 위원회를 만드는 것이 어렵기 때문에 될 수 있는 한 잘 조사해서 사실에 기초하고, 본인에게 변호의 기회를 부여해서 공정하게 처리될 수 있도록 해야 한다. 이는 다른 사원의 동기부여에 큰 영향을 미치게 된다.

(4) 벌이 효과적인 도구가 되기 위한 조건

벌은 여러 가지 부작용을 가져올 수 있기 때문에 신중하여야 하며, 다음을 고려하여 시행하여야 한다.

① 벌은 요구되지 않은 행위가 힘을 얻게 되기 전에 적용되어야 효과적이다. 요구되지 않은 행위가 너무 오래 벌을 받지 않으면 어떤 통제 방법도 무용지책이 된다. 실기(失機)하지 않는 것이 매우 중요하다.
② 벌은 요구되지 않은 행위 후에 강하고 신속하게 실시될 때 효과적이다. 벌의 강도를 점차로 높이는 식의 프로그램은 벌에 대한 적응력을 키우게 된다.
③ 벌은 사람 자신이나 일반적 행위패턴에 주어져서는 안 되고 구체적인 행동에 초점을 두어야 한다.
④ 벌은 대상(사람)과 시간적으로 일관성이 유지되게 사용해야 한다.
⑤ 벌은 교육적 가치를 가져야 한다.
⑥ 벌에는 결속관계가 없는 보상(noncoincident rewards)이 따라서는 안 된다. 종업원에게 준 벌을 딱하게 보고, 곧바로 보상을 하는 것은 약화시키려 했던 행위를 지속시키게 한다.
⑦ 벌을 전담하는 인물이나 공식적 기구를 통하여 시행하는 것이 바람직하다. 이는 어떤 특정 개인에 대한 적개심을 유발하지 않아 효과적이다. 벌은 일관성 있게 부과되어야 하고 또한 벌을 주는 사람의 감정개입이 없어야 한다.
⑧ 벌이 감정을 악화시키지 않고 받아들여지기 위해서는 벌의 적용이

공평한 것으로 판단되어야 하는데, 예상하지 못한 벌은 언제나 부당한 것으로 받아들여진다. 어떤 행위에 대해서 일정한 벌이 주어진다는 분명한 사전경고가 벌에 선행될 필요가 있다.

제 **12** 장

임 금 관 리

1. 인간자원 개발을 위한 보수관리
2. 임금수준과 임금제도
3. 수당 및 상여/일시금
4. 퇴직금/연금
5. 연봉제

임금관리란 기업이 근로자에게 지급하여야 할 임금의 금액과 제도를 합리적으로 계획 · 조직하고 그 성과를 통제 · 개선함으로써 인간자원 관리의 목적달성에 기여하고자 하는 관리행위이다. 즉 조직구성원 개개인의 임금지급액, 임금단위 및 지급방법, 임금의 사회적 수준, 생활급으로서의 안정여부, 승진가능성 등을 고려하면서 관리하는 것이다.

1. 인간자원 개발을 위한 보수관리

(1) 조직에의 공헌에 대한 보상으로서의 임금

기업은 근로에 의해 공헌하는 것에 대한 보상을 다양한 형태로 지불한다. 금전 및 지위 이외의 것으로서는 직무를 수행하는 것에 따른 달성감, 동료로부터의 승인 및 존경, 개인적 성장 및 만족감 등을 들 수 있다. 이것들을 내부적 보상이라고 한다. 외부적인 보상으로서는 승진에 의한 지위의 상승 및 임금 등의 금전적 보상이 있다. 개인의 조직에 대한 공헌과 조직으로부터 개인으로의 보상이 어느 일정기간 균형잡혀 있는 것이 조직과 개인간의 관계를 안정시키는 중요한 요소이다.

이와 같이 임금은 보상의 일부분에 지나지 않는다. 따라서 근로자와 조직의 관계를 고려할 경우에는 다른 형태의 보상도 고려하지 않으면 안 된다. 그러나 임금에 대해서는 정의와 예측 · 비교도 하기 어렵고 관심도 높다는 특징을 가지고 있다. 임금의 수준 및 체계의 문제로서 근로자와 기업 사이에 발생하는 문제는 종종 임금 자체의 문제라기보다는 리더십, 직업능력형성, 직장수준의 경영참여, 인사제도의 문제가 형태를 바꾸어 나타난다고 볼 수 있다. 간단한 불평불만일 수도 있지만, 교섭배경에 은폐된 문제가 표출되어 임금의 문제로 거론되는 경우가 많이 있다.

(2) 임금과 동기부여

외부적 보상인 임금에는 동기부여요인으로서 어느 정도의 역할을 수행한다. 장기고용이 보장되고 고용되어 있는 동안 직무수행능력이 신장하고 있는 경우가 그것이다. 극단적으로 임금수준이 낮으면 임금은 동기부여요인으로서 적극적으로 기능하지 않는다. 그러나 풍요로운 사회가 되고 회사에 있어서도 어느 정도 임금관리에 공정성이 보장된다고 해서 임금은 근로자에 의해 보다 많은 공헌을 이끌어 내는 동기요인으로서 기능한다고는 볼 수 없다. 테일러(Taylor)의 과학적 관리법의 시대적 사고인 경제인의 모델과는 상이한 개념이다. 물론 현대에 있어서 경제인의 가설에 기초하여 임금관리를 하는 것이 유리한 부문도 있지만 이것이 절대적이지는 않다.

임금은 통상적으로는 위생요인으로서, 만족도를 높인다기보다는 오히려 임금이 낮은 경우에 불만족요인을 크게 한다. 따라서 임금의 체계 및 결정방식은 공정하고 공평할 것이 요구된다. 동료와 비교해서 자신의 임금이 공정한 액수가 아니라고 인식하면 조직에 대해서 의문이 발생하고 불만족이 증가하게 된다.

(3) 기업의 임금 사상

근로의 대가로서 생각하면 일련의 직무에 대한 임금액은 항상 일정하다고 볼 수 있다. 보통의 시세가 확실하게 존재하지만 특정 액수로 결정되는 것이 아니라 어느 범위의 액수로서 결정된다. 노동시장의 수급조건, 기업의 업적, 생계비의 동향 등은 임금수준을 결정하는 데 많은 영향을 미친다. 그러나 꼭 이들 조건에 따라 특정 기업의 특정 속성을 갖는 근로자의 임금이 일정하게 결정되는 것은 아니다. 회사와 근로자 사이에 장기간의 교환관계를 상정한다면 장기간에 공헌과 보수가 균형을 이룬다면 좋은 것이며, 단기간의 교환관계만이 존재한다면 단기간의 공헌에 따라 보수를 결정할 필요가 있다. 교환관계를 상호 기본으로 하는 것이 어느 정도의 기간인가라는 것을 회사도 근로자도 충분히 이해할 필요가 있다.

어느 근로자에게 지불되는 임금이 같은 액수라고 하더라도, 임금산정의 근거를 근속 · 직무수행능력 · 업적의 어디에 두는가라는 것은 임금에 관한 그 회사의 인간자원 관리 이념의 표현이다.

2. 임금수준과 임금제도

(1) 임금수준

임금수준은 기업 전체의 임금의 평균수준을 의미한다. 즉 일정기간 동안 한 기업 내의 근로자에게 지급되는 평균임금액을 의미하며 다음과 같은 결정요인을 고려하여 산정한다.

① **생계비**

근로자 가족의 생계유지를 가능하게 하는 수준으로 결정되어야 한다.

〈표 12-1〉 **직종별 월평균임금**(단위: 원)

직 종	2005	2004
전직종	2,332,568	1,887,507
고위 임직원 및 관리자	4,211,754	3,439,977
전문직	3,105,397	2,511,125
기술공 및 준전문가	2,578,784	2,071,720
사무종사자	2,380,516	1,875,354
서비스종사자	1,520,334	1,332,076
판매종사자	1,765,950	1,483,376
농업, 임업 및 어업 숙련종사자	2,110,014	1,732,367
기능원 및 관련기능 종사자	2,060,888	1,691,257
장치, 기계조작 및 조립 종사자	2,023,150	1,632,728
단순노무 종사자	1,264,931	1,107,778

〈표 12-2〉 **산업별 월평균임금**(단위: 원)

산 업	2005	2004
전산업	2,332,568	2,176,258
광 업	2,473,122	2,224,435
제조업	2,287,057	2,112,081
전기 · 가스 · 수도업	3,957,143	3,735,241
건설업	2,139,492	2,071,221
도소매 및 음식숙박업	2,163,143	2,005,755
운수 · 광고 및 통신업	2,276,999	2,155,027
금융 · 보험 및 부동산업	2,527,985	2,375,591
사회 및 개인 서비스업	2,357,241	2,119,339

② 기업의 지불능력

기업의 지불능력이나 상태를 고려하지 않으면 안 된다.

③ 사회 일반의 임금수준

동일업종이나 유사업종과의 형평성을 유지하는 선에서 결정한다.

④ 최저임금제도

근로자의 생활안정을 도모하기 위하여 노사간 단체협약이나 국가의 입법, 기타의 방법에 의하여 임금의 최저수준을 정하고 그 이하로는 지급하지 않도록 한다.

⑤ 노동력의 수급상태 및 노사관계

기업에서 요구하는 인력의 수요와 공급에 의하여 결정하고 노조와의 관계를 고려하여 결정한다.

참고적으로 우리나라 근로자의 연평균임금 수준을 살펴보면 〈표 12-1〉, 〈표 12-2〉와 같다.

(2) 임금제도

근로자가 받는 임금에는 정례임금과 상여, 일시금이 있고, 정례임금은 소정내 임금과 소정외 임금으로 분류된다. 소정내 임금은 기본급과 수당으로 분류된다. 이 과정에서 회사의 인간자원 관리의 사상을 나타내는 것으로서 중요한 것이 기본급이다. 기본급은 그 금액이 전체에서 차지하는 비율이 크지는 않고 수당과 상여, 퇴직금 등의 산정기준이 된다. 기본급의 결정방법이 임금체계의 성질을 결정하고 기본급 제도는 임금제도라고도 부른다.

구체적으로 임금제도는 광범위하게 적용되고 있으나 중요한 것은 외부와 비교하여 공평하여야 하고, 사내 근로자가 불공평하게 인식함으로써 조직의 신뢰도를 상실하지 않도록 설계되어야 한다. 일반적인 임금제도로는 다음과 같은 것들이 있다.

〈그림 12-1〉 임금체계

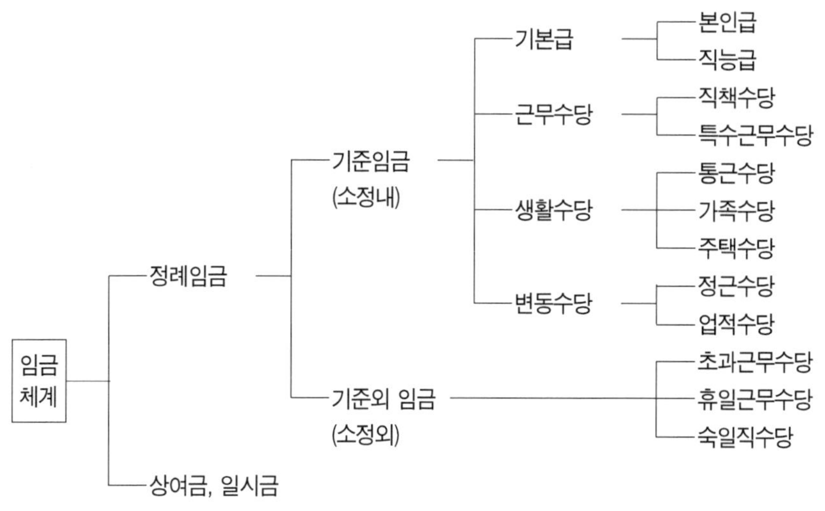

① **연공급**

근로자의 학력, 연령, 근속연수 등을 임금의 결정요소로 하는 것으로서 정년의 보장을 기본전제로 한다.

② **직무급**

담당하는 직무에 기초하여 결정되는 것으로서 기업 내의 다양한 직무를 기술하고 직무수행에 따른 작업조건, 지식, 기술, 기능, 직무의 중요성 등의 직무가치를 공정성 있게 분석하여야 한다.

③ **직능급**

근로자의 직능자격에 대응해서 자격급을 결정하고 이것을 기본급으로 하는 것으로서 개인의 능력을 평가하는 객관적인 방법이 요구된다.

④ **업적급**

근로자의 조직에 대한 공헌도에 근거해서 결정하는 것이다.

⑤ **직계급**

직계제를 전제로 한 임금체계로서 기업내 질서유지를 목적으로 각 직위를 직무의 종류와 복잡성 · 책임도 등에 따라 분류 · 정리하고 그 직무의 단계를 설정하여 그 직계마다 임금의 격차를 두는 것이다.

⑥ **자격급**

근로자의 자격취득기준을 설정하고 그 자격취득에 따라 임금에 차이를 두는 제도이다.

⑦ **종합급**

다양한 요소를 종합적으로 평가하여 결정하는 임금으로서, 속인적 요소를 중시하는 속인적 종합 결정급과 능력과 직무를 중시하는 직무종합 결정급이 있다.

3. 수당 및 상여/일시금

(1) 제수당

수당은 특정시기에 기본급으로서는 충분히 처우할 수 없었던 측면을 보장하기 위하여 도입된 것으로서, 근로자 사이의 균형을 수당으로써 조정한 결과 그 수는 증가하였으나 확실한 임금체계의 설계 등으로 조정되어야 한다. 즉 수당의 수의 증가는 임금체계를 혼란하게 하고 내용도 알 수 없게 한다. 임금은 단순하여 알기 쉽게 하여야 하기 때문에 꼭 필요한 것만 유지하여 그 수를 적게 하는 것이 중요하다. 일반적으로 수당은 다음과 같은 것들이 있다.

① 직책수당

관리직의 직무에 대한 책임수당으로서 상위로 갈수록 책임이 가중되며 그 책임에 따라 결정된다.

② 외근/영업수당

사외에서 영업활동을 하는 근로자에게 지급되는 것으로서 사외활동에 대한 경비지급과 잔업수당의 의미를 가진다.

③ 가족수당

근로자의 생활을 보장하는 측면에서 지급되는 수당이다.

④ 통근수당

실비를 지급한다는 성격을 가지고 있으며 통근거리 및 기업의 사정에 따라 결정된다.

이 외에도 지역 및 별거수당, 주택수당, 업적수당 등이 있다.

(2) 상여/일시금

연간 임금의 상당부분을 차지하는 상여/일시금은 일반적으로 임금의 일부로서 확정되었다고 하는 시각과, 당기 경영성과의 배분이라는 측면에서 임금의 일부가 아니라는 시각이 있다. 상여/일시금은 경기변동과 기업에 의한 업적에 대해서 대응적이며 업적에 대한 보상금이라고 할 수 있다. 그러나 확실하게 지불이 보장되어 왔기 때문에 관습적으로 근로자들은 받아야 할 권리가 있다고 생각하며, 특히 사내 취업규칙으로 지불을 규정하고 있는 경우에는 지불의무가 발생하기 때문에 주의하지 않으면 안 된다.

4. 퇴직금/연금

퇴직금은 다음과 같은 성격을 가지고 있다.

① 근로자의 장기근속에 의한 기업에의 공헌에 보답하기 위한 것이라는 공로보상성
② 근로자의 통상의 임금지급시에 지급되어야 할 임금의 일부를 보유해두고 퇴직시에 일괄 지불한다는 임금후불설
③ 근로자의 퇴직 후에 생활을 보장하기 위한 것이라는 생활보장설

이들 중 하나에 의해 설명되는 것은 어렵고 이 세 가지가 혼합된 것이라고 할 수 있다.

그러나 기업은 퇴직금의 지불능력의 유지가 부담이 되고 있기 때문에 기업연금제도에 의하여 종래의 퇴직일시금의 일부를 이전시키는 연금화 조치를 취하고 있다. 퇴직금의 연금화 제도는 현실적으로 바람직하다고 볼 수 있다. 기업에 있어서는 자금의 분산을 가능하게 하고 근로자에 있어서는 노후생활 보장이라고 하는 관점에서 계획된 생활을 유지하기에 적합하기 때문이다.

5. 연봉제

(1) 연봉제의 개념

연봉제란 개인의 능력 · 실적 · 공헌도에 대한 평가를 통해 연 단위의 계약에 의해 임금액이 결정되는 능력중시형 임금지급체계라고 할 수 있다. 따라서 임금지급형태이면서 능력주의 임금체계의 일환이다. 연 단위로 임금을 산정한다는 측면에서 시급제와 월급제의 일종이지만 업무수행능력을 통해서 결정된다는 측면에서 직능급과 같다. 기존의 연공서열형 임금체계에서는 매년 정기승급이 이루어져 성과와는 무관한 반면, 연봉제에서는 개인의 업적과 능력에 대한 평가를 기초로 매년 임금의 변동이 있을 수 있다는 것을 핵심으로 하는 임금제도이다. 그러나 최근 경제위기와 고용불안이 가중되면서 기업에서는 연봉제의 도입을 확대하고 가속화하고 있으며, 무리한 도입은 오히려 부작용을 야기시킨다는 점을 유의하지 않으면 안 된다. 효율적인 연봉제의 설계절차는 다음과 같다.

① 1단계: 사업장 진단(도입목적과 필요성 설정. 근로시간, 임금, 규정, 의식 등을 분석한다)
② 2단계: 적용대상자의 선정(업무목표와 성과측정 가능성 등을 고려하여 선정한다)
③ 3단계: 형태 및 구성설계(연봉운영방식, 기타 수당 및 퇴직금 등의 결정)
④ 4단계: 평가제도의 설계(객관적이고 공정한 평가제도의 설계)
⑤ 5단계: 연봉 인상기준 작성(평가에 따라 이루어지는 연봉의 증감폭과 연봉조정 시기 및 절차 마련)
⑥ 6단계: 규정 및 계약서 작성(취업규칙의 개정작업과 연봉제 규정 및 계약서 작성)
⑦ 7단계: 운영지침 및 시행기준 마련(구체적인 지침과 절차에 의한 시행을 통해 적극적 참여와 새로운 인간자원관리체제의 마련)

(2) 연봉제 도입의 필요성

연봉제 도입의 필요성을 주장하는 시각은 다음과 같다.

① **능력주의 임금체제로의 이행**

전통적인 연공서열형 임금체계가 급변하는 기업환경과 경쟁사회에서 대처능력을 상실함으로써 능력주의 임금체계로의 변환은 필수적이다. 능력이나 업적에 따라 대우가 이루어짐으로써 기업의 활성화에 기여할 수 있게 한다.

② **개인적 동기의 충족**

신세대 근로자는 집단적이기보다 개인주의적 성향이 강하다. 따라서 전체적인 임금인상률보다 개인의 임금을 조정해 주는 것이 임금의 동기부여라는 측면에서 필요하다.

③ **노동시장의 유연화**

다변화하는 현대사회에서 신세대 근로자들은 한 기업에서 장기근속한다는 의식이 높지 않다. 따라서 자신의 능력을 반영하는 임금을 요구한다.

④ **국내외적 환경변화**

국제적 무한경쟁시대에서 생존을 위해 기업은 근로자의 능력개발과 노동력 지출을 보다 강화할 필요성이 높아졌으며, 따라서 능력 및 성과 위주의 인간자원 관리가 요구되고 있다. 또한 국내적으로는 과거의 연공급이 커다란 임금부담이 되어 왔다는 것이다.

⑤ **고임금/저성장체제**

과거 저임금 고성장체제에서 고임금 저성장체제로 전환되면서 기업성장 및 승진정체가 가속화됨으로써 새로운 시책이 요구되었다. 이에 따라 급변하는 환경에 적응하고 활력을 야기시키며 의욕과 능력을 극대화하여 기업을 발전시킬 수 있는 연봉제의 도입은 필연적인 현상이다.

(3) 연봉제의 특징과 문제점

1) 연봉제의 특징

기업에 있어서 연봉제는 고비용 저효율 구조를 개선할 수 있는 획기적인 임금제도라고 보고 있다. 연봉제가 가지고 있는 가장 큰 특징은 변동급으로서 임금체계의 탄력성을 부여할 수 있다는 점을 들 수 있다. 임금이 모든 근로자에게 균등하게 지급된다면 개인의 동기부여를 기대할 수 없게 되며, 따라서 조직과 개인의 발전은 기대할 수 없다는 것이다. 연봉제의 특징과 장점을 요약하면 다음과 같다.

① 개별평가에 의한 성과급이다

성과급은 근로자가 수행한 성과의 결과에 따라 임금이 결정된다. 연봉제는 단체협약이 아니라 개인 대 회사간의 개별계약에 의해 이루어지며, 집단성과 배분제도와는 달리 개인별 성과에 기초한다. 우리나라는 순수한 연봉제보다는 성과 외에 능력이나 공헌도 그리고 연공적 요소를 가미한 형태로 운영되고 있다. 또한 개인의 연봉결정은 성과에 기초한 평가에 의하여 이루어지는 변동급의 특징을 가지고 있다.

② 동기유발과 업무목표달성이 가능하다

연봉제는 미래의 성과가 높아질 것을 기대하는 동기부여형 임금체계이다. 따라서 능력과 실적이 직결되어 노력한 만큼의 대가가 따른다는 기대감을 제공하여 의욕적으로 근무할 수 있는 환경을 조성한다. 또한 자신의 능력과 업적이 임금으로 표현되어 스스로의 책임하에 업무를 수행함으로써 목표달성이 가능하다.

③ 우수인재의 확보가 가능하다

연봉제를 통해 새로운 환경에 맞는 관리자나 전문가, 특수기능보유자 등 필요한 우수인력의 확보가 가능하다. 즉 능력위주의 인사기용이 가능하게 된다는 것이다.

④ 경영자에 준하는 책임감이 부여되어 업무와 연봉의 비교를 통해 경영감각을 배양할 수 있다

연봉제 실시 대상자의 대다수가 주로 간부직이나 전문직 등이며, 연봉제 자체가 능력향상을 위한 동기부여 요인으로 작용되어, 결과적으로 책임감을 부여하고 있다.

⑤ 임금관리가 용이하게 된다

복잡한 임금체계하에서 총액산출의 기초가 되기 때문에 단순화된 임금체계를 유도할 수 있다. 즉 연봉제의 도입으로 임금구조를 단순화시켜 임금관리가 용이하고 효율성이 증가하게 된다는 것이다.

⑥ 능력 없는 인재의 축출효과를 가져온다

연봉제는 능력 있는 인재를 유인하고, 조직에 적응하지 못하거나 능력이 떨어지는 근로자를 배제하는 역할을 기대할 수 있는 측면이 있다.

2) 연봉제의 문제점

연봉제에는 근본적으로 우리나라의 전통적 가치와 문화가 서구적 능력과 성과 위주의 경영문화 사이에 갈등적 요소가 내재되어 다음과 같은 문제점이 제기되고 있다.

① 노동력 착취를 은폐시킨다

연봉제는 고용주가 근로자에게 노력한 대가를 공정하게 지불하는 것처럼, 즉 자본이 근로에 대한 착취를 행하지 않는 것처럼 보이게 한다. 마치 연봉제는 열심히 노력하는 근로자는 고소득이 보장되는 것처럼 보이지만, 이는 근로자에게 경쟁을 조직화하여 보다 많은 노동력 착취를 위한 공세에 불과하다.

② 다수의 근로자의 임금을 삭감시킨다

연봉제는 소수정예주의를 강화하여 소수의 근로자에게는 과밀근로를 통한 고액의 임금과 지위를 보장하고 대다수의 근로자는 주변화시킨다. 소수의 고액연봉자는 다수의 소액연봉자의 희생하에서 이루어지는 것이다. 특히 중고령 및 장기근속 근로자의 경우 심각한 임금삭감의 상황에 처하게 될 것이다.

③ 임금체계의 조작을 통한 노동강도의 심화를 초래한다

능력급은 능력에 따라 공정한 임금의 보장과 노력을 통한 임금인상을 가져올 것이라고 주장한다. 연봉제도 능력급의 한 유형이다. 임금체계를 능력급으로 할 것인가 연공급으로 할 것인가는 임금을 지급하는 기준에 따라 분류된다. 기업은 능력급이든 연공급이든 개별 근로자에 대한 임금 지급기준, 즉 임금체계를 다양한 방법으로 조작하여 더 많은 잉여노동을 근로자에게 요구하게 된다.

④ 조직을 황폐화시키고 근로자를 개별화시켜 직장내 화합을 유지하지 못하고 경쟁을 유발하여 근로자를 파괴한다

개인의 업적과 능력에 대한 평가에 기초하여 연봉이 결정되고 연봉협상 역시 사용자와 개인적으로 진행되어 연봉액이 비밀화되고 사용자와 근로자의 수직적 관계만이 형성되어 개인의 기업에 대한 충성만을 강요한다. 이러한 개별화는 개인으로 하여금 기업을 위하여 최대한의 노동력을 지출하도록 하는 데에는 효과적이지만 단기적인 업적이 중시되고 조직력과 팀워크가 강조되는 일에는 부정적으로 작용하게 된다.

⑤ 평가제도의 신뢰성에 대한 문제가 제기된다

인사고과의 객관성과 공정성에 있어 근로자의 동의를 확보하기는 어렵다. 따라서 노사간 갈등을 초래하게 되는데, 연봉제의 시행에 대한 성패는 바로 이러한 업적평가에 있는 것이다. 그러나 인사고과의 가장 큰 문제점은 고과의 내용이 객관적으로 평가하기 어렵다는 것이고, 평가에 있어 고과자의 주관이 작용할 수밖에 없다는 것이다. 또한 현재 어떠한 개인이나 단체도 이러한 인사고과의 주관성을 해결할 수 있는 방법을 알지 못하며, 이것이 연봉책정에 영향을 미치게 된다.

⑥ 목표관리와 인사고과를 강화시킨다

연봉제와 관련하여 특히 근로자들이 유의해야 할 것은 목표관리와 인사고과의 관련성이다. 연봉제에서 근로자는 상사와 합의하에 목표를 스스로 또는 반강제적으로 설정하게 되며, 목표를 달성하는 과정에서 지속적으로 상사와 면접을 하고 연도말에 목표의 달성여부와 업적 진척도에 관한 평가를 받고 이를 기초로 연봉액을 결정하게 된다. 이 과정에서 임금의 수준은 능력과 성과에 대한 평가에 따라 결정되기 때문에 인사고과의 비중이 크게 된다. 연봉제를 평가하는 과정에서 이러한 인사고과를 강화하여 근로자에 대한 통제는 더욱 철저하고 강고하게 추진될 것이다.

⑦ 임금교섭을 해체하거나 근로자의 지위를 약화시키고 노조를 무력화시킨다

기업이 연봉제를 실시하면서 개인별 연봉을 비밀로 하면 노조의 임금협상이 연봉대상자에게는 무의미하게 된다. 따라서 임금의 유연화 과정은 원칙적으로 단체교섭을 통한 임금결정과 양립할 수 없다. 연봉제의 도입은 이와 같이 노사간 임금교섭이 집단적이고 다자간 교섭에서 상하간의 수직적 개별교섭으로 변화하게 되었다. 이로써 근로자의 지위는 약화되고 교섭력은 떨어지게 된다.

연봉제의 도입은 시대적 상황에 부응하는 것이고 필연적으로 수용하지 않으면 안 된다. 이러한 연봉제가 효율적인 운용이 되기 위해서는 모든 근로자가 수용할 수 있는 업적평가제도의 신뢰성을 확보하는 데 노력해야 할 것이며, 철저한 준비와 유지를 위한 노력으로 근로자의 심리적 부담도 최소화하도록 하여야 할 것이다.

제 **13** 장

새로운 시대의 리더십 개발

1. 리더 선택의 노력 태만
2. 리더십은 신비로운 마법이 아니다
3. 탁월한 능력의 육성

오늘날의 조직에서 리더십의 역할은 과거의 그 어느 때보다도 중요하다. 그러나 이 시대에 맞는 참다운 리더십을 가진 인재는 별로 없다고 하기도 한다. 그 원인이 무엇일까를 살펴보면 다음과 같다.

1) 변화를 추구하고 있는 조직

그리스의 철학자 헤라클레이토스는 기원전 500년에 변화만이 영원불변한 것이라고 논하고 있다. 변화에 대한 그의 견해는 시대를 초월하여 적용되고 있으나, 미래에는 더욱 많은 변화가 있을 것이다. 변화는 대단히 빠르며 모든 곳으로부터 야기된다. 미국의 노동력은 백인 남성의 지배가 종료되고 여성 및 아시아, 멕시코, 라틴 아메리카, 카리브해로부터의 이민의 증가에 의해 근본적으로 변화하였다.

자동차 및 비행기, TV의 보급은 커다란 사회적 변화를 초래하고 있으나 지금 다시 기술적 변화가 요구되고 있다. 석유부족, 오존층 파괴, 공기 및 수질의 악화 등의 환경파괴는 창의적 작업과 의사결정을 어렵게 하고 있다. 지구상에서 벌이고 있는 업계간의 격심한 경쟁은 글로벌 경제를 과열시킨다. 그 결과 조직은 신속하게 적응해야 하는데, 무자비할 정도의 압력이 선택할 시간적 여유도 허용하지 않을 정도이다.

2) 새로운 리더십이 필요한 때

코터(Kotter)는 리더십이 앞으로도 점점 더 중요시될 것이라고 주장하고 있다. 그는 자본집약적 업계가 갖는 높은 생산능력 및 주요 원자재 시장에서의 대자본의 영향력이 미국의 경쟁우위의 원천이었지만 독과점 규제, 변화에 대처하기 힘든 대규모 조직으로는 새로운 경쟁상대에 대응하기 힘들어 우위를 상실하고 있으며, 리더십 요인이 미래의 중요한 경쟁우위라고 결론짓고 있다. 리더십은 1980년대에 각광받던 개념이며, 변혁지향, 카리스마, 통찰력, 비전제시, 권한위양 등의 중요성을 대두시켰다. 1990년대에 들어서면서 많은 연구자가 미래에의 이행에는 새로운 형태의 리더가 필요하다고 지적하고 있다.

3) 리더십의 위기

과거에 선발되고 육성된 리더는 리더십이 빈약하고 리더로서 준비가 부족하기 때문에 필연적으로 금후의 변혁에 적합한 능력을 준비하지 않았다. 자본이 절대적으로 부족하던 개발도상국 시절에는 무엇을 하려 해도 돈이 없었기 때문에 리더십은 2차적인 문제였다.

그러나 경쟁이 격화되고 시장이 글로벌화되고, 철강 · 자동차 · 에너지 및 섬유 등 대다수의 기간산업이 변화에 휩싸였기 때문에 만성적인 자기만족에 안주했던 리더들은 손을 놓고 보고 있을 뿐이었다. 리더십의 위기가 발생한 이유는 조직에 유효한 리더십을 알지 못했기 때문이라든가 리드할 수 있는 사람이 없었기 때문인 것은 아니다. 이제까지는 유효한 리더의 선발과 육성의 필요성을 그리 심각하게 느끼지 못했기 때문에 실천하지 않았던 것뿐이다. 그래서 조직은 변혁에의 준비부족을 깨닫고 리더십의 유효성을 높이기 위해 이미 알고 있는 내용, 예를 들면 명확한 목표, 의사결정에의 참가, 도전기회의 부여를 통한 근로자의 동기부여로 리더십의 실천을 재조명하고 있다.

4) 리더십 질의 변화

공식적인 계획 · 예산 · 통제시스템 등의 전문적인 경영으로서의 기술적 해결책이 필연적으로 변혁에 적합한 것만은 아니기 때문에 리더십과 매니지먼트의 구별이 중요하다고 생각하게 되었다. 리더가 현실에 적합하지 않다는 것은 판단기준이 변화한 것만은 아니고 유효한 리더십의 질이 변화했기 때문이다. 피어슨(Pearson)은 유능한 관리자를 발탁하고 능력을 급속히 향상시키고, 도전을 계속하고, 유효하게 활용하기 위해서 리더십이 중요하다는 것은 누구라도 인식하고 있다고 하였다. 그럼에도 불구하고 목표달성을 위해 필요한 사항을 모든 기업이 행하는 것은 아니고 실제로는 소수의 기업만이 이를 행하고 있으며, 관리의 능력부족이야말로 낮은 업적의 원인이다. 최근의 경영환경에서는 이러한 평범한 리더십을 사용할 수 없게 되었다. 유효한 리더가 취해야 하는 행동 및 우수한 능력의 개발방법은 이미 알려져 있음에도 불구하고 많은 기업은 이를 실천하려는 노력을 태만이 하여왔다.

이하에서는 먼저 최근의 상황에서 부적절한 리더십을 유도하는 오류를 분석하고 유효한 리더 개발의 필요성을 제시한다. 그리고 금후 요구되는 리더십 능력을 개발하는 구체적인 전략을 기술한다.

1. 리더 선택의 노력 태만

고난과 각종 시련을 극복하고 상위로 이동한 사람이야말로 강인할 뿐만 아니라 우수한 리더라고 기본적으로 믿고 있는 사람들이 많다. 이러한 리더십의 모델을 가정한다면 선발 및 능력개발에의 투자는 중요하지도 않고 필요하지도 않다. 이것이 보편적 신념이라면 내부승진이 최적일 수 없으며 외부채용을 하는 것이 좋을지도 모른다. 이는 찰스 다윈과 아담 스미스가 기업 내의 리더십 자원을 경시하는 이론적 근거를 제시한 것이다. 기업은 그 자체가 인간자원을 경시하기 때문에 경영자로서의 리더십을 충분히 개발하지 않고, 평범한 선발, 치명적 단점의 무시, 장기적 전망이 없는 행동, 영웅의 기대, 최초오류의 확대라고 하는 다섯 가지의 기본적 과오를 범하고 있다.

(1) 평범한 선발행위의 문제

기업의 상급 관리직에의 길은 과장수준 또는 일반사원으로서 입사하는 것부터 시작하므로, 선발은 미래의 인재인 관리자를 선발한다는 가정에서 이루어진다. 입사 선발에 주의를 태만히 하여 잘못된 선발을 한다면 미래에 필요한 인재의 질이 저하한다는 것은 예측할 수 있다. 이러한 상황은 기업의 급성장기에 다수의 관리직을 급히 보충하여야 하는 경우에 중요한 문제가 된다. 영업활동이 순조롭고 변화가 그다지 없는 환경에서라면 선발방법이 정교하지 않아도 적절한 인재를 선발할 수 있다.

그러나 미래에 처해질 상황은 그렇지 않다. 사내의 인재를 선발하는 관리방법이 적절하지 않다면 부적절한 내부승진으로 리더십의 문제를 야기시킨다. 따라서 관리자로서의 잠재적 능력이 낮거나 없는 데도 불구하고 채용의 문호를 넓게 개방하는 것이 최초로 범하게 되는 과오이다. 처음부터 우수한 인재가 선발되지 않으면 미래에 이곳에서는 효과적인 리더가 선발되기 어렵다. 품질관리의 평판이 높은 기업일수록 채용에 많은 시간과 노력을 투자한다고 코터(Kotter)는 주장하고 있다.

(2) 성과나 전문성만으로 승진을 시키면서 치명적 단점에는 주의하지 않는 선발

이러한 과오는 성과달성이 높고, 기술적 전문성이 극히 우수하여 현재의 경영상황에서 가치있는 우수한 성과를 올리면 단점을 간과하고 승진시켜 관리직에 배치할 경우에 발생한다. 이러한 선발오류는 중간관리직의 단계에서 자주 발생한다. 관리자는 계층이 올라가면서 상황은 변하고 처음에 간과된 단점은 치명적이 된다. 특히 시간이 경과할수록 단점은 더욱 크게 부각된다.

(3) 장기적 효과를 저해하는 단기적 행동

이제까지 미국기업의 단기지향성이 비난되어 왔지만 이것은 경영자 배치의 의사결정에도 적용되었다. 사람들은 그 시점의 단기적 요구에 기초해서 승진한다. 예를 들면 기업은 문제가 있는 부문에는 공격적인 형태의 리더를 임명할 것이다. 재무파탄에 직면한 기업은 무자비하다고 알려진 외부의 재무담당자를 초빙한다. 그는 상황을 일변시키지만 그의 접근방법과 행동은 완전히 그 기업과는 맞지 않는다. 그 결과 상급관리직의 다수가 이직하여 관리자들이 사업의 운영에 필요한 노하우가 없어 결국 기업쇠퇴를 재촉하는 결과가 된다. 이 과오는 미래에 대한 배려가 없이 단기적 요구에 기초해서 승진을 계속 시킴으로써 야기된다. 변화하는 시대에는 이와 같은 과오가 급속하게 누적되고 과실의 수준이 높아지면 미래에는 회복이 어렵게 된다.

(4) 영웅을 기대하는 오류

기업은 리더십의 능력개발에 시간과 에너지를 투입하지 않고 구세주의 출현을 믿고 기대한다. 조직의 장을 외부에서 기용하는 것이 필연적으로 성공한다고 볼 수 없음에도 불구하고, 화려한 성공의 실례가 존재하기 때문에 그것이 전부인 양 믿는 사람이 있다. 이러한 과오가 위험한 것은 다만 한 사람의 리더가 기업을 구한다고 믿는 것이다. 기업의 리더십이 유효하게 되는 것은 그 리더십이 그 기업의 문화와 조화되었기 때문이며 최고경영층의 한두 사람의 능력에 귀인하는 것은 아니다. 한 사람의 영웅에의 의존은 가장 위험한 전략이다. 그 사람이 어떤 특별한 능력을 발휘하는 특정 상황이 무한하게 지속되는 것은 아니다.

(5) 의사결정 초기의 오류 간과

과실은 서로 독립해서 발생할 수도 있지만 몇 가지가 동시에 야기될 수도 있다. 과오는 시간이 갈수록 축적되고 눈덩이처럼 성장한다. 과오를 조정할 수 있는 입장의 유일한 의사결정자는 과도한 파워를 발휘하고 있는 그 사람 자신이다. 이러한 과오는 경영자가 인간자원 관리의 오류를 범하지 않게 하기 위한 5가지의 계율로 요약할 수 있다.

① 채용 및 초기승진의 의사결정에 있어서 리더십의 가능성을 무시하는 경향
② 치명적인 단점을 숨기고 커다란 강인함을 인정하는 경향
③ 장기적으로 전망하지 않고 그때그때 임기응변의 의사결정을 하는 경향
④ 필요한 능력을 갖추고 있는 사람이 필요한 순간에 출현한다고 착각하는 행위

⑤ 과거 과오의 축적과 유지를 허락하는 경향

이들 과오는 범하기 쉽고, 판단이 어렵고, 정당화하기 쉽고, 확대되기 쉽기 때문에 정당하게 일을 행하고자 하는 근로자의 의욕을 좌절시킨다. 따라서 단순히 과오를 범하지 않도록 하는 것보다 과오를 축적하지 않게 하는 것이 더 중요하다.

2. 리더십은 신비로운 마법이 아니다

리더십은 선천적인 능력이라고 하는 의견에 집착하는 사람들이 있다. 이것은 리더십의 능력개발은 하지 않아도 된다는 논리이지만 실은 근거가 없다. 그러나 리더십에 관한 대다수의 연구가 있지만 지금까지 리더십의 유효성에 관련한 강력하고 일관성 있는 안정된 특성을 도출할 수는 없었다.

반대로 우수한 리더는 학습한 스킬과 개발된 태도 및 가치에 기초하는 공통된 특성이 있다고 하는 합의가 형성되고 있다. 선천적인 특성은 사람들의 필요한 스킬의 습득에 도움을 줄 수 있을지는 모르나 리더십 기술은 경험하면서 습득되고 연마된다. 어떤 성격과 재능을 가진 사람이라도 우수한 리더가 되려면 방향을 설정하고, 그 방향을 향하도록 사람들을 협력시키고, 기본적 가치에 기초해서 일관되게 행동하고 매니지먼트의 직무의 요구와 스트레스에 적절히 대처하고, 자기 자신을 이해하는 것을 학습하고, 경험으로부터 학습하는 것을 배우지 않으면 안 된다.

(1) 기업은 리더가 방향설정을 한다

방향설정에 대한 결정적인 능력은 무엇인가라는 연구결과가 많이 있다. 미래의 가능성을 알고 있는 리더는 사업을 알고, 시장과 환경의 평가방법을 알고, 아이디어와 계획을 이끌어내기 위하여 동원하고, 고객을 알고, 무엇인가를 달성하기 위하여 다양한 것을 행한다. 방향설정이란 당연히 해야 할 자세를 구상하고, 그 가능성을 평가하고, 그것을 달성하기 위하여 필요한 것을 이해하는 것 등이다.

인간의 능력을 초월한 정도의 환상적인 리더십에 공통으로 관계하는 두 가지의 사고가 있다. 하나는 비전이 항상 심원한 것이라고 하는 개념이다. 다른 하나는 리더는 비전의 실행을 위하여 노력하고 카리스마적이어야 한다는 사고이다. 그러나 중요한 것은 현장에 이 비전을 적용하고 그 비전을 실현시키는 것이다. 고객에의 우수한 대응이란 어떻게 하는 것일까? 전화응대 및 회답, 주문 및 반품의 취급, 고객서비스 등에 대해서 근로자가 이 원칙을 어떻게 실천할 것인가? 품질이 좋은 상품을 판매한다고 하는 것은 어떠한 의미일까? 많은 수의 공급업자에 대해서 어떻게 품질을 유지시키고 검사하는가 등의 모든 것이 방향설정과 관계된다.

리더십이란 제품 · 고객 · 공급업자 등의 사업에 관한 지식, 컴퓨터 · 통신 · 포장 · 운송 등의 기술, 조직구조, 선택한 방향과 일치하는 행동을 촉진하기 위하여 급여 등의 보상시스템, 적절한 정보의 흐름(의사결정을 할 때 가장 알맞은 사람에게 정보와 권한을 제공)을 활용하는 것을 의미한다.

변화의 창조로서의 방향설정은 이들의 어느 측면으로부터도 손을 쓸 수 있다. 항상 중요한 것은 주요한 요소가 전체의 가치 · 방향 · 전략과 일관되는 것이다. 이것이 바로 리더십의 책임이고 어떤 말보다도 매우 중요하다.

(2) 리더에게 필요한 의견통합의 기술

전략적 목표를 달성하기 위한 대인적 스킬로서 의견통합에 대해 많은 연구가 있다. 인사 및 정보, 시스템, 정보를 취급하는 것은 경기의 수단에 지나지 않는다. 리더는 방향설정을 위해 배후에서 관계자의 의견을 통합하는 기술을 가지고 있어야 한다. 사업전개에는 상사, 이사, 고객, 공급업자, 노동조합, 주주, 부하, 금융업자, 거래처 이외에 성공에 불가피한 협조자 및 중대한 장애가 되는 반대자 등과 관계를 하게 되는데, 이들과의 대응방법을 리더는 학습하지 않으면 안 된다. 이러한 복잡한 기술을 아지리스(Argyris)는 대인능력이라 부른다. 이 용어 자체는 간단하나 필요한 능력은 다양하다.

실제로는 두 가지의 변화가 발생하기 때문에 의견통합의 기술 부족이 조직의 유효성을 저해하게 된다. 첫째는 벌과 제재를 활용하지 않으면서 사람들이 충분하게 동기부여되도록 해야 한다. 이것은 근로자의 보다 더 큰 역할이 요구되는 새로운 참가형의 조직형태에서는 계층구조에 기초한 권한으로부터 부문간의 기능인 전통적 경계를 횡단하는 설득력으로 영향력의 기반이 이동하기 때문에 우수한 대인적 기술이 불가피하기 때문이다. 둘째로 숙련근로자와 프로페셔널의 부족이 진행되고 있기 때문에 그들을 조직에 끌어들이는 것이 중요한데, 복종에 기초한 동기부여전략을 신봉하고 있다면 필요한 인간자원의 유지뿐만 아니라 동기부여도 어렵게 된다.

(3) 리더로서의 가치

리더십이 도적적 가치와 관계없이 방향을 설정하고 지지자들을 단결시키는 기술은 좋은 결과만이 아니라 나쁜 결과로 이어지는 수도 있다. 좋은 결과를 능률적으로 달성하기 위해서 조직을 설계해야 한다. 사람과 그룹은 고무(inspiration), 몰입(commitment), 자부심(pride) 이외에 허위, 공포, 탐욕을 통해서도 단결할 수 있다. 그러나 도덕적 관점에서 우리의 대부분은 리더십이 본질적으로 정의되어야 한다고 생각한다. 번즈(Bums)는 리더십의 행동과 스타일을 유도하는 의식적 가치의 개념을 '공정함, 예의바름, 관용, 솔직, 타인의 위엄에 대한 경의야말로 높은 질의 인간관계의 특징인 정당한 절차에 관한 시스템의 기반' 이라고 설명하고 있다. 성공한 상급 간부층에 대한 연구에 의하면 이것은 리더로서의 유효성의 유지와 관련이 있다.

장기적인 영향력을 갖는 리더의 능력은 신용 · 성실 · 신뢰에 기초하고 있다. 협박 · 공포 · 강제에 의해서 단기적으로 복종시킬 수는 있으나, 이것들에 따른 영향력은 현대의 리더십 상황의 변화에 대응하기에는 그다지 유효하지 못하고 외부에 대한 저항력이 약하다. 그 대신에 현재 그룹이라고 불리는 파트너, 공급업자, 부하, 고객은 무엇인가 하려고 할 때에 정확히 그것을 해주는 사람, 그리고 어떠한 이유로써 하지 않을 때에는 그것을 확실히 말해주는 사람을 요구하고 있다. 게다가 그들은 설사 자신들과는 다른 사람들이라도 위엄있고 존경할 만한 사람을 요구하고 있다. 이러한 변화의 시대에는 성실, 타인에 대한 경의, 동정하고 어울려 주는 등의 기술을 활용할 수 있는 리더가 평가받는다. 환경변화가 빠르고 예측할 수 없는 상황에서 리더의 신뢰성은 대단히 중요하다. 네트워크 조직 및 글로벌한 제휴, 즉시적으로 정보를 공유하는 현재의 변화하고 복잡한 시대에는 다시 개인의 성실성에 크게 의존하게 되었다. 이는 관료적인 절차를 통해서 계약에 서명하고, 체크하고, 재확인하는 등 모든 거래를 검토하여 의사결정을 할 만한 시간적 여유가 없을 때가 많기 때문이다.

성실은 리더십의 중요한 요소이지만 이것만으로는 더욱 다양화하는 노동력에 적절히 대응할 수는 없을 것이다. 경영자가 문화적으로 다양한 사람과 적절하게 직무를 하는 것을 학습하는 능력이 보다 중요하게 되는데, 이 변화는 이미 시작되었고 금후 한층 강화될 것이다. 『포춘』지는 1990년대의 노동인구 증가의 80% 이상이 흑인, 스페인계, 최근의 이민자, 여성이라고 보고하고 있다. 관리직을 독점하는 백인 남성에게 있어서 이 변화의 의미는 명확하지만, 다양한 사람과의 대응은 이후 리더들 모두에게 요구된다. 리더십의 유효성은 성장 및 동기, 가치관이 다른 사람간의 관계는 신용과 신뢰에 의존하고 궁극적으로는 마음으로부터의 존경에 기초한다.

(4) 리더로서의 기질

리더에 관한 각종 특성 및 동기부여의 경향, 태도, 개성 등이 연구되고 있지만 경영자의 특성을 요약해서 나타내기는 어렵다. 맥콜 등(Mccall et al.)은 매니지먼트에 관한 특유의 요구에 대하여 나타나는 학습된 반응이 경영자의 기질이라고 하였다. 이들의 연구에서 일치하고 있는 것은 매니지먼트의 직무가 일련의 요구에 의해 특징되고 게다가 우수한 리더는 엄격한 환경 속에서도 기분 좋게 활동하는 기질을 발휘하고 있다고 하는 점이다.

상황의 애매함이 반복되고 어려운 상황 속에서 자신감을 상실한 사람은 스트레스가 높아지면 리더로서의 어려움에 도달할 것이다. 물론 리더는 항상 예측 불가능한 상황과 위기에 직면하지만 우수한 리더는 자신감 및 감정의 안정성, 스트레스에 대한 내성이 강하다고 많은 연구가 밝히고 있다. 리더십의 기질을 구성하는 명확한 특성은 불확실성하에서 의사결정하고, 기회를 포착하는 직무, 대규모의 인원 · 자금 · 자원에 책임을 갖지 않으면 안 되는 직무를 비교적 즐겁게 수행할 수 있는 사고와 행동 및 반응이다.

이들 특성의 일부는 유아기에 형성된다고 생각되고 있지만 경영자 기질도 학습에 의해 획득된다고 하는 연구도 있다. 이들 기질이 무엇에 의한 것이든 앞으로는 한층 더 개인적 요소가 강조되기 때문에 이러한 개인적 특징은 리더에 있어서 보다 중요한 것이 될 것이다.

(5) 중요한 리더의 자기인식

『뉴스위크』지의 조사에 의하면 77%의 사람이 천국의 존재를 믿고 76%가 천국에 간다고 생각하며, 56%가 지옥의 존재를 믿고 6%가 지옥에 간다고 생각하고 있다. 장래의 결과에 대해서 이러한 평가의 왜곡은 업적평가시의 자기기만과 같은 것이다. 어느 연구에서는 조사대상 근로자의 80%가 업적의 상위 30% 안에 있다고 믿고 있다고 밝히고 있다. 엔지니어의 경우에는 100%가 평균이상이라고 믿고 있다. 특히 리더십에 대해서 살펴보면 근로자의 70%가 리더십이 상위 25%에 속한다고 자기평가하고 있다. 하버드 대학의 AMP코스(상위관리자코스 프로그램)의 졸업생도 이들과 같은 동향을 나타내고 있다. 프로그램에 참가하고 있는 다른 경영자와 비교해서 자기 자신을 어떻게 평가하는가에 대해서 86%가 자신은 상위 50%에 있다고 답했다.

이들 조사결과는 일관되게 무의식적인 자기인식(자기의 장단점의 현실적 평가)인데도 간단한 것만은 아니라는 것을 나타내고 있다. 특히 리더에게는 타인의 관점을 이해하고 타인의 힘을 끌어내고 실패를 수용하는 기술의 개발이 요구되고 있다. 베니스(Bennis)는 성공한 리더의 결정적인 특징으로서 자기 자신을 아는 것을 들고 있다. 그는 설사 자기 자신에 대해서도 스스로를 이해할 때까지는 확신하지 않는다. 왜 행복한가, 화내는가, 걱정하는가와 같은 우리의 생의 순수한 감정을 우리가 이해하지 못하면 진실을 밝혀내기 어렵기 때문이다.

타인과 잘 융합하기 위해서는 먼저 자신을 이해하지 않으면 안 된다고 하는 사고는 물론 새로운 것만은 아니다. 자성하는 것과 자기의 행동을 이해하는 것의 중요성은 이미 기원전 400년의 소크라테스 철학의 중심 문제였다. 최근에 성공하는 사람들은 전체적으로 균형과 조화를 이루고 있는 사람이었다. 즉 자기 자신 및 자신이 하고자 하는 것과 가장 잘 조화가 이루어져 있고, 생활의 다양한 영역에서도 가장 적절한 관계를 갖고 있는 사람들이다. 그렇다면 타인의 행동에 영향을 미치는 리더십이 자기인식에도 연결되어 있다고 하는 것은 놀라운 일이 아니다. 리더에게 있어 자신의 한계를 알고 스스로가 무엇인가를 하고 싶다고 느끼고, 이를 위해 무엇을 계속해서 희생해야 하는가를 알고, 더불어 스스로의 경력과 성장에 책임을 갖고 좋은 기회의 출현을 포착할 준비를 하기 위해서는 자기인식을 철저히 해야 한다.

(6) 유효한 리더십 유지에는 끊임없는 학습이 필요

리더십은 복잡하고 또 리더에 대한 요구는 끊임없이 변화하고 있기 때문에 리더도 끊임없이 학습하고 성장하고 변화하지 않으면 안 된다. 계속적인 학습과 능력개발의 필요성에 대해서는 많은 연구자들이 공감하고 있다.

경쟁상황이 크게 변하기 때문에, 리더의 지속적인 성장과 변화의 필요성이 증가하고 있다. 상황에 리더를 적합시키는 것이 과거의 관행이었으나 최근 급격한 변화에 의해 그 어프로치는 유용성을 상실하였다. 환경변화가 급격하게 되었기 때문에 상황에 리더를 적합시키는 것은 끝이 없는 게임과 같이 되어버렸다. 상황이 유동적일 때에는 그것에 적응하고 변화할 수 없다면 오늘의 상황에 적합하는 리더가 내일에는 적합하지 않게 되어버린다. 끊임없이 성장하는 것은 리더와 조직에 있어 기본적인 조건이다. 따라서 리더에게는 신속하고 유효하게 적응할 수 있는 속성이 요구된다. 결국 끊임없이 학습하고 성장하지 않으면 안 된다. 리더십은 마법이 아니다.

이제까지의 연구로부터 우수한 리더십의 기본적인 특성에 관한 다음의 6가지 요소가 추출되었다.

① 방향과 사명을 현실적인 것으로 해석할 수 있는 능력
② 선택된 방향으로 사람들을 통합하는 능력
③ 성실과 신뢰를 구축하는 능력
④ 불확실성의 수용
⑤ 강한 자기인식
⑥ 끊임없는 학습과 적응

3. 탁월한 능력의 육성

금후 변화가 격심한 기업환경에서는 누구도 리더로서 적합한 것은 아니다. 그러나 기업에 있어서 리더의 육성은 탁월한 피아니스트나 올림픽 주자의 육성과는 완전히 대조적이다. 유능한 인재를 발굴하고, 곤란한 직무를 부여하고, 한 걸음 아래에서 무엇이 야기되고 있는가를 관찰한다. 생존경쟁의 승리자는 올바른 자질도 필요하지만 경험에 의해 학습하지 않으면 안 된다. 어느 정도 선천적인 재능이 있어도 장기에 걸친 연습, 학습, 헌신, 희생없이 탁월한 영역에 달한 피아니스트나 주자는 없다. 동일하게 격심한 노력이 리더십 속성을 개발하는 중심에 있다. 이것은 최적임

자의 선발이 아니라 최적자의 육성이다.

따라서 우수한 리더를 바라는 조직은 두 가지의 커다란 도전에 직면해 있다. 먼저 리더십의 능력을 획득할 가능성이 있는 인재를 발굴하고 그들을 강하고 신중하게 육성하지 않으면 안 된다. 그러나 전술한 6가지의 특성은 구비하기가 어렵다. 개발에는 시간이 걸리고 투자는 크지만 그 결과는 보증되어 있지 않다. 게다가 그 목표는 유동적이다. 즉 우수한 리더는 어느 시점에서 정체되는 것이 아니라 끊임없이 학습한다. 유연하고 적응적인 인간이 아니면 안 된다는 것을 의미하고 있다. 중대한 적응이 요구되는 상황은 경영자의 학습의 추진력이 되지만, 적응할 수 없다면 과거에 성공한 경영자가 추락하는 요인이 된다.

6가지 경영자의 능력이 학습 가능한 것은 다양한 연구에서 상세하게 설명하고 있다. 지금까지 논의해 온 것과 같이 우수한 리더에게 요구되는 속성이 변화하지 않았다고 한다면 육성의 기본전략도 변화하지 않을 것이다. 도전적인 직무의 할당, 이질적인 사람과의 접촉, 고난으로부터의 일탈, 특정 유형의 교육적 경험은 리더십 속성의 개발에 있어서 중요하다.

그러나 리더십의 능력개발방법이 변화하지 않은 한편으로, 일부의 내용은 완전히 변화해 버린다. 직무경험은 변화하는 비즈니스의 도전과 국제적인 활약의 장을 점점 반영한 것이 아니면 안 된다. 조직계층을 감소시키고 고도의 근로자 참가전략을 채택하는 것은 근로자 육성의 기회의 제공이다. 경영자가 아닌 사람들도 특정 유형의 리더십 기술을 개발한다든지, 리더십의 책임을 수행할 필요가 있다.

이질적인 역할모델과의 접촉은 하나의 유력한 계발적 이벤트일 수 있다. 이것은 빈번한 경계횡단적인 인사이동, 다양한 태스크포스 및 특수 프로젝트에의 배치 및 스탭에의 임명, 직무상 관계를 변화시키는 메커니즘 등 전술한 바와 같은 활동에 의해 달성될 수 있다. 조직은 인원배치를 통하여 다양한 역할모델과의 접촉을 어느 정도 통제할 수 있다. 일부 조직은 공식적인 조언지도 프로그램을 통해서 직접 이 프로세스를 조작한다. 그러나 최근의 연구에서는 조언지도를 효과적으로 강제하는 것이 어떻게 곤란한가가 확인되고 있다.

미래에 대비하기 위해서는 이들 모델의 다수가 다른 문화와 다양한 민족적 배경으로부터 도출되고 새로운 상황에 숙련된 사람들로부터 이끌어 나가지 않으면 안 된다. 따라서 공식적 교육코스와 교육프로그램은 문화 차이와 국제시장의 의미를 한층 더 상세하게 다루어야 한다.

(1) 온라인 리더십

사업구조 조정, 부진사업의 재건, 넓은 시야가 필요한 직무에 임명되어 대규모 사업을 운영하기 위해서는 고도의 경험과 경영기술이 필요하며, 미래에는 이러한 특정 임무의 수행이 한층 강조될지도 모른다. 가장 중요한 것은 이들 리더십을 외국에서 발휘해야 할 경우인데, 외국에서 성공하기 위해서는 이질적 문화와 이방인에 적절하게 대처하는 것이 요구되기 때문이다. 이러한 임무(특히 초임인 경우)에는 파트너와 함께 직무를 한다든지, 팀으로서 한다든지, 다양한 근로자와 직무를 수행하기 위한 새로운 기술의 개발이 필요하게 된다. 많은 기업에서 조직이 보다 단조롭게 되고, 승진의 기회가 보다 적고, 앞으로의 시대에는 도전적인 온라인 임명을 활용하지만 경영능력(개발만이 아니고)의 확보에 있어 중요성이 증가하고 있다. 지역적인 인사이동, 사업의 재건 등에는 리더십 발휘의 기회와 더불어 승진 이외의 도전감과 보상도 중요하다.

(2) 프로젝트팀, 태스크포스 활용의 효과

조직이 세계의 여러 조직과 새로운 제휴관계를 구축하면서 권한뿐 아니라 영향력에 기초한 경영기술이 중요하게 되었다. 이러한 기술을 단기적으로 개발하기 위해서는 다양한 배경의 사람 및 제휴조직의 대표자로 구성되는 중요한 국제적 문제에 관계된 프로젝트 팀 및 태스크포스가 좋은 경험의 장이 된다. 프로젝트, 태스크포스, 스탭에의 임명은 두 가지 이유로 잠재적 가치가 있는 학습기회라고 할 수 있다. 첫째는 이것들이 비교적 단기간에 다양하게 능력이 있는 사람들과 접촉하는 효율적인 수단이 된다. 둘째, 이들의 직무는 젊은 관리직 및 비매니저에 적합하고, 비교적 기회가 풍요롭지 않은 사람들을 위한 일시적인 기회로 활용할 수 있다. 이러한 특징이 있기 때문에 승진의 기회가 적을 때에는 프로젝트팀, 태스크포스팀, 스탭직을 보다 많은 사람들에게 활용하게 하여 능력개발의 기회가 될 수 있도록 하는 것이 좋다.

(3) 역할모델(상사에 의한 조직의 가치관 전달)

잠재적 능력이 높은 관리자는 우수한 상사와 접촉하면서 많은 것을 학습한다. 다양한 노동력 및 국제 비즈니스의 다양한 문화 속에서 이들 역할 모델이 점점 중요하게 되었다. 만약 사람이 장기간 근속하려 한다면 일시적인 직무 및 인사이동, 상사의 교체 등을 통해서 유능한 사람과의 접촉을 확보하지 않으면 안 된다. 우수한 상사는 조직의 가치관을 전달한다. 변혁을 지향하는 조직은 경영자들이 전하려 하는 가치관을 구현하고 있는가를 주의 깊게 관찰하지 않으면 안 된다.

(4) 유익한 오류는 조직에 긍정적

경력상의 오점이나 오류는 고난도 능력개발에 있어서는 결정적인 역할을 연출하고 미래에 그 영향력은 크게 된다. 왜냐하면 기업이 종신고용을 철회하고 있고 경력관리도 전통적인 것으로부터 변화해가는데, 변화하는 세계에서는 미지의 것에 맞서야 하고, 위기를 극복하는 것 이외에 선택의 여지가 없기 때문이다.

시행착오로부터의 학습은 매우 효과적이기 때문에 기업은 리스크와 과오의 처리에 한층 주의를 기울이지 않으면 안 된다. 오류는 회피할 수 없는 귀중한 능력개발의 기회이기 때문에 오류를 통해 학습한 잠재적 능력이 높은 경영자를 잃는 것은 조직에 있어서 커다란 손실이다. 따라서 기업은 오류를 처리하는 창조적인 방법을 발견하지 않으면 안 된다. 유익한 오류를 범할 기회는 고도의 경영기술의 개발에 있어 불가피하다.

(5) 중요한 교육코스

공식적 교육코스는 지금까지 리더십 개발에 있어 중요한 것이었다. 교실은 항상 지식전달의 중심적 역할을 담당해 왔으며, 앞으로도 전달해야 하는 지식은 감소하지는 않는다. 일반적으로 관리의 질이 높은 조직은 공식 교육프로그램에 많은 투자를 하고 있다. 최근 교육의 중점은 변화의 도입 및 문화적 변혁의 실행, 중대한 비즈니스의 문제해결 등으로 이동하고 있다.

이들 목적을 달성하기 위한 다양한 전략이 있다. 중요한 비즈니스의 문제를 직접 취급하고, 상급 경영자를 위한 공식 교육프로그램의 시행은 조직에 있어 당연한 것이 되고 있다. 따라서 앞으로의 교육은 국제적 직무에의 준비, 프로젝트팀의 창조와 효율적으로 협조하기 위한 학습지원, 시뮬레이션 및 피드백을 통한 중요한 리더십 기술의 습득 등이 중요한 역할을 하게 될 것이다.

종합하면, 조직에 있어서 가장 큰 오류는 리더개발에 관해서 적절한 관심을 두지 않는 것이고, 불확실한 미래에 대해서도 적응할 수 있는 능력을 갖추지 않았다는 것이다. 대다수의 조직에 있어 교훈은 새로운 형태의 리더십이 필요할 뿐만 아니라 이제까지 리더개발이 간과된 것을 이제는 허용하지 않는다는 것이다. 리더개발 노력을 태만이 해왔음에도 불구하고 약간의 우수한 리더가 나타났다고 하는 것은 확실히 감사해야 하는 것이며, 미래의 리더개발이 충분할 때까지 선천적인 능력을 가진 사람이 존재하기만을 기대하지 않으면 안 된다. 현실적 시각을 가진 리더는 이미 직무에 종사하고 있다. 상술한 바와 같은 개발방법을 지금 즉시 시작하지 않으면 현재 가치가 있는 리더십도 그 효과가 진부하게 될 것이다.

정신력이 필요하다. 또한 글로벌기업과 연구소에서는 기업의 핵심인재가 갖추어야 할 능력으로서 전문능력, 변화주도능력, 도덕성, 인간미, 최고를 향한 열망, 강한 승부근성, 도덕적 겸양, 높은 감성능력, 직업윤리, 흡수능력, 핵심가치에 맞는 가치관, 호기심, 마무리에 대한 집착, 사고의 유연성, 낙관론 등을 제시하고 있다.

제 14 장

스탭의 새로운 역할

1. 변화를 야기하는 요인
2. 새로운 스탭의 역할
3. 스탭의 구조와 프로세스
4. 스탭 경력의 유동화

조직변화의 압력이 높아지면서 조직 내의 스탭의 기능과 역할에 대해서 새로운 방향이 제시되고 있다. 기업이 범세계적 경쟁에서 존속 · 발전하기 위해서 그리고 자신을 재정립하고 개혁하기 위해서는 스탭조직도 변화하지 않으면 안 된다. 이러한 시대적 변화에 대응하기 위한 스탭의 새로운 역할은 다음과 같다.

1. 변화를 야기하는 요인

스탭의 새로운 역할이 대두되는 요인은 다음과 같다.

① 조직통제의 성질 변화
② 세계규모의 경쟁으로 야기된 전략변화의 촉진(비용, 품질, 고객서비스와 시간상의 경쟁)
③ 정보통신의 발달에 따른 정보유통의 대량화 · 신속화

이들 요인이 확대되면서 스탭의 역할이 내부통제지향의 전문스탭으로부터 격심한 경쟁 속에서 사업의 부가가치를 증대하는 전략적 서비스를 제공하는 비즈니스맨으로 변모되었다. 다음은 이들 요인에 대해서 검토하고 미래 스탭의 자세에 대해서 고찰한다.

(1) 조직통제의 성질 변화(관료적 통제로부터 고객중심의 통제로)

종래의 관료적 통제가 고객중심 통제로 전환되고, 정보시스템의 지원에 의해 자동화됨으로써 통제지향의 스탭조직의 존재의미가 상실되고 있다. 예를 들면 공장에서 회계와 제조 과정을 전산화하면 많은 데이터를 단시간에 사용할 수 있기 때문에 누구라도 관리적 역할을 완수하게 되므로 관리자의 중개자로서의 역할은 점차 필요가 없어지게 된다.

(2) 전략변화의 촉진요소(스탭조직의 라인에의 공헌의 향상)

세계규모의 경쟁압력이 높아짐에 따라 원가와 품질과 고객만족의 개선이 요구되고 있다. 이들 개선노력은 원가, TQC, 고객서비스와 시간상의 경쟁을 중심으로 기업전반에 걸친 전략변화의 촉진요소로 작용하고 있다. 조직이 저비용 경쟁우위를 추구하는 경우에는 전사적으로 모든 부문에서 철저히 하지 않으면 안 된다. 스탭조직은 제품생산에 대한 직접적인 서비스를 제공하지 않는 간접부문이었으나, 조직에 부가가치를 늘리고, 운용비용 인하에 기여할 것이 요구되고 있다. 예컨대 간접비를 다양한 요소로 분할해서 파악하는 활동을 기준으로 한 새로운 원가산출시스템이 설계되어 있고, 여기서는 스탭의 원가도 분석의 대상이 된다.

급변하는 세계규모의 사업전개에 있어서 잘못된 분석 및 의사결정의 지연은 손실을 초래하게 된다. 예민하고 적응성이 풍부한 유연한 조직은 이와 같은 잘못된 판단을 회피할 수가 있다.

많은 팀조직은 제품 및 고객과 직접 접촉하는 것은 아니고 업무에 종사하고 있지만 기업에 있어 경쟁우위를 확립하는 활동을 지원한다고 하는 중대한 역할을 담당하고 있다. 스탭조직이 어느 정도 훌륭하게 라인조직의 활동을 지원할 수 있는가는 조직이 제공하는 제품 및 서비스의 품질에 최종적으로 반영된다. 따라서 조직의 라인부문의 업무운영을 고품질의 제품 및 서비스를 제공한다고 하는 개념으로 설계한다면 자동적으로 스탭조직으로부터도 고품질의 서비스를 요구하게 된다.

(3) 전세계의 정보 및 컴퓨터의 파워와 스탭조직의 역할

스탭의 업무는 본질적으로 정보처리에 있으나 새로운 정보기술의 급속한 발달은 전문가의 능력을 어디에서든지 이용할 수 있게 되어 스탭업무의 장소와 방법을 제약하고 있다. 따라서 제조업자는 무재고시스템(just in time)으로 관리할 수 있게 되어 소규모의 공장을 고객 가까이에 배치하고 공장도 스탭과 같은 간접부문을 설치할 필요가 있게 되었다.

많은 스탭조직은 사내의 각 부문에 전문적 지식을 서비스하고 있다. 그러나 멀티미디어, 워크스테이션 및 콤팩트 디스크, 광통신 등이 확대 보급되고, 인공지능 등이 실용화된다면 스탭이 갖는 전문적 지식의 일부는 자동화되고 언제든지 이를 이용할 수 있게 될 것이다. 자동화는 극히 소수의 스탭만을 존재하게 하고 이 소수 스탭의 역할도 변화하게 한다.

2. 새로운 스탭의 역할

새로운 스탭조직은 고전적인 스탭의 역할로 회귀하는 것을 의미한다. 과거의 스탭의 위치는 업무의 운영에 대해서 책임을 갖고 라인조직에 조언과 서비스를 제공하는 것이었다.

(1) 전략적 지원, 전문적 지식과 서비스

전술한 요인에 의해 스탭업무의 역할이 라인을 통제하는 것으로부터 고품질의 전략적 지원 및 전문적 지식 · 서비스를 제공하는 것으로 변화하고 있다. 근로자의 참가활동을 성공시키기 위해서는 고객 및 제품에 가까이 있는 담당자에게 의사결정의 권한을 위양하고, 업무수행에 대한 책임을 지게 하는 것이 중요하다. 이것을 실천하기 위해서는 담당자가 사업에 대해서 많은 지식을 갖고 사업에 관한 정보를 수집하고 행동할 수 있는 권한을 부여하지 않으면 안 된다. 스탭은 의사결정자에게 이에 대한 전문적 지식을 제공한다.

또한 정형적 관리 및 전문적 지식의 제공을 자동화한다면 스탭조직은 전략입안 프로세스에 전념할 수 있다. 그러나 특정의 경쟁우위가 영속되는 것은 아니므로 전략입안을 위한 다양화가 필요하게 된다. 따라서 다양한 스탭의 영역에도 독자의 전략적 과제가 있다. 세계적 규모가 되고, 규제완화가 진행된 금융시장은 고부가가치형의 재무관리자(CEO) 분야의 지위를 향상시켰다. 또 지적소유권은 기술과 설계 능력으로 보다 큰 부가가치 제품을 창출해 내기 때문에 기업의 중요한 자산이 된다. 게다가 기업에 있어 무엇이 핵심능력이고 무엇이 부족한가에 의해 경쟁능력이 결정되기 때문에 인간자원 기능이 전략형성의 파트너가 되고 있다. 이와 같이 스탭조직이 공헌할 수 있는 전략적 도전 분야는 다양하다.

라인에게 서비스를 제공하는 스탭조직을 평가하려는 움직임이 많은 기업에서 일어나고 있다. 이러한 움직임은 라인조직이 스탭의 행동에 대해서 영향력을 행사하는 것이기 때문에 이 프로세스는 스탭조직에 바람직스러운 피드백 효과를 가져올 것이다.

(2) 변혁을 조직화한다

스탭역할은 전략적 지원과 전문적 지식의 제공뿐만 아니라 일상의 라인활동보다 앞선 예측을 하는 것이다. 스탭은 장래 기업이 직면하여 수행하여야 하는 직무를 예측해서 이것에 대해서 무엇을 하지 않으면 안 되는가를 생각하는 충분한 시간이 부여되어 있다. 변혁의 조직화는 잠재적 경쟁우위의 원천이고 그 책임의 대부분은 스탭그룹에 있다. 그러나 스탭의 최고경영자에 대한 지원이 모든 사업부에 최선의 방법으로서 강조되고 통제중심으로 변질될 가능성도 있다. 고부가가치는 적절한 조직화로부터 발생하는 것이고 강제적인 획일화로는 발생하지 않는다.

(3) 파트너와 팀 조성

부가가치의 또 하나의 원천은 사업단위를 초월한 파트너화 및 정보의 공유와 협조의 기회를 명확하게 하는 것이다. 스탭조직은 전사적 시야에서 이러한 기회를 포착해야 한다. 많은 기업들은 사내의 파트너화가 경쟁우위의 기반이 되고 있으며, 대부분의 경영자가 고부가가치를 실현하기 위하여 상호 협조하고 인센티브를 창출하기 위하여 노력하고 있다. 한편 스탭조직은 기회를 포착하고, 관계자의 자각을 촉구하며, 네트워크를 형성하고, 프로젝트를 예산화하고, 필요시에는 지원과 조정을 행할 수 있다.

3. 스탭의 구조와 프로세스

스탭업무의 상당한 부분이 외주화되고 전사적 스탭의 수는 계속해서 감소하고 있는 것과 관련하며 스탭이 사업의 내용 및 사업과 자신의 전문분야와의 관계를 이해하는 것은 중요하다.

(1) 분권화한 스탭

자신의 업계에서 경쟁력을 획득하기 위해서는 자신의 사업단위(비즈니스 유니트)는 타 기업의 사업단위와 차별화하지 않으면 안 된다. 콩글로머리트형 기업에서의 스탭은 분산되고, 새로운 스탭은 증가하고 있다. 잠재적인 부가가치가 있는 영역에서는 전사적으로 보아 스탭의 활동은 전략적이며 적극적이다. 어느 경우에도 스탭조직에는 사업단위에 부가가치를 향상하도록 하는 압력을 가한다.

오랫동안 전략 및 방침결정에 관계하는 전문가의 활동은 지리적으로는 기업이 등기된 국가나 본사가 있는 장소에서 이루어진다. 그러나 앞으로는 세계적으로 보아 가장 효과가 높은 장소에서 이루어질 것이다. 본사에서 조달 · 구매하는 대신에 가장 전문적 지식이 풍부한 사업단위가 전 부문을 위해 구매를 하게 될 것이다. 이에 따라 스탭은 가장 잘 활동을 할 수 있는 사업부 및 자회사로 분산되게 된다. 각 사업레벨에 스탭조직을 만들어 사업운영에 대한 책임을 맡기는 강한 사업팀이 될 가능성도 발생한다.

이러한 팀모델은 자주관리형 사업경영팀에 발생할 가능성이 있다. 그래서 실질적으로는 라인관리자와 스탭관리자 사이의 경계가 애매하게 된다. 즉 전문적 지식과 숙련된 활동에 의해 각 개인이 어느 정도의 스탭업무와 라인업무를 동시에 행할 수 있게 되고, 어느 정도의 시간이 지나면 라인업무에 속하는 업무로부터 스탭업무에 속하는 업무로 배치전환할 수 있게 된다. 이 방법에는 각 개인의 능력이 향상되고, 사업을 이해할 수 있게 한다는 장점이 있다. 그럼으로써 스탭을 특정의 사업단위를 관리하고 운영하는 그룹에서 가장 필요로 하는 장소에 배치할 수 있게 된다.

(2) 스탭업무의 외주위탁

최근에는 스탭의 전문적 지식을 외부에 발주하는 경향이 강하게 나타나고 있다. 기업은 특정 업무만을 사내에서 행하고 이외는 사외에서 조달하려고 한다. 따라서 어떠한 스탭의 활동에도 외부의 경쟁상대가 있다. 컨설턴트 및 데이터 처리회사는 스탭그룹과 같이 직무를 수행할 수 있다. 이것은 현재 스탭활동의 대다수를 외부로 발주할 가능성이 높다는 것을 나타내고 있다. 또 법률 · 경리 · 급여지급 업무 등은 이들 업무를 전문적으로 수행하는 업체에게 외주할 수 있고 실제로 그 수는 증가하고 있다. 따라서 전문화의 경향에 의해 외부업체는 이들 업무를 낮은 비용과 효율적인 방법으로 수행하고 있다. 벤치마킹을 폭넓게 이용한다면 스탭업무에 관해서도 내부수행인가 외부조달인가의 의사결정을 위한 판단기준이 될 수 있다.

스탭그룹의 역할이 기능적인 통제활동으로부터 전략입안과 정보의 제공으로 변화함으로써 업무가 대폭적으로 변화하게 되었다. 이것은 스탭조직이 유연하지 않으면 안 된다는 것을 의미하고 있다. 게다가 대규모의 분권 및 전략상 중요한 활동을 실행하기 위하여 일시적으로 사외컨설팅의 지원을 받는 경우도 발생한다. 컨설턴트는 사내스탭의 전문가 활용보다 나은 몇 가지의 이점이 있다. 전형적인 것은 컨설턴트는 많은 기업에서의 경험을 갖고 있으므로 문제에 대해서 보다 넓은 시각을 갖고 있다는 점이다. 더불어 가장 중요한 점은 컨설턴트는 용이하게 계약할 수 있고 직무가 완료된 경우에 간단하게 해약할 수 있다는 것이다. 따라서 컨설턴트를 사용하고 모든 스탭업무를 외주할 가능성이 있다는 문제가 발생한다. 그러나 조직에 있어서는 각각의 기능분야에서 핵심이 되는 전문가를 육성하는 쪽이 비교적 좋은 방법이라고 생각된다. 사내스탭의 전문적 지식이 없다면 조직에 무엇이 효과적인 컨설팅의 지원인가를 판단하는 것이 곤란하기 때문이다.

(3) 낭비 없는 구조

많은 조직에서는 비용압력에 의해 스탭인원이 감소하고 있다. 이것은 스탭은 조직 내에서 직접적으로는 제품 및 서비스의 부가가치를 향상시키지 않는 부문이며, 스탭사원도 상당히 높은 급료를 요구하기 때문이다. 더욱이 문제는 단순히 임금 코스트뿐만 아니라 스탭조직이 제품 및 서비스의 부가가치의 향상에 직접 기여하는 담당자에게 부담이 되는 필요성도 없는 직무를 만들어 내고 있을 수도 있다는 것이다.

(4) 계약을 결합한 프로세스

많은 기업에서는 각 사업단위가 중기계획과 연도별 사업계획을 책정한다. 스탭조직은 이들 계획을 검토하고 평가해서 각각의 활동을 승인한다. 한편 스탭조직도 스스로의 사업계획을 책정하여 이들 조직과 계약을 체결할 필요가 있다. 스탭의 사업계획은 사업단위측에 제공하는 서비스와 코스트를 비교평가해서 이견을 조정하고 합의에 도달하지 않으면 안된다.

양자가 계약을 체결하는 프로세스로서 처음 몇 번은 논의의 효과도 없이 시간의 낭비를 초래할지도 모른다. 그러나 경영자는 이것에 참가하여 논의가 의의있는 것으로 하도록 하지 않으면 안 된다. 그 결과 프로세스는 제도화되고 그 프로세스에서는 스탭그룹이 경쟁환경에 신속하게 대응하여 저비용을 실현하며, 적절한 규모와 지위를 유지하고 있는가 등이 항상 문제가 된다.

(5) 팀조직의 활용

최근 작업팀(working team)은 많은 기업에서 이용되고 있다. 작업팀은 특히 제조업에 있어서는 전통적 계층구조에 대신하여 넓게 이용되고 있으며, 유효하고 속도와 품질과 고객서비스를 높이고 있다. 같은 이유로 스탭조직에서도 이것을 이용하고 있다.

팀조성은 고객이나 프로세스를 중심으로 조직을 구성하는 방법이고, 스탭조직을 분할하고 있는 기능의 경계를 낮게 하는 방법이다. 그 결과 고품질의 고객서비스와 낮은 코스트를 실현할 수 있다. 스탭의 조직원은 상이한 전문적 지식의 영역으로부터 선출되어 서비스의 제공에 책임을 갖는 스탭 팀을 형성하며, 팀은 코스트와 품질과 속도에 대해서 항상 책임을 갖는 조직단위로서의 역할을 수행한다.

4. 스탭 경력의 유동화

역사적으로 대규모 조직에서는 스탭업무만으로 경력을 축적해 온 근로자들이 있다. 이러한 스탭은 종사하는 업무 및 조직에 관해 많은 내용을 알고 이들 기능에 대해서 프로페셔널이 되는 것을 지향했다. 종래 기업조직은 스탭기능 부문에서만 경력을 쌓은 사람을 어느 정도 필요로 하였으나 이제는 스탭과 라인의 양방을 경험한 경력자가 필요하게 되었다. 관리계층의 수가 감소되면 소수의 인원만이 승진 가능성이 있게 되므로 개인의 학습 및 능력개발 의욕을 저하시키는 위험이 있다. 라인으로부터 스탭으로 또는 스탭으로부터 라인으로의 수평적 이동 가능성을 개방한다면 관리계층을 축소한 수평적 조직으로부터 발생하는 의욕저하를 해소하는 하나의 방책이 된다. 스탭담당자는 관여하는 사업내용을 깊이 이해하고 있으나 전략적 의사결정에 관계하지 않는 경우, 이것을 해소하는 최선의 방법은 스탭그룹의 구성원을 일정기간 라인관리자의 지위에 근무하도록 하는 것이다.

이상의 내용을 종합하면, 사업환경은 극적으로 변화하고 있다. 따라서 조직 내에서의 스탭의 역할도 극적으로 변화되고 있다. 그 변화는 전략상 보다 중요한 역할을 담당하고 있고, 고객만족과 품질을 향상하고 최종적으로는 각 개인을 변혁하는 것만이 아니라 각각의 조직에 있어서 담당하는 사업의 종류나 직면하는 문제를 구체적으로 개선하는 변화의 촉진자 역할을 해야 한다.

이제 기업은 특정 영역에 있어서 고수준의 전문적 지식을 소유한 대규모 집권적인 스탭그룹을 유지하고 있다면 스탭조직을 유연한 것으로 하고 사업 단위에 통합하기 위해서는 많은 변혁을 필요로 한다. 이를 위해서는 스탭그룹을 사업이 가까운 위치로 이동하고 스탭과 라인 사이에 이동하는 경력패턴을 정하는 것, 광범위한 정보기술을 활용하는 것, 외부의 경영자원 및 컨설팅 회사를 효율적으로 활용하는 것 등이 필요하다.

제 15 장

직장인의 스트레스

1. 스트레스의 중요성

직장인의 대부분이 직장이나 가정에서 스트레스를 받고 있으며, 스트레스를 주는 주요 대상은 상사나 동료들 그리고 그 원인으로는 업무문제나 갈등인 것으로 나타나고 있다. 구체적으로 직장인을 대상으로 한 최근의 조사에서 평소 스트레스를 받느냐는 질문에 대해서 아주 심하다(31.8%), 조금(65.5%), 전혀 받지 않는다(2.6%)로 나타났으며, 스트레스를 주는 상대는 상사(56.3%), 동료(28.9%), 배우자(9.7%), 자녀(5.1%)로 나타났고, 스트레스의 원인으로는 업무(58.5%), 갈등(24.3%), 경제적 문제(6.6%), 부부와 자녀문제(각각 6.6%)이었다. 스트레스를 해소하는 방법으로는 참는다(44.2%), 음주(32.2%), 운동(16.6%), 쇼핑과 음식섭취(각각 2.4%)로 나타나고 있어 중요한 사회적 문제로서 대두되고 있다.

스트레스는 어떠한 외압에 의해 심신에 불균형을 일으키는 상태이다. 또한 어떠한 외압이 가해질 때에 발생하는 방어적인 특이반응이 스트레스라고 한다. 모든 질병은 스트레스에 기인한다고 할 수 있다. 그러나 외적인 자극에 대한 방어적인 생체반응은 다소의 차이는 있지만 누구라도 일상생활 속에서 필연적으로 지각하고 있다. 긴장이나 불안을 경험하지 않는 사람은 존재하지 않는다. 게다가 적당한 정도의 스트레스는 생체의 유지에 없어서는 안 된다. 스트레스를 전혀 받지 않는 생체는 그 유지가 위험하게 되기 때문이다. 스트레스가 문제가 되는 것은 그것이 과도하다든지 만성화되는 경우이며, 내성을 초월할 때 장애를 발생하게 된다.

조직 내에는 다양한 스트레스 요인이 있고 이것이 긴장을 야기한다. 이것에 유효하게 대처할 수 없다든지 회피할 수 없는 경우가 발생한다. 스트레스는 조직 내에서 그 사람이 부담할 수 없을 정도의 부하(loading)를 받고 자신이 스트레스 요인이 위험할 지경이라고 인식하는 경우이다. 라자루스(Lazarus)는 이렇게 인지하고 평가한 경우가 스트레스가 된다고 하였다.

그러나 스트레스는 무조건 유해한 결과만을 초래하는 것은 아니다. 유스트레스(eustress)는 신체가 잘 받아들이는 스트레스, 즉 건강에 유익한 스트레스이다. 반대로 디스트레스(distress)는 생체가 받아들이지 않는 스트레스, 즉 질병을 발생시키는 유해한 스트레스이다. 스트레스는 좋지 않은 사건들로 인해 발생하기도 하지만 결혼이나 시험합격 등과 같은 호의적인 사건들에 대해서도 지각하게 된다. 따라서 스트레스는 생체에 유해한 것만이 아니라 신체에 유익함을 주기도 한다.

2. 스트레스의 모델과 조절변수

(1) 스트레스 모델

스트레스는 인간행동의 기본적인 모델로서 자극(stimulus)과 반응(response) 사이의 관계로 해석할 수 있다. 스트레스를 주는 자극과 이에 따른 반응 사이에는 조절변수의 효과가 작용하게 되는데, 이를 도식화하면 〈그림 15-1〉과 같다.

(2) 조절변수

스트레스의 원인과 반응 사이에는 필연적으로 직접적인 영향관계가 없는 것도 있다. 동일한 정도의 스트레스도 경우에 따라서 그것을 경험하는 사람에 의해 받아들이는 정도는 상이하다. 연령과 체력, 지식과 기술, 감수성의 강약 등의 개인차에 의해 상이하다. 과격한 직무를 수행하여도 휴식하기가 쉽고 직장 및 상사가 호의적으로 부하를 이해하고 있는 곳에서의 스트레스는 감소된다. 대처방법이 우수한 사람도 스트레스를 적게 받을 것이다. 이와 같이 조절요인은 그 자체를 어느 정도 개인적으로나 상황적으로 조절할 수 있고, 그 결과로서 스트레스가 완화될 수 있다. 이것들과 스트레스 원천의 상호관계에 의해 스트레스 반응의 표출의 정도가 상이하다고 볼 수 있다. 스트레스의 원천과 결과 사이에서 영향을 미치고

〈그림 15-1〉 스트레스 모델

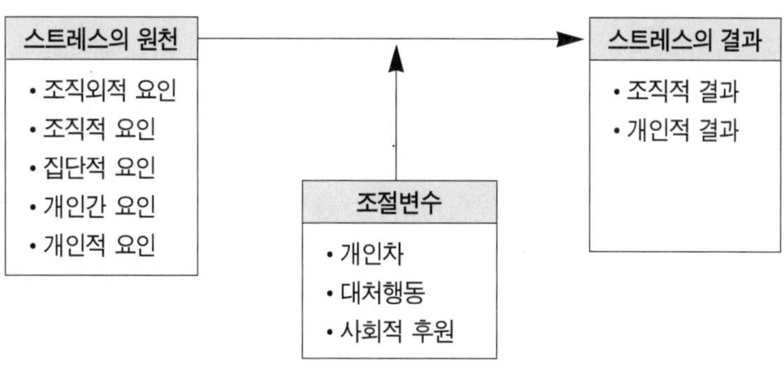

있는 조절변수는 다음과 같다.

1) 개인차

① 감수성

스트레스의 원천에 대해서 민감하게 반응하는 사람과 그렇지 않은 사람이 있다. 어떤 스트레스 원천에 대해서 스스로 관계없다고 보든지, 유익하다고 본다면 스트레스는 발생하지 않는다. 즉 관심이 없다면 스트레스가 아니다. 이러한 인지의 방향 및 감수성 등의 개인차는 중요하다. 권위주의적 경향이 강한 사람은 스트레스에 둔감하고 스트레스가 많은 직무에 종사해도 습관화되어 있다면 감수성을 둔화시키게 된다.

② 스트레스 내성

개인차에 따라서 스트레스를 감수하는 사람과 그렇지 않은 사람이 있다. 그 사람의 건강과 체력, 퍼스낼리티 및 가치의식, 신념 등이 내성의 정도를 결정하며 숙련과 습관도 내성을 높이는 요인이다. 숙련도가 낮은 신입사원은 극도의 긴장을 하게 되지만 숙련이 되면 스트레스의 양은 감소한다. 상황을 통제할 수 있다고 생각하는 사람일수록 내성은 크다. 예를 들면 다양한 가능성은 스스로의 행동에 의해 발생한다고 하는 내적통제의 확신이 강한 사람은 애매한 상황에 있어서 그렇지 않은 사람보다 스트레스를 인지하지 않는다.

③ A형 성격

A형 성격은 스트레스와 관련해서 가장 주목되고 있는 개인차이다. A형 사람들은 목표를 어느 정도 달성할 수 있다고 생각하고 언제나 직무를 달성하기 위하여 바쁘게 움직인다. 어떤 면에서 본다면 그들은 소위 업무중독에 빠진 사람들이다. 테일러(Taylor)에 의하면 이들은 조직에 있어서 필요한 사람들이다. 왜냐하면 그들의 생산성 및 조직효율에의 기여가 대단히 크기 때문이다.

캐플란 등(Caplan et al.)은 A형의 사람은 스트레스에 대해서 잘 적응할 수 없다고 한다. 심신이 허용할 수 있는 한계를 초월해서 무리를 하기도 한다. 그러나 자신이 피로를 피로로서 인식하지 않든지 혹은 피로가 신체에 내재되어 보다 심각한 스트레스로서 후일 심근경색과 같은 큰 질병이 나타나기도 한다.

이것과 반대의 사람은 B형으로서 활동적이지 않는 행동특성을 나타내고 있다.

2) 대처행동

조직내 근로자는 스트레스의 영향을 받는 것만이 아니라 이것에 적극적으로 대처하고 경우에 따라서는 그 영향을 없게 한다든지 경감하려고 대처하는 행동을 한다. 대처행동이 우수하다면 스트레스를 감소시킬 수 있으나 그렇지 못하면 적은 스트레스에서도 영향을 크게 받게 된다. 폴크만(Folkman)은 대처행동을 크게 두 가지의 방식으로 구분하였다.

① 스트레스의 원인이 되는 문제상황을 분석해서 변화시킨다든지 제거하려는 방식이다. 적극적이고 문제중심(problem-focused)의 대처행동이다.

② 스트레스를 받음에 의해 발생하는 정동적 고통을 약화시킨다든지, 될 수 있다면 없게 할 수 있는 것과 같은 정동중심(emotion-focused)의

대처이다. 이는 2가지로 분류된다. 하나는 사물을 관찰한다든지, 시각을 변화시키는 등 인지적 구조를 변경하는 대처이다. 둘째는 지원해 주는 사람을 찾는다든지, 휴식을 취한다든지, 근심을 떨쳐버리는 등의 행동적인 대처이다.

3) 사회적 지원

대처 중에서 가장 효과적인 방법은 사회적 지원(social support)이다. 어떤 일이 있을 때나 곤란할 때 지지해 주는 사람이 주변에 있는가 없는가 하는 것이다. 조언을 해주는 사람, 상담에 응해주는 사람, 고뇌를 신중하게 들어주는 사람이 있으면 없는 사람에 비해서 스트레스를 경험하는 정도가 적거나 감소한다. 사회적 지원을 하는 사람은 주로 직장의 동료 및 상사 또는 부하이며, 직장 외 친구 및 지인도 될 수가 있고, 배우자나 자녀가 지원해 주기도 한다. 하우스(House)는 지원을 다음과 같이 4가지로 구분하였다.

① **정서적 지원**(emotional support)

동정 및 공감, 배려, 신뢰 등 사람과 사람의 정서적인 관계를 강화하는 지원

② **도구적 지원**(instrument support)

직무를 도와준다든지 돈을 빌려주는 등 직접적인 행동에 의한 지원

③ **정보적 지원**(information support)

전문적인 지식 등 유익한 정보를 전달하여 도움을 주는 지원

④ **평가적 지원**(appraisal support)

의견이나 행동에 찬성한다든지 업무를 승인한다든지 하는 등의 지원

3. 스트레스의 측정

지나친 스트레스는 개인에게 각종 질병을 초래하고 조직에 유해한 결과를 가져오기 때문에 항상 자신의 스트레스 수준을 측정하고 적정한 수

준을 유지하기 위하여 노력하여야 한다. 〈표 15-1〉과 〈표 15-2〉, 〈표 15-3〉은 스트레스의 수준을 측정하기 위한 것이다.

1) 심리적 및 신체적 측면에서의 스트레스

최근 1개월 동안 자신에게 해당된다고 생각하는 항목에 표시하고 이를 집계한 뒤 해석을 참조하면 된다.

2) 사회적 재적응 평가법

과거 1년 동안 자신에게 해당된다고 생각하는 항목에 표시하고 이를 집계한 뒤 해석을 참조하면 된다.

〈표 15-1〉 심리적 측면에서의 스트레스

문 항	항상	자주	가끔	전혀
매우 긴장하거나 불안한 상태가 되었다	③	②	①	ⓞ
기분이 매우 동요되었다	③	②	①	ⓞ
사소한 일에 매우 신경질적이 되었다	③	②	①	ⓞ
소모감이나 무력감을 느꼈다	③	②	①	ⓞ
침착하지 못하다	③	②	①	ⓞ
아침까지 피곤하고 일에 기력이 솟아나지 않는다	③	②	①	ⓞ
화가 나서 감정을 억제할 수 없다	③	②	①	ⓞ
예기치 못한 일로 곤욕을 치렀다	③	②	①	ⓞ
심각한 고민이 머리를 떠나지 않는다	③	②	①	ⓞ
모든 일이 순조롭지 않아 욕구불만이다	③	②	①	ⓞ
모든 일에 집중할 수 없다	③	②	①	ⓞ
남 앞에 나서는 것이 두렵다	③	②	①	ⓞ
남의 시선을 바로 볼 수 없다	③	②	①	ⓞ
같은 실수를 반복한다	③	②	①	ⓞ
가족이나 친한 사람과 있어도 편안하지 않다	③	②	①	ⓞ

〈표 15-2〉 신체적 측면에서의 스트레스

문 항	항상	자주	가끔	전혀
불면	③	②	①	ⓞ
심장이 두근거림	③	②	①	ⓞ
얼굴이나 신체일부의 경련	③	②	①	ⓞ
현기증	③	②	①	ⓞ
땀이 많이 남	③	②	①	ⓞ
감각이 예민	③	②	①	ⓞ
요통	③	②	①	ⓞ
눈의 피로	③	②	①	ⓞ
목이나 어깨 결림	③	②	①	ⓞ
두통	③	②	①	ⓞ
감염증(감기, 후두염 등)	③	②	①	ⓞ
변비	③	②	①	ⓞ
발열	③	②	①	ⓞ
소화불량	③	②	①	ⓞ
설사	③	②	①	ⓞ

0~5점: 평균 이하로서 특별한 문제는 없다.
6~12점: 평균수준으로 직장인의 평균수준이다.
13~19점: 주의수준으로 주의가 요구된다.
20점 이상: 경고수준으로 위험수준이다.

4. 스트레스의 원인과 결과

1) 스트레스의 원천

인간의 생체적 변화를 초래하는 스트레스의 원천은 다음과 같은 것들이 있다.

① 물리적 조건: 기온, 습도, 고음, 진동 등의 작업조건

② 개인적 역할 요인: 어떠한 역할이 기대되고 있는가, 역할기대에 있어서 갈등 및 애매함, 과중한 부담 및 책임 등

〈표 15-3〉 사회적 재적응 평가법

생활상의 사건	점수	생활상의 사건	점수
배우자 사망	100	자식의 자립	29
이혼	73	배우자 가족과의 불화	29
배우자와 별거	65	개인적 업적	28
형무소 복역	63	배우자의 취업이나 이직	26
근친자 사망	63	자식의 입학이나 졸업	26
외상이나 질병	53	생활환경의 변화	25
결혼	50	습관의 변화	24
실업	47	상사와의 불화	23
배우자에의 복종	45	노동시간이나 조건의 변화	20
퇴직	45	이사	20
가족건강의 변화	44	전교	20
임신	40	레크리에이션의 변화	19
성생활 문제	39	종교생활의 변화	19
가족의 증가	39	사회적 활동의 변화	18
직무상의 변화	39	1만달러 이하의 차금	17
가계상의 변화	38	수면습관의 변화	16
친우사망	37	동거가족수의 변화	15
전직	36	식습관의 변화	15
부부싸움 횟수의 변화	35	휴가	13
1만달러 이상 차금	31	크리스마스 축제	12
저당권 상실	30	가벼운 위법행위	11
직무책임상의 변화	29		

300점 이상: 80%가 스트레스로 인한 질병 초래

200~299점: 50%가 스트레스로 인한 질병 초래

〈표 15-4〉 스트레스의 원천

조직외적 요인	조직적 요인	집단적 요인	개인간 요인	개인적 요인
이해관계집단 가족갈등 사회기술적 변화 경제적 관계 인종 및 계급 활동영역 주거지역과 상태	과업요구사항 물질적 요구사항 역할갈등 역할모호성 직무불안정 작업과부하 직업유형 정형적 직무	집단응집력 결여 사회적 지원의 결여 개인욕구의 차 가치관의 차 개인목표의 차 집단행위의 모순	지위불일치 사회적 밀도 퍼스낼리티 리더십스타일 집단압력	일반적 사회 적응도 A형 성격 통제위치에 대한 신념 역할과다 · 과소 부하

③ 직장 · 집단에서의 요인: 상사와 동료와의 인간관계, 집단간 갈등, 집단간 협조의 부재 등

④ 조직의 관리 · 운영에서의 요인: 감점주의의 인사관리 등

⑤ 조직외, 가족 및 일상생활에서의 요인: 부부관계의 소원, 자녀 걱정, 장시간 통근의 피로 등

⑥ 사회 및 경제적 요인: 실업 및 고용 등

이상의 내용을 요약하면 〈표 15-4〉와 같다.

2) 스트레스의 결과

이들 스트레스가 지나치고 만성화되면 개인으로서는 감내할 수 없게 된다. 개인에게는 생리적 반응을 초래하여 각종 질병의 원인이 되며, 그 영향력은 조직이나 가정 등에 폭넓게 나타나게 된다. 일반적인 스트레스에 대한 반응은 다음과 같다.

① 심장질환이나 위궤양 등의 질병으로 나타나게 된다.

② 피로와 같은 심신의 이상현상으로 나타나고 그 표현방법은 다양하다. 국소적인 것이라도 전신에 파급되기도 하고, 일과성의 것이 만성적으로 바뀌는 경우도 있다.

〈표 15-5〉 스트레스의 결과

개인적 결과			조직적 결과
행동적 변화	심리적 변화	신체적 변화	
흡연량 증가 알코올 남용 돌발적 사고 폭력 식습관의 변화 신경질적 성격변화 과다수면 충동적 행동 약물복용 등	가정파괴 성기능 장애 불면증 권태 우울증 신경과민 무력감 불안 죄의식 등	두통/편두통 암/뇌졸중 심장병 고혈압 당뇨 소화불량/위염 피부병 관상동맥질환 치통 등	이직률 증가 결근율 증가 생산성 하락 직무만족 감소 조직분위기 파괴 의료비 증가 산업재해 증가 등

③ 직무가 싫어진다든지 사람이 싫어지게 되는 등 심리적으로 적응할 수 없게 되는 상태가 된다.
④ 결근 및 이 · 전직과 같은 행동으로 표출된다.
⑤ 조직의 생산성 및 효율을 저하시킨다.

이상의 내용을 요약하면 〈표 15-5〉와 같다.

5. 스트레스의 관리

스트레스는 사람이 살아가는 데 있어서 필연적으로 지각하게 된다. 스트레스를 관리한다는 것은 과도한 스트레스를 해소하고 예방하며 적정한 스트레스를 유지하게끔 하는 것이다. 최근 스트레스에 대한 중요성이 대두되면서 다양한 기법들이 제시되고 있으나, 이들 기법들의 효율성에 대한 일관적인 연구결과는 없다. 왜냐하면 스트레스는 단일요인이 아닌 다양한 요인에 의해 야기되며 스트레스에 대한 반응 역시 개인차 및 조직적 상황에 따라 다르게 나타나기 때문이다. 따라서 스트레스의 원인을 제거

〈표 15-6〉 스트레스 관리법

개인적 관리	조직적 관리
계획적인 인생관	직무재설계
긍정적 사고	의사결정에의 참여
심호흡법과 근육이완 훈련	자율적 목표설정
식습관의 변화(담배, 알코올, 커피 등)	사회적 후원의 제공
규칙적 운동(수영, 조깅 등)	조직구조와 직능변화
원만한 대인관계	공정한 인사제도
대화술의 습득	형평성 있는 임금관리
정기검진	신체단련 프로그램
요가와 명상(음악청취)	분권화의 실행
숙면	카운슬링의 도입
종교활동	교육훈련
취미활동(애완동물 사육 등)	적정배치
자기비하를 삼가라	커뮤니케이션의 개방
금전상태를 체크하라	공정한 직무분석과 직무평가
야채와 과일섭취	신축적 작업일정
거절과 체념도 해야 한다	경력개발
유머감각을 배워라	작업환경 개선 등
물을 자주 섭취해라 등	

하는 것도 필요하겠지만 그것을 완전하게 해소할 수는 없다. 적당한 긴장은 유익한 것이고 조직구성원이라면 스트레스의 영향은 피할 수 없다. 따라서 스트레스 관리란 실제적으로는 스트레스 원천의 제거라기보다는 조절변수의 제어에 중점을 두어야 할 것이다.

〈표 15-6〉은 일반적으로 제시되고 있는 스트레스 관리법을 요약한 것이다.

제 **16** 장

근로시간과 성차별 관리

1. 근로시간의 단축
2. 근로시간 단축의 의미와 전망
3. 근로시간 단축의 효과
4. 라이프스타일의 변화
5. 직장내 성차별
6. 성차별 실태
7. 직장내 성희롱

1. 근로시간의 단축

주 5일 근무제가 최종 확정되었다. 일요일을 무급으로 하고 있는 것을 주요 내용으로 하고 있는 개정안에 따르면 공공 및 금융보험업과 1000명 이상 사업장은 2004년 7월, 300인 이상 사업장은 2005년 7월, 100명 이상 사업장은 2006년 7월, 50명 이상 사업장은 2007년 7월, 20명 이상 사업장은 2008년 7월, 20명 이하 사업장은 2011년까지 대통령령에 의하여 최종 도입하기로 하였다. 또한 연월차 휴가의 경우 현재 월 1회의 월차휴가와 연간 10~20일의 연차휴가를 통합하여 1년 근속자에게는 15일을 주고, 이후 2년 근속부터 하루씩을 가산해 최대 25일까지 연장한다는 것이다. 주당 법정근로시간을 현행 44시간에서 40시간으로 단축할 경우 연간 실근로시간은 206시간 단축되는 것으로 나타났다. 이 경우 현행 공휴일 형태를 그대로 유지할 경우 실근로시간은 연간 2,497시간에서 2,290시간으로 단축될 것으로 예측된다.

주 5일제 근무하에서 주말근무에 따른 급여지급에 관한 사항은 다음과 같다.

노동법에서 휴일은 계속적인 근로관계에서 법이나 단체협약 또는 취업규칙이 정하는 바에 따라 근로제공 의무가 없는 날을 말한다. 휴일은 사용자의 모든 지휘감독에서 이탈되는 점에서 휴가와 유사하나 휴가는 본래 근무일인데도 불구하고 근로제공 의무가 없는 날을 말한다. 휴일은 사용자의 모든 지휘 · 감독에서 이탈되는 점에서 휴가와 유사하나 휴가는 본래 근무일인데도 불구하고 근로제공 의무가 면제되는 데 반하여, 휴일은 처음부터 근로제공 의무가 없는 점이 다르다. 휴일에는 노동법에서 정하고 있는 법정휴일과 단체협약이나 취업규칙, 근로계약에서 정하고 있는 약정휴일이 있다.

법정휴일에는 근로기준법상의 주휴일과 근로자의 날 제정에 관한 법률에 의한 근로자의 날이 있다. 사용자는 근로자에 대하여 1주일에 평균 1회 이상의 유급휴일을 주어야 한다. 주 1회의 유급휴일을 가질 수 있는 자

〈표 16-1〉 개정 근로기준법의 주요내용

구 분	현 행	개 정
법정근로시간의 단축	1주 44시간	1주 40시간
탄력적 근로시간제	특정주 56시간(1개월 단위)	특정주 52시간(3개월 단위)
초과근로 상한선	주당 12시간 이내	한시적으로 3년간은 16시간 이내
초과근로수당 할증률	50% 할증률 적용	한시적으로 3년간은 최초 4시간 25% 적용
월차휴가	1개월 개근시 1일 휴가	폐지
연차휴가	1년 근속시 10일+1년당 1일(상한 없음), 1년 미만자는 없음	15-25일(1년 근속시 15일, 이후 2년마다 1일 추가), 1년 미만자는 1개월당 1일
생리휴가	1개월에 1번 유급	1개월에 1번 무급
임금보전	해당사항 없음	기존임금수준 및 시간당 통상임금 저하 방지

는 1주간의 소정의 근로일수를 개근한 자에 한한다. 주휴일은 반드시 일요일에 줄 필요는 없으며 매주 일정한 요일에만 주면 된다. 단체협약이나 취업규칙에서 정한 경우 특정된 주휴일도 근로자의 사전동의에 의해 다른 날로 대체할 수 있다. 주휴일에서 1일은 상오 0시부터 하오 12시까지의 달력에 따른 1일만이 아니고 계속 24시간만 확보되면 무방하다고 본다. 사용자는 근로자에게 법정휴일 이외에 단체협약이나 취업규칙 등에서 별도의 휴일을 부여할 수 있다. 그 휴일을 유급 또는 무급으로 할 것인가는 노사 당사자의 약정에 따른다.

휴일은 근로제공 의무가 없는 날이기 때문에 사용자는 임의로 이를 변경하거나 폐지할 수 없다. 근로자의 동의가 없는 한 사용자는 휴일근로를 시킬 수 없다. 휴일근로에 대하여는 100분의 50 이상의 가산임금을 지급하여야 한다. 법정휴일이든 약정휴일이든, 유급휴일이든 무급휴일이든 불문한다.

2. 근로시간 단축의 의미와 전망

주 40시간제 근로기준법이 개정되면서 임금수준 및 시간급 통상임금이 저하되지 않아야 한다는 부칙규정이 마련되었다. 따라서 근로시간을 단축하되 임금은 유지하면서 시간급을 인상시키는 방안, 시간급을 유지하되 단축된 근로시간분에 대해 임금을 보전(조정)수당으로 보전하는 방안 등의 임금보전 방식이 가능하다. 한편 보전해야 할 임금의 범위, 임금보전의무를 이행하지 않았을 경우 사업주에 대한 제재여부 등에 대한 논란이 있다. 근로시간 단축에 따른 개정 근로기준법과 임금보전에 대한 구체적인 내용은 다음과 같다.

(1) 임금보전의 의미

개정법 부칙에서는 사용자는 이 법 시행으로 인하여 기존의 임금수준과 시간당 통상임금이 저하되지 아니하도록 하여야 한다고 규정하고 있다. 즉, 보전되어야 할 임금은 기존의 임금수준과 시간당 통상임금이다. 시간당 통상임금은 근로기준법 시행령의 규정에 의해 산정된 통상임금이 기존의 시간당 통상임금과 동일하거나 초과하면 될 것이다. 문제는 보전해야 할 임금수준의 의미와 여기에 포함되는 임금의 범위로 두 가지 견해가 있다.

1) 부칙의 규정이 이 법 시행으로 인하여 기존의 임금수준이 저하되지 않도록 명시되어 있으므로 법정근로시간 단축에 의한 임금만이 아니라 이 법 시행으로 저하된 임금수준이 있다면 이를 포함해 보전해야 한다는 견해(생리휴가 무급화에 따른 임금보전, 월차휴가 폐지에 따른 임금보전 등)이다. 개정법의 시행으로 법정근로시간 단축, 휴가일수의 조정 등 전체적인 근로시간이 변경되게 되었고, 개정법 부칙의 규정은 법정근로시간으로 제한 해석할 근거는 없기 때문에 현재의 임금수준과 개정법의 적용에 따른 임금수준을 전체적으로 고려해야 할 것이다. 다만 구체적인 임금보전의 방

안에 대해서는 노사합의를 통해 구체화시켜야 할 것이다.

2) 임금수준이 저하되지 않도록 한 것은 법정근로시간 단축으로 인해 실 근로시간이 단축되면서 동시에 임금도 줄어들 경우(근로시간이 단축되어 휴일은 늘었지만 임금은 줄어드는 경우)에는 근로시간 단축의 취지를 살리기 어렵기 때문에 이를 보전해 주어야 한다는 규정이다. 개정된 생리휴가 무급화, 월차휴가 폐지 등은 근로시간 단축과 휴가일수를 전체적으로 조정한 결과이다. 따라서 법정근로시간 단축에 따른 1주 4시간 근로시간에 대한 임금수준 보전으로 제한 해석해야 한다는 견해이다. 개정법 마련을 위한 노사정 논의과정에서의 임금보전은 근로시간 단축분에 대한 임금보전이었던 점을 고려할 때 법정근로시간 단축분으로 제한 해석해야 할 것이다.

근로기준법 개정 법률안 부칙에서 기존의 임금수준이 저하되지 아니한다는 것은 이 법 시행 후의 임금수준이 총액기준으로 이 법 시행 이전보다 저하되지 아니한다는 것으로서 이 법 시행으로 인해 폐지되는 유급휴가와 관련된 임금 및 수당을 별도로 보전하는 것을 의미하지는 아니한다.

(2) 임금보전 합의의 불이행

부칙에 규정된 임금보전 의무를 위반한 사업주에 대한 형사처벌 규정이 없어 벌칙에 의한 제재가 가해지지는 않는다. 즉 법에 의해 임금보전 의무 원칙을 분명히했지만 이를 실현하는 방식은 벌칙에 의한 제재를 통해서가 아닌 노사합의를 통해 실현하도록 하고 있는 것이다. 사업주가 임금보전 의무를 이행하지 않았을 경우 제재에 대한 몇 가지 견해가 존재한다.

① 기존의 임금수준을 저하하지 않도록 해야 한다는 부칙은 권고적 조항이기 때문에 처벌할 수 없다는 견해
② 개정법상 임금보전 의무를 이행하지 않은 사업주에 대한 징벌적 제재는 가해지지 않으나 법이 임금보전을 명시하고 있기 때문에 이를 이행하지 않은 사업주에 대해 노동조합 또는 근로자는 민사상의 임금보전 청구 또는 손해배상 청구가 가능하다는 견해

③ 근로기준법은 강행규정이자 최저기준이기 때문에 부칙에서 임금보전을 명시한 이상 이를 위반한 사업주는 근로기준법 위반에 따른 형사상 처벌도 가능하다는 견해이다.

(3) 근로시간 단축현황

우리나라 근로자의 연간 총근로시간은 1980년대 사상 최고치를 기록한 이후 점차 감소하는 추세를 보이고 있다. 1987년 2,700시간대에 이르던 연간 총근로시간은 1997년에 2,400시간대에 접어들었고, 1998년 크게 감소하였으나 1999년 다시 조금 늘어나고 있다. 그럼에도 불구하고 우리나라의 근로시간은 주요 OECD 국가에 비해서 매우 긴 편이다. 전체 취업자 기준으로 볼 때 우리나라의 연간 총근로시간은 영국, 독일, 프랑스, 스웨덴 등 유럽국가들이나 호주, 뉴질랜드 등에 비해 약 1,000시간 정도 길고, 미국이나 일본보다도 약 600~700시간 길다. 피용자를 기준으로 하더라도 우리나라의 근로시간은 유럽국가들에 비해서 약 900시간, 미국, 일본보다 약 500~600시간 정도 길다.

이를 일상적 근무시간을 나타내는 통상근로시간 개념으로 보면, 우리의 통상근로시간은 47~48시간 정도로 생각되므로 일상적인 근무시간이 선진국에 비해 주당 약 10시간 정도 더 긴 셈이다.

근로시간 단축은 근로자에게 가장 중요한 근로조건으로서 근로자 삶의 질 개선차원에서 중·장기적으로 접근되어야 할 중요한 국가적 과제이다. 뿐만 아니라 근로시간은 휴일·휴가 등 근로기준관련제도를 비롯하여 노동생산성과도 밀접한 관련이 있으므로, 근로자 삶의 질 개선과 동시에 근로시간의 효율적 운용을 위한 근로시간제도 전반에 관한 새로운 틀을 확립할 필요가 있다.

현재 우리나라의 근로시간 단축 관련 논의는 법정근로시간만을 중심으로 전개되고 있으나, 사실상 법정근로시간 단축은 실근로시간의 단축을 위해 논의될 수 있는 여러 가지 방법 또는 수단의 하나로서 검토되어야 한다. 노동계에서 근로시간 단축의 목표로 초점을 맞추고 있는 효과적인 고용창출 역시 기업의 경쟁력 향상과 이로 인한 근로시간 단축의 결과로서 나타나는 것이므로, 근로시간 단축은 근로시간의 재편을 통한 실근로시간의 단축과 연계되어야 한다. 실근로시간 단축방안 없이 법정근로시간을 단축하는 경우 노동비용의 상승으로 인하여 실제로 법정근로시간 단축효과도 기대할 수 없다.

3. 근로시간 단축의 효과

근로시간 단축은 외환위기 이후 대량실업과 근로조건의 악화, 불평등구조의 심화 등 노동시장이 급격하게 변하면서 '일자리 나누기'의 일환으로 논의되기 시작하였다. 1998년부터 본격화된 근로시간 단축 논의의 쟁점은 고용안정을 위해 일자리를 나누어야 한다는 양대 노총의 주장과 근로시간 단축에 따른 고용창출의 효과가 우리나라의 노동비용구조에서 추가적 인건비 부담만 가중시킬 것이라는 경영계의 상반된 견해에서 촉발되었다.

근로시간 단축의 가장 본질적인 지향점은 근로자의 건강, 고용불안, 산업재해 등 근로능력을 보호함과 동시에 근로자의 사회경제적 지위를 향상시켜 삶의 질을 개선하는 것이다. 문제는 이러한 목표를 달성하면서 어떻게 일자리를 늘릴 수 있는가 하는 것이다. 이러한 문제를 제기하는 배경에는 일자리를 늘리는 것이 단순히 근로시간의 단축 외에도 많은 요소들의 영향을 받고 있다는 현실적 한계가 자리하고 있다.

일자리 창출은 가장 기본적으로 기업의 성장이 뒷받침되어야 가능한 것이다. 예컨대, 법정근로시간을 단축하고도 초과노동시간이 증가하여 실제 근로시간이 단축되지 않을 수 있다. 이 경우 기업에게는 초과급여에 따른 임금상승효과만 가져오게 되는 반면, 근로자에게는 기대했던 일자리 창출효과를 가져다주지 못한다.

근로시간 단축이 전체적으로 일자리를 늘리는지는 실질적인 근로시간 단축 여부와 직결된다. 통상적으로 기업이 다른 조건이 주어져 있을 때

종래와 같은 생산수준을 유지하기 위해 초과근로를 사용할 것인지, 추가 노동을 고용할 것인지를 선택해야 한다. 만약 초과근로시간에 대한 비용이 추가적으로 노동을 고용하는 데 따른 비용보다 높으면 기업은 법정근로시간이 단축될 때 노동자를 추가로 고용하게 되고, 따라서 노동시장에 고용증대 효과를 가져와 일자리가 늘어나게 된다. 그러나 이와 반대로 초과근로시간에 대한 비용이 추가적 고용에 따른 비용보다 낮으면 기업은 새로운 근로자를 고용하기보다 연장근로를 통하여 생산수준을 유지하게 된다.

한편, 근로시간에 대한 선택은 근로자들의 소비에 필요한 소득수준과도 밀접하게 관련된다. 만약, 근로자들의 소득이 주로 임금소득이라면 임금소득은 근로시간과 더욱 밀접하게 관련된다. 통상적으로 소비자들의 소비는 소득의 감소에 비례해 감소하지 않으며, 특히 소비에서 생계비가 차지하는 비중이 높을 경우 더욱 그러하다. 기초소비가 임금소득에 많이 의존하는 근로자일수록 근로시간 단축에 따른 소득감소분을 채우기 위해 초과근로를 할 것이며, 기초소비와 임금소득의 상관관계가 높을수록 초과근로를 할 유인은 강해진다.

이러한 기업과 근로자의 선택에 관한 문제를 고려하면 근로시간 단축의 효과는 근로자의 관점에서 삶의 질을 확보해 노동비용의 상승을 상쇄할 수 있는 노동생산성을 올리는 정도와 실질적인 근로시간 단축에 의해 고용창출을 가져오는 정도에 달려 있다. 결국 근로시간 단축에 따른 일자리 창출의 효과는 추가고용에 따른 노동비용과 초과근로에 따른 노동비용의 상대적 크기, 근로자의 기초소비가 총소득에서 차지하는 비중, 정상급여와 초과급여의 크기 등에 의해 결정될 것이다.

이러한 맥락에서 근로시간 단축으로 인한 일자리 창출 여부는 근로시간 단축에 상응하는 노동총생산성을 어떻게 확보할 것인지가 중요한 과제가 된다. 우선 기업의 측면에서 근로시간 단축은 생산을 감소시키고 임금을 상승시키므로 경쟁력이 떨어질 가능성이 있다. 반면 근로자 측면에서는 삶의 질을 개선하여 재생산능력을 향상시키면 노동생산성이 증대될 수 있다. 이 대립된 논의의 핵심은 근로시간 단축에 따른 노동생산성 확보와 그에 상응하는 임금수준의 변화를 어떻게 결정할 것인가 하는 것이다. 만약, 임금수준을 삭감하지 않으면서 노동생산성을 향상시킨다면 기업과 근로자는 경제적 지대를 나누어 가질 수 있는 여지가 생긴다. 또한 초과근로보다는 일자리를 늘릴 수 있는 여지를 가지게 된다. 왜냐하면 생산성 증대에 따라 추가적인 근로자를 고용함으로써 더 높은 생산성만큼의 추가적인 한계생산물 가치를 가질 수 있기 때문이다.

요컨대 근로시간 단축으로 일자리가 늘어나기 위해서는 노동생산성이 최소한 현재의 수준 이상을 유지해야 한다. 또한 노동비용도 초과근로에 의한 것보다 추가고용에 의해 소요되는 노동비용이 낮아야 한다. 이러한 기본적 조건이 성립되지 않고서는 근로시간 단축이 반드시 일자리를 늘린다고 할 수는 없다. 오히려 근로시간 단축을 통해 생산성을 어떻게 확보하는가에 따라 영향을 받을 것이다.

근로시간 단축이 고용효과를 가지기 위해서는 휴가를 수당으로 받지 않고 많이 사용하도록 하는 것이 중요하다. 휴가를 많이 사용할 경우 노동비용은 감소하고 고용을 확대할 여지가 존재하기 때문이다. 그러나 근로시간 단축에 의한 고용효과를 노리기 위해서는 기업과 노동조합의 공동노력이 필요하다. 교대제, 교육휴가제, 안식년제 등의 활용을 통하여 근로시간 단축에 의한 인적자본 투자효과를 가져와야 할 것이다.

이와 함께 근로시간 단축에 따른 작업조직의 변화에 대응해야 한다. 근로시간이 단축되면 작업조직의 유연화, 개인의 작업시간 다양화, 잦은 직무이동 등으로 새로운 작업조직의 구축이 요구된다. 그러나 노동강도가 오히려 강화되는 작업조직이 구축되면 비록 단기적으로는 노동생산성이 일정수준 유지될지 모르지만 근로시간 단축에 따른 고용확대효과는 나타나지 않을 것이다.

4. 라이프스타일의 변화

주 5일 근무제가 본격적으로 시행되면 직장인들은 취미활동으로 무엇

을 하고 싶어하는지에 대한 조사가 이루어졌다. 조사결과 직장인들은 취미활동으로서 수영을 첫째로 선택했으며, 다음으로 테니스와 스쿼시 등 가벼운 운동을 선호하였다. 그러나 비용이 많이 소요되는 스키와 골프는 비율이 낮게 나타났다. 연령별로는 골프는 40대 후반, 스키는 10~20대의 선호도가 높게 나타나고 있으며, 이와 같은 선호도는 일본과도 비슷한 것으로서 자기계발 개념이 강한 성격을 내포하고 있다.

또한 은행원들을 대상으로 한 의식변화에 대한 설문조사 결과 근로시간 단축이 삶의 질을 높였다는 데 동의하였다. 즉 대다수의 은행원들이 주 5일 근무제가 휴식을 취하거나 여가생활에 도움이 될 뿐만 아니라 능률도 함께 높인다고 하여 기업의 생산성도 높이는 효과가 큰 것으로 나타났다.

1) 가족중심 문화 정착

주 5일 근무제 실시이후 가장 큰 변화는 가족중심의 문화가 정착되고 있는 것이다. 주말 여가시간에 가족과 함께 하는 시간이 늘었다는 응답이 25%, 충분한 휴식을 취했다가 34%로 나타났으며, 부부관계가 매우 좋아졌다가 23%, 대체로 좋아졌다가 53%이며 나빠졌다는 응답은 없었다. 아이들과의 관계에서도 매우 좋아졌다가 35%, 대체로 좋아졌다가 53%로서 근로시간 단축이 가족관계의 개선에 큰 역할을 하고 있다.

2) 소비의 증가

주 5일 근무는 소비지출의 증가와 이로 인한 경기부양효과가 현실화되고 있다. 여기에 취미와 레저생활이 차지하는 비중도 점차 증가할 것으로 예상된다. 이 기간중 해외여행을 했다는 응답도 26%나 된다는 점은 주목할 만하다. 또한 이 같은 소비지출이 증가하고 있음에도 급료를 더 준다고 해도 토요일 근무는 하지 않겠다는 응답이 66%나 차지하고 있는 것으로 나타나 금전적 요인보다도 여가가 주요한 시대가 되고 있다는 것도 특징이다.

3) 자기계발은 저조

주 5일 근무제가 은행원들의 만족도를 높이는 데 기여했음에도 불구하고 여유시간의 활용은 휴식만을 추구하는 것으로 나타났다. 근로시간 단축으로 인한 생활의 변화에 있어서 휴식시간이 증가했다는 응답이 34%로 높게 나타났고, 자기계발을 위한 재교육에 투자한다는 응답은 단지 6%에 불과하여 여가시간이 소비적으로 활용되고 있음을 알 수 있다. 따라서 여가의 개념을 재설정하여 유익하게 보낼 수 있도록 도움을 줄 수 있는 사회적인 프로그램이 요구된다.

5. 직장내 성차별

여성 직장인 2명 중 1명은 직장 내에서 승진이나 임금 등과 관련한 성차별을 경험한 것으로 나타났다. 내용별로는 직장 내에서 승진이나 연봉 등과 관련한 성차별(53.3%), 구직활동 때 차별(64.3%)을 경험했으며, 차별유형으로는 연령차별(37.0%), 직무차별(28.8%), 결혼 여부(19.1%), 외모차별(12.7%) 등의 순으로 꼽았다.

또 42.5%가 직장내 출산이나 육아, 생리휴가와 같은 여성을 위한 제도가 마련되어 있으나 제대로 이용하고 있다는 답변은 23.7%에 그쳤다. 제도를 제대로 이용하지 못하는 이유로는 상사나 동료의 눈치(52.2%), 퇴직압력(24.4%), 인사상 불이익(14.8%) 등의 순이었다.

여성의 직장생활에 가장 큰 장애는 결혼 및 육아문제(43.0%), 근로조건 불평등(21.9%), 가사 병행(17.4%), 사회적 편견(14.7%), 일하기 좋은 회사로는 육아복지제도가 잘 된 회사(33.5%), 업무능력에 따른 승진과 대우가 보장되는 회사(28.7%), 자기계발기회를 적극 제공하는 회사(20.0%) 등의 순으로 조사되었다.

또한 최근 여성 연령별 고용현황 그래프가 30대에서 M자 형으로 나타나는 것은 임신출산기에 노동시장에서 빠져나가는 여성이 많다는 현실을 보여주는 것으로서, 양성평등 일터를 위한 정책목표가 단순차별해소에서 가족친화 환경조성으로 변화해야 할 시점임을 드러내고 있다.

이와 같은 현실에 대해서 정부는 직장에서 여성근로자들이 겪는 성희롱이나 성차별 등을 감시하고 권익을 보호하는 감독관제를 도입하기로 하였다. 노동부는 전국 600개 사업장에 명예고용평등감독관제를 도입키로 하고 전국 6개 지방노동청별로 감독관을 위촉하기로 하였다. 이들은 노사협의회 등을 통해 직원 가운데서 위촉되며, 이들은 여성근로자의 권익향상과 고용평등 실현에 앞장서게 된다. 노동부는 우선 여성근로자들이 많은 유통업체를 중심으로 지방노동청별로 10곳씩 모두 60개소를 선정 시범운영하고 이후 확대 실시할 방침이다. 특히 단순한 성희롱이나 성차별에 대한 감시활동 차원을 넘어 관련 상담활동과 자율적인 개선운동을 벌이도록 유도하고 남녀고용평등법 이행에 관한 노사의 관심을 높여 나가는 등 실질적으로 여성근로자들의 권익향상에 도움이 되도록 할 방침이다.

6. 성차별 실태

여성노동자회 '평등의 전화'에 접수된 상담을 유형별로 분석한 결과 모성보호(31.5%), 고용불안(28.5%), 성차별(22.6%), 직장내 성희롱(16.6%)의 순으로 나타났다. 임금체불, 부당해고 등은 고용불안으로, 임금차별 등은 성차별로 분류된 것이다. 모성보호 상담이 고용불안을 제치고 1위로 올라선 것은 여성의 고용환경에 변화가 일고 있음을 보여주는 것으로 분석된다. 2002~2005년 400건대에 이르던 고용불안 상담은 지난해 291건으로 줄어든 반면, 모성보호 상담은 2004년 116건, 2005년 255건, 2006년 322건으로 매년 급격하게 증가하고 있다. 이를 토대로 직장내 성차별의 특성을 살펴보면 다음과 같다.

① 서비스업종에서 고용불안, 즉 임금체불, 부당해고, 부당행위의 비율이 높은 것으로 나타났다.

② 직장내 성희롱은 20~30대의 미혼여성, 1년 미만의 입사초기에 많이 발생하며, 성희롱 예방교육의 시행은 매우 저조한 것으로 나타났다.
③ 직장내 폭행 및 폭언의 상담건수가 증가하고 있는 추세이며, 제조업과 미혼여성에게 발생빈도가 높은 것으로 보인다.
④ 성차별 및 모성보호는 기혼에게서 높게 나타났고 성희롱과 폭행 · 폭언은 미혼여성에게서 높게 나타났다.
⑤ 노동조합이 결성되어 있지 않은 사업장의 발생빈도가 높았다.
⑥ 비정규직 여성근로자의 상담이 증가하고 있는 추세이다.
⑦ 업종별로는 개인서비스(40.3%), 제조업(31.7%), 도소매숙박업(11%), 금융보험업(4.2%)의 순으로 나타났고, 직종별로는 사무직(32%), 생산직(20.7%), 서비스직(18.1%), 전문직(17.1%)의 순으로 나타났다.

이러한 직장내 성차별을 예방하기 위해서는 다음과 같은 정책적 고려가 이행되어야 한다.

① 채용시의 차별제거: 모집과 채용에서 차별이 없어야 한다.
② 고용평등을 위한 적극적 조치: 고용평등을 실천하는 기업에 대한 다양한 지원이 있어야 한다.
③ 여성인력 개발 및 진로교육강화: 종합적이고 체계적인 인력개발계획과 더불어 성차별 교육이 이루어져야 한다.
④ 남녀평등법의 적용대상 확대: 모든 남녀 근로자들이 적용대상이 되어야 한다.
⑤ 간접차별과 동일노동 동일임금의 실효성을 위한 방안 마련: 간접차별에 대한 판단기준을 객관화하고 임금의 차별에 대한 규제가 이루어져야 한다.
⑥ 징벌적 손해배상제도 도입: 예방조치를 위한 제도를 적극적으로 도입해야 한다.
⑦ 직장내 폭언이나 폭행의 법제화: 폭행 · 폭언은 사용자에 관한 내용만을 정하고 있으므로 상사, 동료, 부하 등도 포함하여야 한다.

⑧ 근로감독관의 증원과 양성, 평등의식 교육강화: 충분한 인원의 감독관의 파견과 철저한 교육이 이루어져야 한다.

일반적으로 기업에서 발생할 수 있는 성차별의 구체적 사항은 다음과 같다.

1) 모집과 채용에 있어서의 성차별

① 여성에게 모집과 채용의 기회를 주지 않는 경우

② 직종별로 남녀를 분리하거나 채용예정인원을 배정함으로써 특정 직종에 채용기회를 제한하는 경우

③ 여성에게만 미혼 등의 조건으로 제한하는 경우

④ 동일자격임에도 남성보다 불리한 고용형태로 채용하는 경우

⑤ 동일자격임에도 남성보다 낮은 직급이나 직위로 모집하고 채용하는 경우

⑥ 채용기회를 제한할 목적으로 직무수행상 반드시 필요치 않은 채용조건을 부과하는 경우

⑦ 면접이나 구술시험에서 객관적 기준에 의하지 않고 채용기회를 제한하는 경우

⑧ 기타 모집과 채용에 있어 남녀에게 평등한 기회를 주지 않는다고 인정되는 경우

2) 승진에 있어서의 성차별

① 여성에게 전혀 승진의 기회를 부여하지 않는 경우

② 승진에 있어 남성보다 장기간 근속을 요건으로 하는 등 상대적으로 불리한 조건과 절차를 요구하는 경우

③ 여성에게만 일정 직급이나 지위 이상 승진할 수 없도록 하는 경우

④ 여성의 직급이나 직위를 남성에 비해 더 많은 단계로 세분화하여 일정직급까지의 승진시기를 오래 걸리도록 함으로써 불리하게 하는 경우

⑤ 기타 합리적인 이유 없이 남성에 비해 여성근로자를 불리하게 대우하는 행위 등이다.

7. 직장내 성희롱

(1) 성희롱 구성요건

직장내 성희롱이라 함은 사업주, 상급자 또는 근로자가 직장 내의 지위를 이용하거나 업무와 관련하여 다른 근로자에게 성적인 언어나 행동 등으로 또는 이를 조건으로 고용상의 불이익을 주거나 또는 성적 굴욕감을 유발하게 하여 고용환경을 악화시키는 것을 말한다. 이러한 개념 속에는 다음과 같은 구성요건이 내재되어 있다.

① 직장내 성희롱 당사자의 요건: 성희롱 가해자는 고용 및 근로조건에 관한 결정권한을 가지고 있는 사업주나 상사(동료나 부하도 포함), 그 범위는 사업주를 제외한 모든 남녀 근로자와 모집과 채용과정에서의 구직자도 포함
② 지위를 이용하거나 업무와 관련성이 있을 것(출장중이나 회식도 포함)
③ 성적인 언어나 행동 또는 이를 조건으로 함(육체적 행위, 언어적 행위, 시각적 행위 등)
④ 고용상의 불이익을 초래하거나(채용, 감봉, 승진, 전직, 정직, 휴직, 해고 등) 성적 굴욕감을 유발하여 고용환경을 악화시킬 것(성적 언어나 행동으로 굴욕감을 유발하여 근로의욕 저하)

(2) 성희롱 예방조치

① 예방교육의 실시

직원연수교육, 사보나 홍보물, 정례조회, 부서별 교육 등을 이용하여 연

2회 이상 실시하는 것이 좋다.

② **예방장치**

고충처리기구나 절차의 마련(고충처리기관이나 노사협의회, 고충처리위원제도 등 활용)하고 상담요원의 지정과 신속한 상담처리와 함께 개인정보의 누출 방지와 결과의 신속한 통보

③ **가해자에 대한 징계**

가해 정도와 지속성을 감안 부서전환, 경고, 견책, 휴직, 전직, 대기, 해고 등이 이루어져야 하며, 징계는 취업규칙, 단체협약 등에 의하거나 사내규칙 등에 의해 시행

④ **피해자에 대한 불이익조치 금지**

피해자의 상담, 고충처리, 관계기관에의 진정, 고소 등을 이유로 고용상의 불이익 조치금지(위반시 5백만원 이하의 처벌)

⑤ **성희롱 판단여부나 관련분쟁의 해결이 어려운 경우의 조치**

관할 지방노동관서의 장에게 지원요청(지방관서의 장은 자체적으로 판단하거나 고용평등위원회의 조력으로 해결)

⑥ **사용자 단체의 역할**

사용자 단체(전국단체나 업종별 단체 등)는 성희롱 예방을 위한 사내지침, 고충해결절차나 운영 등에 필요한 자료의 제공이나 조언 등의 조치를 취해야 함

⑦ **구제기관**

지방노동관서 여성고용차별 신고창구, 고용평등위원회, 여성부 남녀차별신고센터 등

제 17 장

인간자원 활용의 전망

1. 여성근로자의 실태
2. 여성활용을 위한 정부정책
3. 고령자 현황
4. 고령자 대책
5. 외국인 근로자의 실태
6. 외국인 근로자의 대책

1. 여성근로자의 실태

급속히 변화하는 정보화사회에서는 우수한 지적능력의 근로자가 요구되고 있으나 여성의 지적 역량은 제대로 활용되고 있지 않다. 여성의 평균 교육기간은 9.37년으로 아직 남자보다 1.81년 낮지만, 고졸 이상의 학력소지자가 47.9%를 차지하고 있다. 여성의 지적 기반이 갈수록 향상되고 있음에도 사회참여는 격차가 심화되고 있다. 여성근로자 중 과장급은 4.8%에 불과하며, 특히 정부투자기관에서는 66.1%가 서비스부분에 편중되어 있고 10개 직종에 전체 취업자의 88.8%가 집중되어 있어 여성의 소외현상은 심각하다.

지식기반시대에는 자유경쟁원리에 따라 지적 능력자를 활용하는 사회체제가 중요하다. 차별적 관행으로 여성의 지적 역량을 활용하지 못한다면 국가경쟁력도 저하된다. 향상된 역량이 정상적으로 수용되지 못할 경우 여성들은 각종 시민운동 등을 통해 세력화하는 방법으로 탈출구를 찾을 가능성이 높다. 따라서 여성정책의 중점을 여성의 사회참여의 확대에 두어야 할 것이다.

그러기 위해서 근본적으로 평등의식을 정착하는 것도 중요하지만 여성의 사회참여를 촉진하기 위해서 모성보호제도를 확대하여야 하며, 여성에 대한 잠정적 우대조치가 기업에도 확산될 수 있도록 인센티브를 주어야 한다. 또한 정보화사회에서 소외되지 않도록 정보화 능력을 향상시키는 것도 하나의 요인이다. 〈표 17-1〉, 〈표 17-2〉, 〈표 17-3〉은 여성의 사회활동 현황이다.

우리나라의 경우 저학력 여성 활용률은 선진국보다 높지만 고졸 이상의 고학력 여성 활용률은 매우 낮다. 또한 대졸 여성근로자의 비율은

〈표 17-1〉 **경제활동인구**(단위: 천명)

성 별	남 자	여 자
경제활동인구	14,175	10,161

〈표 17-2〉 성별 취업현황

구 분	남 자	여 자
취업자 수	13,244(천명)	9,430(천명)
경제활동 참가율	74.1%	50.3%
상용직 임금근로자	41.6%	27.0%
임시직	16.6%	30.0%
일용직	8.6%	10.8%

〈표 17-3〉 남녀 근로자 연평균 급여추이(단위: 백만원, 전년대비 증가율)

구 분	남 자	여 자	전체 평균
2004	46.4(11.8%)	27.2(11.9%)	43.7(12.4%)
2005	48.0(3.6%)	28.4(4.3%)	45.4(3.9%)
2006	50.7(5.6%)	30.5(7.4%)	48.1(5.9%)

14.9%에 미치고 있어 고학력 여성일수록 노동시장의 진출이 저조한 편이다. 이는 여성들의 능력이 문제라기보다는 결혼과 출산, 육아 등을 이유로 중도에 퇴직하기 때문이며 채용 자체를 꺼리기 때문이다. 그러나 최근 여성근로자의 효율적 활용으로 기업경쟁력을 높이고 있는 기업들이 늘고 있는 것은 고무적인 일이다. 지식정보화 사회에서 여성구직의 문제점을 해결해 나감으로써 여성 특유의 독창성과 전문성을 활용한다면 기업의 발전과 국가경쟁력 제고를 기대해 볼 수 있다.

2. 여성활용을 위한 정부정책

(1) 300인 이상 사업장 보육시설 설치

앞으로 상시 노동자 300명 이상인 직장은 보육시설을 설치해야 하며,

보육인원 20명 이하인 소규모 직장보육시설은 사업장이 아닌 주택가 등에도 설치할 수 있게 된다. 보건복지부는 직장 안의 보육을 활성화해 맞벌이 부부가 안심하고 직장생활을 할 수 있도록 영유아보육법 시행령 및 시행규칙을 개정하기로 했다. 그러나 영유아보육법 시행령 등에는 보육시설을 설치하지 않았을 경우 처벌규정이 없어, 이런 설치기준은 노사협상 때 참고사항으로 활용될 것으로 보인다.

보건복지부는 보육시설 설치가 시급해 현재의 상시 여성 노동자 300명 이상의 규정을 크게 확대하기로 한 것이라며 법에 근거가 없어 처벌규정을 마련하지는 못했다고 밝혔다. 현재 직장보육시설 의무설치 대상 사업장은 전국에 186개소이며, 이 가운데 39.2%인 73개소만 직장 안에 보육시설을 설치(60개소)하거나 보육수당을 지급(13개소)하고 있다.

보건복지부는 또 보육시설 설치가 활성화되도록 소규모 보육시설은 사업장 안이 아닌 주택가 등에도 설치할 수 있도록 하고, 비상계단 등 안전시설이 있으면 2층 이상이라도 보육시설을 설치할 수 있게 할 방침이다.

(2) 기혼녀 퇴직강요는 처벌

여성근로자가 결혼을 했다고 퇴직을 강요하는 사업주는 형사입건되는 등 여성차별에 대한 처벌이 강화된다. 근로기준법 등은 사업주가 정당한 이유 없이 인사상 불이익을 줄 경우 5년 이하의 징역이나 3천만원 이하의 벌금을 내야 하고, 고용에 있어 여성차별을 하는 경우 사업주는 3년 이하의 징역이나 천만원 이하의 벌금에 처하도록 규정하고도 그 동안 유명무실하게 운영되었지만 앞으로는 처벌이 강화될 것으로 예상된다.

노동부 지침에 의하면 명예퇴직자 모집이나 정리해고시 사내부부 중 1인 또는 맞벌이 부부 중 1인이 우선 선발되는 기준의 제시, 여성근로자의 퇴직강요, 결혼, 임신, 출산 등을 이유로 한 퇴직강요, 대다수가 여성인 직종의 정년을 합리적 이유 없이 낮게 정해 퇴직을 강요하는 경우 등이 부당노동행위에 해당되어 처벌된다.

노동부는 또 일용직, 임시직, 계약직 등 비정규직 근로자에 대한 부당한 조치에 대해서는 적극조사하고 행정지도 등을 통해 권익보호에 나설 계획이다. 이와 함께 고용보험 자격상실자 중 결혼, 임신, 출산 등 가사로 인한 퇴직자대상 설문조사를 통해 정책자료로 활용하고 부당해고의 소지가 있을 경우 철저히 조사할 계획이다.

(3) 모성보호는 국가경쟁력

모성보호관련법은 단독 법률로 존재하는 것은 아니고 근로기준법, 남녀고용평등법, 고용보험법 등에서 모성보호와 관련된 법안들을 총칭하는 개념으로, 출산휴가는 90일이고 이 중 산후휴가는 최소 45일이 보장된다. 또 휴가기간의 급여는 종래 회사가 지불하던 60일의 임금 외에 나머지 30일의 임금은 고용보험과 정부재정에서 지급하되 하한선은 최저임금인 월 47만 4,600원, 상한선은 135만원이다. 또한 배우자인 여성이 근로자가 아닌 경우에도 남성근로자가 유급 육아휴직을 신청할 수 있고, 휴직자는 소득의 일부를 1인당 월 40만원씩 고용보험에서 지급받는다.

모성보호에 대한 비용의 단기적 효과만을 본다면 결과적으로 여성고용을 기피하게 된다. 그러나 자녀의 출산은 여성만의 일도 개인적인 일도 아니며 국가의 장래를 위한 사회적 문제이다. 남녀고용평등법 실시 이후 여성 고용률이 감소하였다지만 우리나라 출산율이 선진국의 평균 출산율보다 낮을 만큼 감소한 데 주목해야 한다. 노동력의 재생산이라는 측면에서 출산율 저하는 문제를 야기시킨다.

이 법안에 대해서 재계는 여성고용기피현상이 초래될 수 있다고 반대하였다. 그러나 서비스와 지식산업의 발전은 여성인력을 필요로 하고, 고도 지식사회에서는 여성인력의 활용이 국가경쟁력을 높이는 방법이라는 사실은 알려진 바이다. 단기적 안목에 급급하지 말고 장기적 시각에서 모성보호에 투자해야 할 것이다.

3. 고령자 현황

한 국가의 65세 이상 인구가 전체인구의 7% 이상을 차지하면 고령화 국가라고 한다. 우리나라는 2000년에 벌써 7%를 상회하여 이미 고령화 사회에 접어들면서 고령자에 대한 문제가 사회적 문제로 등장하게 되었다. 특히 외환위기 이후 명예퇴직이나 구조조정 등의 여파로 55세 이상 고령자들이 직장에서 밀려나고 있으며 정년도 낮아지고 있어 심각한 사회문제로 대두될 전망이다. 이것은 제조업 중심의 산업구조에서 정보통신 등 새로운 산업구조로 전환되면서 청년실업자들은 자연스럽게 진입할 수 있는 데 비해 중고령자들은 적응하지 못하고 노동시장에 재진입하는 것도 어렵다.

중고령자는 단순노무인력에 가장 많이 분포되어 있으며(16.1%), 특히 300인 미만 중소기업일수록 비중이 높게 나타나고 있다. 다음은 관리직으로 주로 50인 이상 300인 미만의 중견기업에 상대적으로 높은 비중을 보이고 있다. 또한 중고령자가 단순노무인력으로 종사하는 비중이 높은 직종 및 산업은 서비스 및 운수업이고, 관리인력으로 많이 분포하는 직종은 건설, 운수 및 금융, 보험을 들 수 있다.

〈표 17-4〉 **인구통계**(2005년 인구조사)

		남 자	여 자
전 체	47,041,434	23,465,650	23,575,784
65세 이상	4,365,218(9.27%)	1,736,346(7.39%)	2,628,872(11.1%)

〈표 17-5〉 **50세 이상 취업자**(경제활동참가율, 단위: 천명, %)

	2006. 12	2007. 4
전 체	6,242(13.26)	6,784(14.42)
남 자	3,749(7.96)	4,022(8.54)
여 자	2,493(5.29)	2,762(5.87)

기업내 중고령 근로자 과잉고용문제는 기업의 구조조정으로 어느 정도 해소되었으나, 현재와 같은 내부 노동시장 구조와 인사관리 관행을 감안할 때 재발할 가능성이 있다. 이러한 가능성이 큰 업종은 대규모 사업장의 경우 건설, 금융, 보험 및 제조업의 순이고, 영세사업장의 경우 도매·소매업종이며, 서비스업종의 경우 가능성은 낮은 것으로 나타나고 있다.

4. 고령자 대책

(1) 고령자 불이익 관행금지

노동부는 고령자에게 불이익을 주는 관행금지를 골자로 하는 고령자고용촉진법 개정안을 시행하기로 하였다. 개정안에 따르면 사업주는 근로자를 모집·채용할 때 50~55세의 준고령자와 55세 이상 고령자의 입사지원을 제한할 수 없다. 또 기업의 정리해고 등 인력구조조정과정에서 고령자에 대해 나이가 많다는 이유로 불이익과 차별을 줄 수 없도록 하였다. 노동부는 이를 위반한 사업장에 대해서는 행정지도를 한 뒤 시정하지 않을 경우 해당 업체 명단을 공개하며, 실업률 증가와 고령화시대를 맞아 고령자중심의 명예퇴직 등에 대해 제동을 걸고 이들의 구직활동을 돕겠다는 계획을 가지고 있다. 그러나 신입사원 모집에 지원가능연령을 명시할 수 없고 인력 구조조정에도 영향을 받게 된 기업들의 반발도 예상된다.

(2) 고령자 기준고용률 현황

고령자고용촉진법상 기준고용률이라 함은 사업장에서 상시 사용하는 근로자를 기준으로 사주가 고령자의 고용촉진을 위해 고용해야 하는 고령자의 비율로서, 고령자의 현황과 고용실태 등을 참작하여 사업의 종류별로 대통령령이 정하는 비율을 말한다.

2006년 조사에서 전체적인 고령자의 기준고용률 이행현황을 보면 기준치에 미달한 기업이 988개로 50.7%에 이르고 있으며, 업종별로는 제조업(451개), 금융 및 보험업(92개), 도소매업(70개) 순으로 기준치에 미달한 것으로 나타났다. 또한 고령자 다수고용촉진관련 장려금 지원현황은 2006년에 342억 5,900만원을 22만 6,309명에게 지원하여 1인당 평균 15만 1,400원을 지원한 것으로 집계되고 있으며, 도소매업종이 4억 3백만원(2,660명), 통신업종이 2,600만원(173명), 금융보험업종이 1,500만원(99명)의 순으로 나타나고 있으나, 이들 업종 모두 기준고용률이 기준치를 미달하기 때문에 고령자 고용촉진 장려금 지원금액도 저조한 것으로 나타났다.

고령자고용촉진법에 따르면 정부는 고령자의 고용촉진과 직업안정을 도모하기 위해 고령자 고용촉진대책의 수립과 시행, 직업능력개발훈련 등 필요한 시책을 종합적이고 효과적으로 추진하도록 되어 있고 이행계획은 관리 · 점검해야 한다. 그러나 노동부가 매년 기준고용률을 조사함에도 불구하고 기준치 미만인 기업이 매년 절반을 넘는 것은 현실적인 정책과 이행계획에 대한 관리 · 감독기능이 제대로 이루어지지 않기 때문인 것으로 볼 수 있다.

한편 노동부는 이와 함께 장애인 고용을 늘리기 위해 정부 및 지방자치단체가 조기에 장애인 의무고용을 달성하도록 해 민간부문을 선도하고 기업의 1인 장애인 더 채용하기 운동을 적극 유도해 나가기로 했다.

(3) 고령인 고용사업주에 장려금

고령자는 노동시장의 통상적인 조건하에서 취직이 곤란하다. 이러한 고령자의 고용을 촉진하기 위해 사업체에서 일정비율 이상의 고령자를 고용할 경우 정부에서 장려금을 지급하고 있는 제도가 고령자 고용촉진 장려금이다. 이 제도는 고용보험법이 1인 이상 모든 사업장에 확대 실시됨으로써 소규모 관리사무소에서도 고령자 고용촉진 장려금을 받을 수 있게 되었다.

먼저 고령자 다수 고용촉진 장려금은 고용기간이 1년 이상인 55세 이상 고령자를 매분기 월평균 근로자수의 업종별 지원기준율 이상 고용할 경우(제조업: 4%, 부동산업: 42%, 사업지원 서비스업: 17%, 기타 업종: 7%)로서 매분기별 근로자수의 15%(대규모기업 10%) 한도에서 지원기준율 초과 고령자 1인당 분기 15만원씩 5년간 지원한다.

또한 정년퇴직자 계속고용 장려금은 정년을 57세 이상으로 정한 사업장에 18개월 이상 계속 근무한 정년 도래자를 퇴직시키지 아니하거나, 정년퇴직후 3월 이내에 재고용하고, 고용전 3월, 고용후 6개월간 고용조정으로 근로자를 이직시키지 아니한 사업주에 대해서는 계속고용 1인당 월 30만원을 6개월간 지원(500인 이하 제조업은 12개월)하는 내용을 포함하고 있다.

(4) 중고령자 고용회피와 중고령자의 대처

대부분의 기업에서 중고령자의 고용을 회피하는 이유는 다음과 같다.

① 사회적 변화에 따른 직무수행상의 전문성과 능력이 결여된다.
② 확실하고 정확하게 주요 요건을 표현할 수 없다.
③ 인간관계가 원만하지 못하다.
④ 논리적이고 창의적이지 못하다.
⑤ 청결감이나 명랑함이 결여되어 분위기에 적응하지 못한다.
⑥ 출신학교에 대한 과잉적 우월의식이 선행한다.
⑦ 자신의 경력에 대해 자신감이 없거나, 반대로 지나쳐서 과거에 안주한다.
⑧ 겸허함이 없고 자기계발을 하지 않는다.

중고령자도 이러한 사실을 겸허하게 인지하고 이를 극복할 수 있도록 하여야 하는데, 그 방법을 제시하면 다음과 같다.

① 기업이 요구하는 전문적 지식을 갖추어야 한다.
② 논리적으로 자신의 사고나 실적을 설명할 수 있어야 한다. 이를 위해 자신의 사고나 실적을 정리하는 것이 필요하다.

③ 항상 밝은 인상을 주도록 하여 상대가 친밀감을 느끼도록 한다.
④ 전문영역은 물론 관련영역에 대해서도 폭넓은 관심과 지식을 겸비 한다.
⑤ 담당업무에 대해서는 항상 자신감을 가지고 있어야 한다.
⑥ 국제화 시대에 맞추어 외국어 실력을 쌓는다.
⑦ 왕성한 행동의 소유자로서의 인상과 원만한 인간관계를 유지한다.
⑧ 환경변화에도 침체되지 않는 도전정신이 요구된다.

5. 외국인 근로자의 실태

국내 불법체류 외국인이 211,988명에 달하고 있는 가운데 인력난을 겪고 있는 업체들이 이들을 합법적으로 고용할 수 있도록 고용허가제를 도입하였다. 노동부는 중소기업의 인력난을 해소하고 이들을 국내법에 따라 보호하는 대신 불법체류자는 철저히 단속하는 것을 골자로 하는 고용허가제를 2003년 8월부터 시행하고 있다. 고용허가제는 외국인력 고용을 원하는 사업주에게 허가를 내주고 외국인에게 해당업체에 고용되는 조건으로 사증을 발급하며 입국후 해당 사업장이 휴·폐업하는 불가피한 사유를 제외하고는 취로한 사업체의 변경이 불가능하며, 임금과 근로조건은 입국 전에 결정한다는 것이다. 고용기간은 1년 단위로서 최대 3년까지로 하고 매월 일정액을 적립하는 퇴직적립금제도를 두도록 하였다. 그러나 중소기업계의 반발은 크다. 특히 외국인 근로자의 비중이 높은 3D업종의 업체들은 그나마 저임금으로 버텨오던 생산기반의 존립이 위태롭게 되었다며 강력 반발하고 있다. 즉 외국인 근로자를 노동관계법에 따라 국

〈표 17-6〉 외국인 고용허가제 취업자

연 도	2004	2005	2006	2007. 5
인 원	7,095	67,568	146,767	162,193

내 근로자와 동일한 대우를 할 경우 사업주의 금융부담률이 가중된다는 것이다.

한편 정부는 불법체류 외국인 근로자가 대거 출국할 경우 극심한 산업 인력부족사태가 초래될 것으로 보고 체류시한을 늦추면서 단계적으로 출국시키는 방안을 마련하기로 하였다. 또한 불법체류 근로자라 할지라도 직장에서 성실히 근무한 점이 인정된다면 특별법을 통해 사면을 검토중이다. 정부는 합법적으로 체류중인 근로자 8만여명과 새로운 산업연수생 5만여명 정도로 인력부족사태는 면할 것으로 보고 있으나, 중소기업노동중앙회는 최소 20만명은 있어야 한다고 주장하고 있다.

6. 외국인 근로자의 대책

노동부의 자료에 따르면 41만여명의 외국인 근로자들이 국내 산업현장에서 활동하고 있다. 이들 가운데 최근 3년간 무려 7,900여명이 산업현장에서 각종 재해를 입었으며, 227명은 사망한 것으로 밝혀졌다. 이로 인해 1,681억원의 산재보험금이 지급되었고, 국가이미지에도 부정적인 영향을 미치고 있다. 올해부터 고용허가제가 확대되면서 외국인 근로자들의 유입은 더욱 늘어날 것으로 예상되고 있다. 이 때문에 이들에 대한 안전 및 보건 문제가 사회적 관심사로 떠오르고 있다. 이에 따라 노동부와 한국산업안전공단은 외국인 근로자들에게 언어소통 서비스와 안전교육을 강화하는 등 산업재해를 줄이는 데 최선을 다할 계획이다.

우선 외국인 근로자를 교육할 때 반드시 통역요원을 배치하여 효과적인 교육뿐 아니라 언어소통의 어려움으로 인한 산업재해를 예방하기로 하였으며, 해당 국가 언어로 업종별 작업안전수칙, 재해사례, 한국생활에 필요한 정보 등을 담은 소책자를 제작 · 배포한다. 노동부는 외국인 근로자들에 대해 입국단계에서부터 체계적인 안전보건교육을 강화하여 문화적인 차이 등으로 작업환경에 익숙하지 못한 외국인 근로자들에게 우리의 작업장 환경을 소개하고 근로자 개개인이 스스로 안전을 생활화할 수 있는 방법을 터득하게 한다는 취지이다.

최근에 발생한 외국인 근로자의 산업재해를 살펴보면 전체 재해자 가운데 78%가 제조업에서, 11.2%는 건설업에서 발생했다. 이는 외국인 근로자들의 대다수가 제조업과 건설업종에 종사하는 것과 무관치 않다. 건설현장에서의 안전사고는 대부분 치명적인 만큼 사업주와 근로자를 대상으로 안전장비와 안전작업 등을 철저히 관리해나갈 방침이다.

또한 외국인 근로자들을 대상으로 임금체불이 발생한 사업장수는 1,059개소로, 1,841명의 외국인 근로자들이 총 40억 5,400만원의 임금을 제대로 지급받지 못하고 있으며, 외국인 근로자 관련 불법노동행위 신고건수의 70% 가량이 임금체불이다. 따라서 노동부는 임금체불 등 노동관계법 관련 고충이 확인될 경우 고충사항을 신속히 처리해주기로 방침을 정하고 이를 법무부에 협조요청했다.

아울러 국내체류 외국인 근로자의 인권침해는 임금체불이나 폭력, 산업재해, 성폭행 등이 주류를 이루고 있으며, 유형별로는 임금체불, 불법입국 · 체류알선 · 인력송출에 관련된 비리, 산업재해, 불법체류자 단속관련 비리, 폭력과 학대, 성폭력, 기타의 순으로 나타났다.

(1) 인권침해업체 지원 제외

외국인 근로자에 대해서 부당노동행위를 하는 업체는 정책자금 지원대상에서 제외된다. 중소기업청은 국내취업 외국인 권익보호방안을 발표하고 외국인 근로자에게 인권침해행위를 한 기업은 경영안정자금 등 정부의 모든 정책자금 신규지원대상에서 제외하기로 했다. 또 산업연수생이나 병역특례 산업기능요원 배정도 중단하고 신용보증기금과 기술신보 등과 협의해 보증서 추가발급도 제한한다는 것이다. 따라서 합법과 불법을 막론하고 모든 외국인 근로자에게 부당노동행위를 하다 적발된 업체는 정부가 특별관리를 하게 된다. 그리고 외국인 근로자의 고충파악과 해결기능 강화를 위해 인권침해가 신고되면 7일 이내에 해당기업에 대해 현장실사를 하고 국가인권위원회에 고발할 방침이다.

(2) 응급의료지원

불법체류중인 외국인 근로자들도 응급의료지원을 받을 수 있게 된다. 법무부는 근로자 인권대책위원회를 열고 이른바 3D업종에 종사해 산재위험에 직면해 있으나 의료혜택을 받기 어려운 불법체류 외국인 근로자에 대해 응급의료기금제도를 적용하기로 하였다. 법무부는 의료기관의 행정법규 위반에 따른 과징금으로 응급의료기금을 조성하고 이를 외국인 근로자의 의료비용으로 활용하기로 하였다. 법무부는 인권사각지대에 놓여 있는 외국인 근로자들의 경우 열악한 노동환경 때문에 산업재해가 잠재되어 있어 인권차원에서 이러한 제도를 시행하게 되었다고 밝히고 있다.

(3) 외국인 체류자격요건 완화

외국인 체류자격요건이 완화된다. 이번 개정안은 중소기업중앙회 등 산업체 관련단체가 추천하는 산업체에서 연수활동(단체추천형 산업연수)을 하는 외국인 산업연수생들의 경우 연수목적과 관계없이 외국인력으로 활용되고 있다는 지적에 따라 단체추천형 산업연수제를 폐지하고, 이를 외국인 근로자의 고용 등에 관한 법률에 따른 고용허가제로 통합하기 위한 것이다.

개정령 안에 따르면 국민과 사실혼 관계에서 출생한 자와 그를 양육하고 있는 부 또는 모는 체류기간에 관계없이 거주자격을 받을 수 있다. 종전에는 국민 또는 영주자격을 가지고 있는 자의 배우자 등을 제외한 외국인은 국내에 7년 이상 계속 체류하고 있는 경우에만 거주의 체류자격을 받을 수 있었다. 또한 교수 등 전문인력과 일정한 숙련기능인력에 대해서는 종전 7년의 체류요건이 5년으로 완화된다.

이번 개정령 안으로 산업연수생의 편법적 활용을 근절하고 외국인 근로자의 인권과 권익이 향상될 것이며, 인도적 배려가 요구되는 자와 전문인력 및 숙련기능인력에 대해 안정적인 국내체류를 보장할 것으로 기대된다.

제 **18** 장

취업전략과 21C형 유망직종

1. 취업난의 원인
2. 취업현황과 임금수준
3. 취업전략의 설정
4. 지원서, 자기소개서 및 이력서
5. 면접전략
6. 기업에서 기피하는 지원자
7. 21세기 유망직종

1. 취업난의 원인

청년실업이 사회적 문제로 야기되고 있다. 이러한 취업률의 하락추세는 산업화 사회로부터 지식기반 사회로의 변화에 따른 결과라고 할 수 있다. 과거 산업화 사회에서는 부가가치를 창출하기 위해 많은 근로자를 필요로 하였으나 최근의 정보지식기반 사회에서는 소수의 능력을 소유한 근로자가 고부가가치를 창출하기 때문에 많은 수의 근로자를 필요로 하지 않으며 신입보다는 경력사원을 선호하고 있다. 더군다나 현재의 산업장면에서 유휴인력이 많이 존재하고 있는 것도 취업을 어렵게 하는 요인으로 작용하고 있다.

이러한 상황에서 격심한 취업경쟁에서 성공하기 위해서는 철저한 자기분석과 정보의 수집, 취업전략에 따른 계획적 실행이 요구되는 것이다. 〈표 18-1〉은 사회적 변화와 더불어 기업들의 전통적인 고용방식의 변화를 나타내고 있다. 최근 이러한 사회적 환경을 반영한 취업난의 원인은 구체적으로 다음과 같다.

〈표 18-1〉 고용관행의 변화

과거의 고용관행	최근의 고용관행
그물형 선발	낚시형 선발
제너럴리스트로서의 능력	스페셜리스트로서의 능력
일시형 선발	상시형 선발
전사적 선발	부서별 선발
직접 선발	외주업체를 통한 선발
나이, 학력, 성 중시	나이, 학력, 성 무시
신입사원 선발	경력사원 우대
순혈주의	혼혈주의
국내선발	해외선발
off-line 선발	on-line 선발

(1) 경제적인 요인

최근 고용창출 없는 경제성장이 계속되고 있다. 우리나라는 금년도 연 5% 이상의 경제성장을 지속하고 있음에도 불구하고 역사상 최악의 실업대란을 경험하고 있으며, 이 중 대부분이 20대의 청년실업이라고 하는 사회적 문제가 제기되고 있다. 이 같은 꾸준한 경제성장에도 불구하고 고용창출효과가 나타나고 있지 않은 원인은 다음과 같다.

1) 정보통신분야의 상승

우리나라 경제성장은 대부분 수출의 호조에 의해서이며 그 결과 76억 5천만 달러의 경상수지 흑자를 유지하고 있다(2004 상반기). 그러나 수출품목의 대다수가 정보통신분야로서 많은 수의 근로자를 필요로 하지 않는다. 고용창출효과는 제조업의 활성화에 의해 증가되고 있는데, 현재 우리나라 제조업 가동률은 60%에 그치고 있으며, 중소기업 역시 경영조건의 악화로 인하여 60% 이상이 중국 및 제3국가로 진출함으로써 심각한 산업공동화 현상이 야기되고 있다. 여기에 우리나라 수출품목의 절대다수를 점하고 있는 정보통신분야의 핵심부품들이 외국기술에 의존하고 있어 로열티 및 이자로서 50% 이상 지출하는 산업 불균형 현상이 야기되고 있고 이것이 고용창출이 되지 않는 원인으로서 작용하게 된다.

2) 내수부진

소비자의 소비감소가 고용창출을 억제하는 요인이 되고 있다. 소비와 경제성장은 관계가 있어 미래 경제가 성장할 것으로 예측되면 소비가 증가하고 저축이 감소하는 데 비해, 미래 경제가 불황일 것이라 예측하면 소비는 감소하고 저축은 증가한다. 이러한 장기경제전망 예측의 불투명은 중산층뿐만 아니라 상위 20% 계층의 소비까지도 감소하게 하고 이것이 고용창출을 감소하는 원인이 되고 있다. 이를 극복하기 위한 정부의 다양한 활성화대책이 발표되고 있다. 예컨대 특별소비세 폐지품목의 확대, 소득세 감면, 연말정산항목의 확대정책 등이 그것이다. 그러나 이러한 정부의 활성화 대책에도 불구하고 국민들의 소비증가 기대효과는 나타나고 있지 않다.

3) 미래 경제상황의 전망

첫째, 국제유가이다. 경제상황을 예측할 수 있는 지표가 되는 것의 하나가 국제유가이다. 최근 국내외적 환경변화는 국제유가 폭등의 원인이 되고 있다. 우리나라는 유가가 10달러 상승하면 경제성장률이 1.34%포인트 떨어지고 소비자물가는 1.7%포인트 상승하며 무역수지는 80억9천만 달러가 악화된다고 분석되고 있다. 따라서 2002년도 20달러 수준의 유가가 최근 55달러 이상 상회하고 있으며, 2040년 석유자원 고갈의 예측에 의한다면 유가상승은 불가피할 것이며 이것이 우리나라 미래 경제상황에 악조건으로 작용할 것으로 본다.

또한 일관성 없는 장기 경제정책의 불투명, 노사관계의 악화 등은 국내 및 해외 투자자들의 투자기피로 이어지고 있으며 인접국가들, 특히 수출의존도가 높은 중국과 미국 · 일본 등의 경제활성화 등도 우리나라 경제성장에 부정적 요인으로 작용할 것으로 전망된다.

(2) 사회환경의 변화

기술의 발전은 사회환경 변화의 원동력이다. 우리 사회는 기술의 변화와 더불어 원시 및 수렵사회에서 농경사회로, 산업사회로, 정보화사회로 그리고 지식기반 사회로 변화되어 왔으며 그 변화의 속도는 가속화되고 있다. 이러한 정보 및 지식기반사회로의 변화가 고용창출을 감소하는 원인으로 작용하고 있다. 정보 · 지식기반사회에서 기업은 많은 근로자를 요구하지 않는다. 예를 들면 산업사회에서 100원의 부가가치를 창출하기 위해 100명의 근로자가 필요하다면 정보 · 지식기반사회에서는 소수의 정보 및 지식을 활용할 수 있는 지식근로자만 요구되기 때문이다. 이것이 고용창출을 감소시키는 원인이 되는 것이다. 따라서 현대사회에서의 모든 근로자는 지식근로자이며, 지식근로자라 함은 다음과 같은 근로자를 의미한다. 즉 지식의 창조는 한 개인으로부터 출발한다는 것이다.

- 단순히 주어진 업무를 수행하는 것이 아니라 지식을 응용하여 결과를 창출하는 근로자
- 자신의 노하우를 기업의 노하우로 전환하는 작업수행을 담당하는 근로자
- 지식을 창조하고 공유할 수 있는 근로자

따라서 격심한 기업간 경쟁에서 생존하기 위해 지식사회에서의 모든 기업은 지식기업이어야 하며, 지식기업의 모든 근로자는 지식근로자이어야 한다. 지식기업에서 요구하는 지식근로자의 능력은 다음과 같다.

① creative knowledge

- 사물이나 사실에 대한 지식의 소유가 아니라 이 지식을 응용하여 부가가치를 높이고 새로운 차원의 창조적 지식으로 전환할 수 있는 능력
- 따라서 지식사회에서의 지식은 서사적 · 구체적 · 인격적이고 맥락적 성격
- 창의적 지식은 암기 및 주입식 교육으로는 가능하지 않으며 고용가능성도 희박

② technological information skill

- 창조적 지식을 정보기술을 활용하여 정보화하고 유통시킬 수 있는 능력
- 다양한 상황에서 정보공학을 활용하여 주어진 문제를 처리하며 전이할 수 있는 종합적 능력
- 업무수행능력에서 가장 기본이 되는 것으로서 정보를 수집하고 분석하며 변환하고 활용할 수 있는 능력

③ communication skill

- 다양한 공간을 활용하여 자신이 소유하고 있는 정보를 효과적이고 창의적으로 전달

- 상대방의 정보를 평등하고 개방적인 방식으로 공유할 수 있는 창조적 능력
- 효과적이고 창의적인 의사소통을 통해 새로운 가치, 지식, 기술 등을 재창조하는 능력

④ living together skill

- 문화의 다양성을 이해하고 존중하려는 자세는 지식을 창조적으로 응용하고 재생산하는 기초
- 타인의 고유한 가치와 보편적 인권을 존중하고 적극적으로 이해하려는 태도

(3) 기업환경의 변화

기업들은 급변하는 환경적 변화에 능동적으로 적응하기 위하여 적정인력을 유지하고, 고용의 유연성을 확보하고 상대적으로 임금수준이 낮은 비정규직 근로자를 고용함으로써 비용을 절감하고자 한다. 즉 적정한 인력을 유지하기 위한 기업의 구조조정에는 고용의 조정이 동반된다는 사실이다. 적정인력을 유지하기 위한 고용조정의 유연성 확보에 있어서 정규직 근로자의 경우 경영상의 이유에 의한 해고가 가능하도록 입법화되어 있기는 하지만 그 실행에 있어서는 많은 문제점들이 발생한다. 따라서 기업은 법이 규정하는 경영상의 이유가 없다고 하더라도 신속한 인력조정을 바라고 있으며 그 방법 중의 하나가 비정규직 근로자를 활용하는 것이다.

따라서 기업들은 정규직 근로자의 수를 감소하고 시간제 근로자, 임시 및 계약직 근로자, 파견근로자 등 다양한 비정규직 근로자의 수를 증가시킴으로써 인건비를 절감하는 고용패턴을 다양하게 시도하고 있으며, 비정규직 근로자가 전체 임금근로자의 53%(2003년)를 상회하고 있다.

물론 사회의 디지털화에 따른 전문직 지식근로자의 자발적인 비정규직 근로의 경우에는 별 문제가 없겠지만, 현실적으로 대다수의 비정규직 근로자는 비자발적인 선택의 결과로 이루어지고 있기 때문에 문제가 되는

것이다. 또한 이와 더불어 기업환경의 변화에 따른 현실의 산업현장에서 유휴인력이 25%의 수준에 이르는 것도 하나의 문제가 되고 있다. 이것이 안정적인 고용창출을 감소하게 하는 원인이 되고 있다. 그러나 최근 e-business에서 u-business로의 변화가 가속화되면서 새로운 분야의 시장점유를 위한 기업환경의 변화와 더불어 고용창출의 기회가 되고 있다.

ubiquitous라는 용어는 신은 어디에나 있다는 의미로서 1988년 제록스 연구소의 M. Weiser에 의해 처음 등장하였다. 최근 IT용어로 변용되어 사용되고 있으며 시공을 초월한 네트워크에 접속할 수 있는 정보통신환경을 의미한다. 처음 컴퓨터가 등장한 제1세대에는 하나의 컴퓨터를 다수가 사용하는 시대이며, 제2세대는 PC의 보급에 의해 1인 1컴퓨터 시대이고, 미래에는 다수의 컴퓨터가 한 사람에게 서비스하는 제3세대 컴퓨팅 시대를 목전에 두고 있는 것이다. 이 시대를 일컬어 유비쿼터스 시대라고 한다. 따라서 유비쿼터스 시대에는 정보통신기술(IT), 나노기술(NT), 생명공학(BT) 등이 결합하여 컴퓨터 서비스를 제공하는 공간의 경제가 진행되고 있으며 그 특징은 다음과 같다.

- 모든 컴퓨터는 연결: 사물에 내재된 모든 센서들이 상호 정보를 교환하여 서비스를 제공
- 눈에 보이지 않음: 사물 자체에 컴퓨팅 능력이 내재
- 시공초월: 고도의 마이크로 소프트가 네트워크화
- 사물의 일상생활과 통합: 인간이 지각하지 못하는 시기에 서비스 제공

이러한 시대적 변화에 따라 380조의 유비쿼터스 시장을 확보하기 위한 기업간 경쟁이 치열하며 e-business에서 u-business로의 전략적 변화를 시도하고 있다. 이러한 과정에서 새로운 분야의 고용창출효과를 기대해 볼 수 있으며, 이에 대한 능력을 겸비하는 것도 취업전략의 일환이 될 수 있다. 유비쿼터스 시대에 있어서 요구되는 고용창출분야는 휴대인터넷 서비스, DMB서비스(Digital Multimedia Broadcasting), 홈네트워크 서비스, 텔레매틱스 서비스, RFID(Radio Frequency Identification)활용서비스, W-CDMA서

비스, 지상파 DTV, 인터넷전화, 광대역통신망, U-센서네트워크, 차세대 인터넷프로토콜, 차세대이동통신, 디지털 TV, 홈네트워크, IT SOC(System on Chip), 차세대 PC, 임베디드 SW, 디지털콘텐츠, 텔레매틱스, 지능형 서비스로봇 산업 등이다(정보통신부).

2. 취업현황과 임금수준

(1) 취업현황

최근 전국 363개 대학 및 139개 일반대학원 졸업자 56만 1,203명을 대상으로 실시한 취업통계조사 결과에 의하면 정규직 취업자는 29만 9,804명으로, 전체 정규직 취업률은 58.4%였다. 이 가운데 전문대학은 67.1%, 4년제대학은 49.2%, 대학원 석사 62.7%, 박사 63%의 정규직 취업률을 보였다.

비정규직 취업자는 8만 679명으로, 취업자 중 15.7%로 집계되었고, 전문대학 15.6%, 대학 16.7%로 전년 대비 각각 1.5%포인트 감소, 1.3%포인트 비정규직 비율이 상승했으며, 학습지 교사, 연주가, 리포터 등 근로계약기간이 1월 이상 1년 미만 임시직 취업자는 11.1%, 아르바이트 등 시간제 및 일용직으로 취업한 경우는 4.6%였다. 미취업자는 취업준비(6만 1,172명), 국가고시준비(3만 928명), 진학준비(1만 667명) 등을 이유로 취업하지 않은 것으로 나타났다.

구체적인 현황을 보면 취업상황의 남성 졸업자의 정규직 취업률은 62.3%인 반면 여성 졸업자의 정규직 취업률은 53.6%였다. 여성 졸업자의 총취업률은 전문대학 84%, 4년제대학 64.7%, 일반 대학원 76.1%로 남성에 비해 0.3%포인트, 5.3%포인트, 9.1%포인트 낮았다. 여성 졸업자의 정규직 취업률은 전문대학 66.3%, 4년제대학 42%, 일반대학원 50.1%로 남성에 비해 각각 1.8%포인트, 14.3%포인트, 20.1포인트 낮았다.

대기업 정규직 취업률은 전문대학 5.7%, 4년제대학 11.3%, 일반대학원

13.8%였으며, 중소기업 정규직 취업률은 전문대학 50.2%, 4년제대학 28.4%, 일반대학원 26.1%로 집계되었다.

계열별 취업률의 경우 전문대학은 교육계열(91.3%), 의약계열(86.2%), 공학계열(84.2%) 순이었으며, 대학의 경우 의약계열이 90.2%로 월등히 높았고, 다음은 예체능계열(76.4%), 공학계열(69.3%), 자연계열(64.6%), 인문계열(63.6%), 사회계열(62.7%) 순이었다.

전공별 취업률을 보면 전문대학의 경우 해양, 뷰티아트, 광학 및 에너지, 특수교육, 유아교육의 순으로, 대학의 경우 의학, 간호학, 초등교육학, 한의학, 치의학의 순으로 취업률이 높았다.

졸업자들이 많이 진출한 산업분야는 제조업(20.6%), 교육서비스업(13.2%), 보건 및 사회복지사업(13%)의 순이었고, 취업과 전공의 일치도는

〈표 18-2〉 전공분야별 취업률

순위	4년제 대학	취업률	전문대학	취업률
1	치의학	100.0	의무행정	94.0
2	초등교육	94.4	간호	90.3
3	간호	92.3	건축 · 설비	87.3
4	의학	90.3	유아교육	86.7
5	한의학	87.5	토목	84.3
6	사진 · 만화	85.2	응용공학	83.0
7	가족 · 사회 · 복지	82.8	재활	82.9
8	자연 · 공학교육	81.7	자동차	81.6
9	디자인 · 공예	79.6	가족 · 사회 · 복지	81.4
10	경영	79.3	금융 · 회계 · 세무	81.3
11	보건 · 재활학	79.1	보건	81.1
12	건축 · 설비공학	78.8	언론 · 방송	80.9
13	해양공학	78.8	응용소프트웨어	80.0
14	경제학	78.1	기계	79.8
15	언론 · 방송 · 매체학	77.8	비서	79.7
16	체육	77.8	기전공학	78.8
17	무역 · 유통	77.3	건축	78.6
18	금융 · 회계 · 세무	75.0	산업공학	78.4
19	예 · 체능교육	75.0	경영 · 경제	78.1
20	의류 · 의상	75.0	섬유 · 재료	78.1

평균 72.5%로 교육 및 의약계열의 전공일치도가 높았다. 또한 이공계 기피현상에도 불구하고 4년제대학 공학계열 졸업자의 대기업 진출비율이 가장 높은 것으로 나타났다.

전국 517개 대학 졸업생을 대상으로 실시한 취업통계조사를 바탕으로 대기업 진출비율이 높은 전공을 분석한 자료에 따르면 4년제대학 취업자 17만 9,075명 가운데 대기업 취업자는 17.4%인 3만 1,193명이었다.

계열별 대기업 취업률을 보면 공학계열이 취업자 5만 84명 중 1만 4,154명으로 28.4%를 차지했고 다음은 사회계열(21.2%), 자연계열(16.9%), 인문계열(14.1%) 순이었다.

전공(학과)별 대기업 진출비율을 보면 전자공학(46.6%), 금속공학(44.3%), 화학공학(40.3%), 기계공학(40.1%), 항공학(39.8%), 재료공학(38.5%), 경제학(36.6%), 전기공학(36%), 자동차공학(33.1%), 반도체 세라믹공학(32.8%) 순으로, 대기업 진출비율이 높은 상위 10개 전공 중 9개를 공학계열이 차지했으며, 비공학계열 가운데에는 경제학이 7위에 들었다.

전문대학의 경우 취업자 17만 7,919명 가운데 대기업 취업자는 1만 8,099명으로 10.2%였으며, 계열별 대기업 취업률은 인문계열(16.9%), 공학계열(13.8%), 사회계열(12.8%), 자연계열(11.9%) 순으로, 대기업 취업비율이 높은 상위 10개 전문대학 전공은 사회·자연교육(27.7%), 무역·유통(23.1%), 비서(22.5%), 산업공학(21.9%), 중국어(21%), 가정관리(21%), 기계(19.5%), 전자(19.4%), 자동차(19.3%), 영어(19.2%)로 집계됐다.

(2) 임금수준

올해 대졸 신입사원 공채의 초임은 3,088만원인 것으로 나타났다. 업종별로는 금융업이 3,352만원으로 가장 높았다. 은행, 증권, 보험 등 세부업종별로 상위권 업체들은 모두 대졸 초임이 3,700만원을 상회했다. 이어 석유화학 3,214만원, 기계철강 3,207만원, 건설 3,171만원, 제약 3,086만원의 높은 임금을 받았다.

구직자들의 선호도가 높았던 공기업은 평균 3,078만원으로 업종별 순위에서 6위를 기록했다. 이 외에도 전기전자(3,030만원), 정보통신(2,998만원), 자동차운송(2,908만원)의 순이었다. 특히 금융과 제약, 자동차 등의 업종은 성과급을 별도로 지급하는 기업이 많아 실제의 신입사원 연봉은 더 높은 수준일 것으로 예상할 수 있다.

그러나 외식 및 식음료(2,900만원), 전기 · 전자(2,950만원), 자동차(3,040만원), 물류 · 운송(3,090만원) 등의 업종의 대졸 초임평균은 전체 평균에 못미치고 있다. 조사대상 기업 중 올해 임금협상이 완료된 기업은 57.5%였으며, 이들 기업 중 대졸 초임을 작년에 비해 인상한 기업은 64.0%, 동결한 기업은 36.0%였다.

또한 석사 이상 여성은 대졸 남성보다 초봉이 193만원이나 낮아 학력이 높아질수록 남녀간 신입 평균연봉의 격차가 큰 것으로 조사됐으며, 경력 1년 미만 신입사원 19,837명의 연봉을 분석한 결과, 고졸 신입사원의 연평균 임금은 1,591만원, 전문대졸 1,684만원, 4년제 대졸 2,095만원, 대학원졸 2,379만원으로 각각 나타났다.

학력별 임금격차는 전문대졸과 대졸이 411만원으로 가장 컸으며, 대졸과 석사 이상 학위 소지자들의 임금격차는 284만원으로 집계됐다. 고졸과 전문대졸은 93만원으로 비교적 낮았다. 남녀 연봉편차는 학력이 높아질수록 더욱 커졌다. 고졸은 남성의 평균임금이 1,718만원으로, 여성 1,488만원보다 230만원 높았다. 전문대졸은 남성 1,790만원, 여성 1,587만원으로 203만원의 차이를 보였다. 전문대졸 여성의 평균임금은 고졸 남성의 평균임금과 비교해서도 131만원이나 적은 수치이다.

4년제 대졸은 남성(2,264만원)과 여성(1,823만원)의 대졸 초봉 격차가 441만원으로, 고졸과 전문대졸 편차에 비해 2배 이상이었으며, 대학원졸 이상 고학력자의 경우는 남성 2,567만원, 여성 2,071만원으로 평균임금 차이가 무려 496만원이었고, 석사 이상 여성의 평균연봉은 4년제 대졸 남성과 비교해서도 193만원이나 낮은 수치를 보였다.

학력이 높아질수록 남녀간 임금격차가 더 벌어지는 것은 고학력 여성에 대한 사회적 수요가 상대적으로 낮은 데다, 남성에 비해 여성이 하향 입사지원을 많이 하기 때문인 것으로 볼 수 있다. 따라서 여성이 남성과 동일하게 학력에 따른 임금상승의 수혜를 누리기 위해서는 채용시 여성 할당제를 실시하는 등 제도적인 뒷받침 외에도 여성 스스로 자신만의 전문성을 살릴 수 있는 분야를 택해 경쟁력을 쌓아가는 것이 중요하다.

참고적으로 올해 대졸 취업자의 특징을 분석해 보면 대졸 신입사원 평균연령 28.2세, 학점 3.55점, 토익 700점 이상, 지방대 54.9%, 서울소재 43.9%였으며, 면접전형이 채용에 결정적 요인으로 작용하였고, 61.8% 기업의 대졸 신입사원 업무성취도는 불만족한 것으로 나타나고 있다.

3. 취업전략의 설정

(1) 진로선택시 고려해야 할 사항

이러한 상황하에서 성공적으로 직업을 선택하기 위해서는 다음과 같은 사항을 고려해야 한다.

- 선택하려는 직업에 대한 필요한 교육과 훈련과정은 무엇이고 어디에서 어떻게 해야 하는가를 파악한다.
- 선택하려는 직업의 특성, 필요한 기술과 자격요건 등을 파악한다.
- 선택하려는 직업의 성질(직종 및 적성 등)을 파악한다.
- 직업의 작업환경(근무시간이나 조건 등)이나 근무지역, 기관은 어떤 곳인지 파악한다.
- 경제적 수입은 어떠한지 파악한다.
- 평생직장으로서의 장래성을 분석한다.
- 현재의 입장과 채용시기 등을 파악한다.
- 직업환경과 자신의 생활양식이 어느 정도 맞추어지는지 파악한다.
- 그 직업에서의 성공가능성을 측정한다.

이 외에도 좋은 직장을 선택하기 위해서는 다음과 같은 7가지 기준을 참고하여야 한다.

- 미래성
- 기업이 추구하는 가치
- 행복에너지
- 깨끗한 재정
- 글로벌화
- 일정수준의 이익창출
- 인간미 등이다.

또한 자격증 취득을 위해서 고려해야 할 사항은 다음과 같다.

- 선발예정인원을 미리 공고하는 자격증을 선택하라: 국가공인자격 중 인력수급의 적정을 예측하기 위해 산정 공고하는 자격증
- 개업가능한 자격증을 선택하라: 연령에 제한 없이 계속적인 직업활동을 영위할 수 있으며 개업이 가능한 자격증
- 법적 의무고용 조항이 있는 자격증을 선택하라: 국가자격 중 많은 자격증이 관련법에 의해 자격 취득자를 보유토록 규정한 자격증
- 최근 신설된 자격증을 선택하라: 신설자격증은 경쟁률이 낮고 사회적으로 희소성이 있어 발전가능성이 높다.
- 직업변천에 따른 고용증가 직업과 관련된 자격증을 선택하라: 향후 5년간의 전망을 통해 고용증가가 예상되는 직업과 관련된 자격증

(2) 취업전략

취업전략을 수립하는 데 있어 기초가 되는 것은 개인에 대한 신상기록을 정리하는 것이다. 이러한 개인의 신상기록은 자신에 맞는 직종을 선택하는 데 있어서 대단히 중요한 과정이다. 왜냐하면 개인의 신상정리는 자신이 어떠한 사람이고 어떠한 직종에 적합한지를 지시해주는 역할을 하

기 때문이다. 이를 위해 먼저 자기분석이 선행되어야 하며, 이를 기초로 취업을 위한 개인의 신상명세서를 다음과 같은 서식에 의해 작성하여야 한다.

먼저 취업을 위한 자기분석시 유의하여야 할 사항은 다음과 같다.

① 대기업 선호

2004년도 전체 구직자는 전문대학 졸업자를 포함 60만명에 달하고 있으며 이 가운데 50만명이 구직활동을 하고 있다. 대기업의 취업예정자 수는 전체 상위 10%만이 가능하므로 상위 5만명 내에 본인이 포함될 것인가를 분석하여야 한다.

② 서울권 기업 선호

최근 참여정부의 지방분권화 정책에 의한 지역산업 클러스터가 조성되고 있다. 따라서 지방대학에서는 관산학 협력관계를 구축하고 지역경제를 활성화시키기 위한 다양한 정책들이 입안되고 있다. 따라서 경쟁이 치열한 수도권 소재 기업보다도 우수 지방기업을 목표로 선도적 역할을 수행하는 것도 고려된다.

③ 급여수준

본인이 희망하는 급여수준에 맞추어 직장을 선택하기보다는 적성과 직무의 내용을 먼저 분석하여야 할 것이다.

④ 우선취업

일단 취업하고 보자는 식의 자세는 바람직하지 않다고 본다. 현실적으로 이러한 취업관행이 많은 이직자를 발생시키고 재취업을 위한 노력이 수반되기 때문이다.

⑤ 영어수준

본인이 희망하는 기업을 직접 방문하거나 정보를 수집하여 영어의 필요성을 확인한다.

⑥ 면접준비

면접은 사전에 장기적으로 준비한다. 이를 위해 평소 자신의 이미지를 관리하고 어법 및 합리성, 논리성 등을 습득하여야 한다.

〈표 18-3〉 취업신상명세서

취업신상명세서

직장경력의 목표

____

____

원하는 이상적인 직업을 기술하시오(작업환경, 직장동료, 일상업무, 임금 등에 관한 기술)

____

____

취업관심사-직장에서 원하는 것은?
(아래의 항목을 중요도에 따라 순서대로 번호를 매기시오)

다양한 임무를 맡는 것
높은 보상을 받을 수 있는 기회
직장의 미래 보장
팀워크가 강조되는 환경
최소한의 감독으로 독립적으로 일할 수 있는 기회
창조적인 업무
사업차 빈번한 여행
고객과 대면하는 업무
정규시간만 근무
(기타)

당신의 기술이나 재능

____

____

당신의 개인적 관심사

____

____

상기 정보에 근거하여 관심 있는 직장들을 열거하시오.

____

____

〈표 18-4〉 직장분석표

직장분석표

직장명:
주소:
홈페이지 및 전화번호:

직장의 특성	관련정보	정보의 출처
어떠한 업무를 수행하는가		
어떠한 교육경력과 지식을 요구하는가		
직장의 근무여건 및 환경		
장단기 예측되는 수입의 정도		
미래의 안정성		
승진기회, 추가교육 및 훈련계획		
미래의 전망		
기타 주요현안		

자기분석의 결과를 기초로 〈표 18-3〉의 서식에 의한 취업신상명세서를 작성한다.

이상과 같은 취업명세서를 기초로 자신이 관심있는 직장에 대한 정보를 수집하여야 한다. 이러한 정보는 다양한 취업정보 사이트, 취업정보기관, 취업지원실, 매스미디어, 해당기업 및 주변의 인맥 등을 활용하여 수집하게 된다. 수집된 정보는 다음과 같은 직장분석표에 의해 정리하고 그 결과가 취업신상명세와 어느 정도 일치하는지를 분석한다.

직장분석표를 기초로 직장분석과 직종분석이 이루어지며 본인이 가고자 하는 기업의 리스트를 5~10개 정도로 압축한다. 다음으로 그 기업이 현재 채용하는가, 최근의 채용일정 및 사업과 CEO 분석 및 기업분석 등을 행한다.

구체적인 취업전략의 내용은 다음과 같다.

■ 1단계: 진로설계를 확고히 하라

진로설계는 개인이 주체가 되어야 하며, 자신이 종사할 직업에 대한 인식 및 탐색준비가 되어 있어야 한다. 또한 구체적인 기업까지는 아니더라도 어떤 업종 및 직종에서 근무할 것인지에 대해 결정해 두어야 한다.

① 진로결정시 고려사항

각자의 선택이 취미와 적성에 맞는지의 여부이다. 거기에 자신의 꿈이 합쳐져야만 타인보다 빨리 성장할 수 있을 것이다.

② 직장선택시 체크사항

기업의 주체(개인, 주식, 공기업인지의 여부), 경영자의 인사관리의 방향, 출신학교의 선호도, 근무지, 지역차별, 업무특성, 안정성, 수익성, 장래성, 근무조건, 유망업종여부 등을 종합적으로 판단한다.

■ 2단계: 정보수집에 철저히 매진하라

목표로 하는 기업의 정보는 가능한 폭넓게 수집하여야 한다. 갑작스런 채용제도의 변화나 채용정보에 대해서는 수시로 확인해서 차질이 없도록 해야 한다. 취업정보는 다음과 같은 매체를 이용하면 유익하다. 즉 취업보도실, 취업정보자료, PC통신, 신문, 잡지, 지망기업, 선배사원, 주변인맥, 현장조사, 고객 모니터링, 취업동아리 등이다.

〈표 18-5〉 취업사이트별 부가서비스

취업사이트	부가콘텐츠	내 용
• 파워잡(powerjob.co.kr) • 리크루트(recruit.co.kr) • 헬로잡(hellojob.co.kr) • 잡코리아(jobkorea.co.kr) • 인크루트(incruit.com) • 스카우트(scout.co.kr) • 잡링크(joblink.co.kr)	• 데이터 센터 • 취업 가능지수 • 인/적성검사 • 맞춤채용정보 • 이력서사진 무료 스캔 서비스 • 맞춤입사지원 서비스	• 연봉정보/이력서 컨설팅 서비스 • 개인 인·적성을 체크해 취업가능성 진단 • 이력서작성을 통해 스카우트 기회 제공 • 개인 성향 분석 서비스 • 조건에 맞는 채용정보 제공 • 구직조건에 가장 근접한 채용정보 제공

〈표 18-5〉는 성공적인 취업을 위해 정보를 제공받을 수 있는 주요 취업 사이트와 부가서비스이다.

1) 학년별 취업전략

신입사원 공채는 규모가 점차 감소하고 수시채용이나 경력직을 선호하는 기업체에 대비하기 위해서는 준비된 신입사원이 되어야 한다. 취업은 더 이상 단기전이 아닌 장기전이기 때문에 4학년 때의 단기적 준비로는 취업대란에서 살아남을 수 없다. 취업전략을 각 학년별로 분류하여 실천하기 위한 전략은 다음과 같다.

① **1학년**

- 직접 몸으로 하는 아르바이트나 봉사활동 등 전문성보다는 육체적 경험이 좋다.
- 영어실력을 체크하기 위하여 토익이나 토플시험을 한 번씩 본다.
- 제2외국어를 생각한다면 바로 시작함으로써 4년 뒤 결실을 맺도록 하여야 한다.

② **2학년**

- 학부제 상황에서 전망있는 학과선택을 위해 학점관리에 유의한다.
- 외국여행과 봉사활동을 동시에 경험할 수 있는 외국봉사활동을 통하여 국제감각, 영어능력, 봉사활동 등을 동시에 인정받는 기회를 가져야 한다.
- 인적 네트워크를 위해 연합동아리에 가입하는 것도 좋다.

③ **3학년**

- 적성검사를 통해 소질을 확인하고 방학기간 중 중소기업 현장체험 등으로 현장경험을 쌓는다.
- 전문성을 살린 알턴(아르바이트와 인턴)으로 전문지식을 축적한다.
- 어학연수 및 배낭여행도 필수조건이다.
- 교환학생 프로그램에 참여해도 좋다.

④ **4학년**

- 취업동향을 파악하고 전망 있는 자격증을 취득한다.

- 인턴십을 경험한다.
- 토익이나 토플 성적을 올려놓는다.

모든 목표에는 전략이 필요하고 준비된 자만이 기회를 잡는다. 각 학년마다 단계별로 준비한다면 치열한 취업경쟁을 극복할 수 있을 것이다.

2) 여학생 취업전략

최근의 조사결과 여대생의 90%가 취업을 희망하고 있고 졸업자를 포함하면 10만명 이상의 취업희망자가 구직대열에 나서고 있다. 이러한 여성인력의 과잉공급은 낮은 임금의 예비인력으로 활용하려고 하며, 이러한 상황하에서 목표를 달성하기 위해서는 각종 취업정보를 수집하고 적성에 맞는 취업전략을 수립하는 것이 최선이다. 여대생들의 취업에 대한 대비책으로 최소한 다음 사항은 명심하도록 하여야 할 것이다.

- 자신의 능력과 적성을 정확히 파악한다.
- 새로운 분야에 대한 정보수집과 실력을 연마한다.
- 취업에 대한 구체적인 정보를 입수한다.
- 외국어와 컴퓨터에 대한 지식은 필수적이다.
- 공무원과 정부투자기관에 적극적으로 도전한다.
- 대기업의 선호에서 탈피한다.
- 전문자격증을 취득한다.

인력채용에 있어서 성차별에 대한 논란이 제기되고 있는 시기에 즈음하여 여성들은 여유 있고 당당한 자세로 정면돌파하여야 할 것이고 외모보다는 전문적 능력에 의존하여야 할 것이다. 〈표 18-6〉은 여대생에게 있어서 유리한 유망직종을 소개한 것이다.

우리나라는 여성의 경제활동 참가율은 세계 9위(48.9%) 수준이지만, 대졸이상 여성의 경제활동 참가율은 G7국가의 평균수준(71%)에 미치지 못하고 있다(53%). 이러한 비율도 대부분 서비스 산업 분야에 집중되어 있어

〈표 18-6〉 여학생 유망직종

• 컴퓨터 관련 직종 • 호텔 국제판매 슈퍼바이저 • 컨설턴트 • 대사관 공보담당관 • 관광가이드 • 영화홍보 매니저	• 특허법률사무소 전문행정직 • 행정비서직 • 환경평가사 • 마케팅 커뮤니케이션 전문인 • 스크린 마케팅 어시스트

능력 있는 여성들의 경제활동 참여의 기회는 제한적이라고 할 수 있다. 이에 대해 여성부는 전체 40%에 달하는 예산을 신여성층 경력개발과 취업지도, 가사 및 육아로 인한 전업주부의 노동시장 재진입, 여성의 창업지도에 집중적으로 투자할 예정이므로 새로운 산업분야에 대한 여성의 취업기회는 개방적일 것으로 기대된다. 전략설정시 참고해야 할 사항은 다음과 같다.

- 사회에 진출한 선배와의 긴밀한 관계유지
- 교육 및 경력처 신중한 선택
- 취업사이트 적극적 활용
- 외국어 습득
- 학부제하에서 진출하고자 하는 분야의 전공영역 집중 수강
- 진출하고자 하는 분야에서 요구하는 자격증 습득 등

4. 지원서, 자기소개서 및 이력서

(1) 지원서

지원서(application blank)는 유용한 정보를 제공할 뿐만 아니라 면접질문의 근거를 제공하기 때문에 인사선발을 위해 가장 일반적으로 사용되고 있으며, 지원자 모두는 지원서를 작성하여야만 한다. 지원서에 기재되는

정보에는 성명, 주소, 성별, 나이, 결혼여부, 교육수준, 직업경력, 부양가족 등과 같은 일반적인 신상자료에서 재정상태나 범죄경력, 취미 등과 같은 개인적인 항목까지도 포함되어 있다.

지원서를 고안할 때 가장 중요한 문제는 지원자에게 어떤 정보를 물을 것인가를 결정하는 것이다. 기업에서는 일반적인 신상자료 이외에 미래 직무성공을 예측할 수 있는 후보자에 관한 사실을 확실히 해두는 것이 중요하다. 예를 들면 한 기업에서 성공한 간부들은 모두 특정수준의 성적을 달성하거나 그 이상의 수준으로 대학을 졸업한 사람들이고, 대학시절에 일정한 과외활동에 참여한 것으로 나타났다면 이러한 정보들은 인적자원 담당자가 가능한 빨리 지원자로부터 알고 싶어하는 정보가 될 것이다.

또한 지원서에서 가치있는 예언정보를 많이 얻을 수 있다. 지원자의 재정상태나 결혼여부에 관한 지식은 정서안정과 책임감에 대한 지표를 제공한다. 또한 과외활동은 통솔력의 증거가 되거나 면접시 조사할 수 있는 성격특성의 단서를 제공하기 때문에 지원서를 작성하는 데 있어서 각별한 주의를 요한다.

입사지원서와 더불어 신상명세서를 요구하는 경우도 있다. 신상명세서(biographical inventories)는 신상정보서(biographical information blank)라고도 하며, 지원서보다 훨씬 길고 지원자의 이력에 대해 상세한 정보까지 다루고 있다. 신상명세서는 선다형식 검사(multi-choice format)나 심리검사와 그 질문의 유형이 매우 비슷하다. 따라서 특정직무를 위해 개발되며 직무성공과 상관이 있는 과거의 경험을 결정하기 위한 많은 연구가 필요하다. 예를 들면 한 회사에서 연구원을 선발하기 위해 신상명세서를 활용하였다. 창조적인 과학자들은 독립심이 강하고 일에 몰두하며, 도전적인 일을 원하고 관대한 부모하에서 성장하였다는 것이 밝혀졌다. 물론 이러한 특징은 면접과 심리검사를 병행하여 밝혀낼 수 있지만, 이 방법에서는 하나의 절차로 정보를 얻을 수 있기 때문에 더 효율적이고 비용도 적게 든다는 장점이 있고 이 때문에 지원자에게 신상정보서를 요구하는 경우가 있다.

따라서 지원서 및 신상명세서를 작성하는 데 있어서 유의해야 할 것은 본인이 면접까지 갈 수 있도록 요구하여야 하며, 자신의 보유능력, 즉 응모분야의 직무에 대한 기초지식의 보유여부, 자신을 선발했을 때 업체에 미치는 영향 등에 중점을 두어야 할 것이다.

(2) 자기소개서

자기소개서는 이론적으로나 논리적으로 선발을 위해 타당성이 입증된 바는 없다. 그러나 경험에 의하여 활용되며 최근 널리 이용되고 있다. 자기소개서를 작성하는 데 있어서 유의해야 할 사항은 다음과 같다.

1) 타인과 차별성을 시도한다

자기소개서는 개성 있게 작성되어 타인과는 무엇인가 다른 차별성을 염두에 두고 작성되어야 한다. 대부분의 자기소개서는 개인의 성장과정이나 사고 등이 비슷하게 기술되어 담당자의 시각을 끌지 못하는 경우가 대부분이며, 심지어 일부 담당자들은 이러한 천편일률적인 자기소개서는 석 줄 이상 읽지 않는다고 말하기까지 한다. 따라서 담당자의 눈에 띄게 하기 위해서는 독특하게 작성하여야 한다. 이를 위해 문장의 내용에 따라 제목을 붙이거나 자신의 좌우명 또는 명언 등을 인용하여 자신을 소개하는 것도 하나의 방법이다.

2) 문장은 간결하게

과장된 수사법이나 추상적인 표현, 장문은 삼가고 가급적 간결하게 표현함으로써 인사담당자의 부담을 줄여주어야 한다. 접속사나 비유의 형태는 가급적 피하고 표현이 모호한 단어는 괄호 안에 한자를 써주는 것도 좋으나 꼭 필요한 곳에만 적절하게 사용하여 문장의 내용을 쉽게 이해할 수 있도록 한다.

3) 명료하고 구체적으로 작성

직무와 관련없는 내용을 길게 설명하려 하지 말고 응시분야와 관련된 것만을 중요도에 따라 간단명료하게 작성한다. 기업에서 요구하는 양식에 의한다면 별개이지만 일정한 양식이 없다면 A4용지 한 장 정도의 분량으로 작성한다.

4) 솔직하고 긍정적인 모습을 표현

긍정적이며 솔직함을 표현하여야 한다. 자신을 과장되게 표현하려다 보면 오히려 부정적인 결과를 가져올 수 있다. 자기소개서의 내용은 면접에서의 기초자료가 된다는 것을 명심해야 한다. 예를 들면 불운했던 가정생활이나 낮은 학점 등을 표현하는 데 있어서는 이러한 환경을 극복할 수 있었던 강한 의지나 이로 인해 터득할 수 있었던 내용 등을 표현한다면 오히려 장점으로 작용할 수 있을 것이다.

5) 충분한 시간을 갖고 검토

자기소개서를 작성한다고 하는 것은 어려운 작업이다. 시간이 임박하여 작성하려 하지 말고 시간적 여유를 가지고 수정 및 보완하고 오자나 탈자가 없도록 하여야 한다. 이를 위해서는 미리 넉넉하게 작성하고 이를 기초로 수정 및 보완하여 적당한 분량으로 줄여나감으로써 충실한 자기소개서가 되도록 하는 것도 하나의 방법이다. 정성들여 깨끗하게 작성하고 눈에 피로를 줄 정도의 빽빽한 것은 피하여야 한다. 다음은 자기소개서에 들어가야 할 요인과 내용이다.

- 성장과정: 성격, 가치관, 인생관, 직업관
- 학교생활: 조직력, 사회활동(대인관계, 적응력, 책임 및 성실성)
- 지원동기: 장래능력(동기, 포부), 기능, 능력, 준비과정
- 잠재능력: 논리성, 자신의 의견을 피력할 수 있는 능력

(3) 이력서

지원서와 비슷한 의미에서 지원자의 문화적 배경, 개인의 특성이나 지식의 측면을 알아보기 위하여 학력을 기재한 형태와 과거의 경력을 기입

한 이력서에 의해 지원자의 정보를 얻고자 작성한다. 최상의 자기소개를 위한 효과적인 이력서 작성법을 소개한다.

- 사실만을 적는다: 경력이 중요해지면서 허위로 작성하는 사례가 적지 않다. 경력은 있는 그대로의 사실만을 솔직하게 작성한다. 허위사실을 기재하였을 경우 입사취소의 원인이 될 수 있다.
- 관련분야 경력을 부각시킨다: 지원분야와 관련된 경력은 기간, 업무, 직책 등을 상세하게 기술하고 이와 관련없는 경력은 과감하게 삭제한다.
- 최근 경력중심으로 작성한다: 경력이 다양하다면 최근 것을 중심으로 작성한다.
- 짧은 기간의 경력은 과감히 삭제한다: 6개월 미만의 경력은 삭제하는 것이 좋다.
- 성과위주로 자세히 기술한다.
- 신입은 관련분야 아르바이트 경험을 경력으로 쓰면 된다.

최근 구직자들 사이에 다양한 방법을 통해 취업난을 극복하려는 노력이 눈길을 끈다. 특히 대졸 예정자들이 동영상 이력서를 통해 자신을 어필하는 사례가 늘고 있다. 입사지원시 동영상 이력서를 제출해 본 경험이 있다는 취업생이 1,315명 중 10.3%인 135명으로 나타났다. 이 중에는 신입구직자가 12.1%로 경력구직자 6.4%에 비해 5.8% 높게 나타나 신입직입사를 희망하는 구직자들이 더 많이 활용하는 것으로 나타났다. 기업에서도 취업생들이 화면에 나와 직접 자신에 대해 소개함으로써 지원자들의 음성, 표정, 분위기 등을 사전에 파악할 수 있어 반기는 추세이다. 이력서를 작성하는 데 있어서 주의해야 할 사항은 다음과 같다.

- 이력서에 희망분야 및 연락처는 꼭 기재한다.
- 이력서에 부착하는 사진은 정장차림이어야 한다.
- 특기사항은 꼼꼼히 기재한다(알턴과 사회활동, 컴퓨터 및 어학실력 등).

- 취미도 기재할 수 있다(직무 관련 취미활동은 긍정적 평가를 받는다).
- 자격사항을 꼼꼼히 기재한다(자격과 관련된 능력 및 기능).
- 상기 사항이 자기소개서와 중복되는 부분이 있어도 기재해야 한다.

5. 면접전략

신입사원을 선발하기 위한 면접은 기업에 있어서 인재확보와 직접적으로 직결되는 문제이다. 최근 들어 필기시험을 시행하는 기업의 수는 점차적으로 감소하고, 다른 선택방법을 사용하거나 필기시험을 시행한다 하더라도 최종결정은 면접에 의존하는 경향이 두드러지게 나타나고 있다. 따라서 면접은 인재선발을 위한 결정적 수단이 되므로 이에 대한 철저한 대책이 요구된다.

(1) 면접의 개념 및 목적

면접이란 일반적으로 어떤 특정한 목적을 위해 보통 두 사람 사이에서 행하여지는 대화 또는 말로 하는 상호작용, 면접자와 지원자가 정보를 교환하는 목적지향적인 대화이다. 따라서 지원자의 직무능력에 대한 정보 획득을 목적으로 하는 고용주와 직무를 탐색하는 근로자 사이에서 발생하는 구두적 상호작용, 조직에 대한 정보를 지원자에게 제공하기 위한 것이라고 정의하고 있다. 면접은 다음과 같은 목적을 가지고 수행된다.

첫째, 정보를 모집하고 제공하는 데 목적이 있다. 지원자가 직무를 성공적으로 수행할 수 있는 지식과 기능을 소유하고 있으며, 다른 선택기법에 의해 제공되지 않는 정보를 획득하기 위한 목적을 가지고 있다. 또한 지원자에게 그 직무를 선택할 것인지에 대한 여부를 판단하기 위해 직무 및 회사에 대한 제 정보들을 제공하여야 한다.

둘째, 면접은 회사를 알릴 수 있는 기회로서 면접자는 사실적인 방법으로 회사를 설명하여야 한다.

셋째, 지원자의 성격, 외모, 건강, 태도, 교양, 대인관계, 가정환경 등을 파악하는 데 일차적인 목적이 있다.

넷째, 면접자는 지원자로 하여금 회사에 대해 긍정적인 태도를 갖도록 함으로써 직무가 지원자에게 제공되지 않더라도 긍정적인 태도를 유지하도록 해야 한다.

(2) 면접의 형태

1) 구조화에 따른 분류

① **구조적/유형화 면접**(the patterned or structured interview)

모든 지원자에게 일괄적으로 미리 규정된 일관된 질문으로 진행되며 지원자에 대한 추가적인 질문은 제한된다. 즉 모든 지원자에게 동일한 질문이 주어지며 의문사항에 대한 추가적인 질문이 허용되지 않는다는 것이다. 구조적 면접방법의 예를 들면 다음과 같다. 이 예는 경력이 있는 지원자를 위한 것이다.

- 대학 졸업 후 당신의 첫 직무는?
- 그 직무 이후 당신의 주요 업무는?
- 그 당시 능숙하게 처리하지 못한 일은?
- 그 직무를 수행하면서 당신이 깨달은 사항은?
- 당신이 그 직무를 수행하면서 추구하고자 하는 것은?

이상의 내용에 대해서 외모, 세련미, 재치, 통솔력, 의욕, 진취성, 잠재력 등의 면접요인에 대해 보통 이상, 우수, 보통, 보통 이하 등의 척도(또는 5점 척도)로서 나타내고 지원자의 면접요인에 대한 면접자의 소견을 지적하도록 한다.

② **비구조적 면접**(unstructured interview)

면접자에게 폭넓은 권한을 부여하여 특별한 양식에 얽매이지 않고 묻고자 하는 것을 마음대로 물을 수 있도록 하는 개방형의 면접양식이다.

따라서 대화는 다양한 방향에서 이루어지며 면접자는 지원자가 많은 이야기를 하도록 유도할 수 있다.

③ **반구조적 면접**(semistructured interview)

구조적 면접과 비구조적 면접을 절충시킨 것으로서 질문할 주요 내용을 사전에 준비하여 이를 중심으로 질문하면서 약간의 융통성을 발휘하여 상황에 따라 주요 항목 이외의 질문도 할 수 있는 면접방식이다.

2) 참가자의 수에 따른 분류

① **집단면접**(group interview)

집단단위별로 특정문제에 따라 자유토론을 할 수 있는 기회를 부여하고, 토론과정에서 개별적으로 적격여부를 심사 · 판정하는 과정이다. 이 집단면접은 동시에 다수의 지원자를 평가할 수 있으므로 시간의 절약이 가능하고, 다수의 우열비교를 통하여 리더십이 있는 인재를 발견할 수 있는 장점을 지니고 있다. 대다수의 기업들이 집단토론 형식의 면접을 진행하고 있으며, 특정기업에서는 외국어(영어)에 의한 토론의 형태로 진행하고 있어 이에 대한 사전 준비가 이루어져야 한다.

② **위원회 면접**(board interview)

일단의 면접자 집단이 지원자에게 기자회견과 같은 형식으로 질문을 하는 방법이다. 일반적으로 지원자는 정형화되고 구조화된 양식을 사용하여 3~5명 정도의 면접자에 의해 면접을 받게 된다. 이 접근법은 개별면접에 의해 얻어지는 것보다 더 깊고 의미 있는 반응을 분명하게 할 수 있다. 하지만 지원자에게 많은 심적 압박을 가지게 할 수 있어 평소에 하지 않는 언행으로 오류를 범할 가능성이 내재되어 있어 주의를 요한다.

3) 기타

① **강압적 면접**(stress interview)

면접자는 지원자에 대하여 악의나 적대를 가진 것으로 가정하고 지원자가 감정적으로 자제하지 못하는 점을 찾아내는 것이다. 이 기법의 목적은 지원자의 감정이 매우 고조되었을 때 그들의 행위에 대한 지배력을 유지할 수 있는가를 알아보는 것이다. 지원자는 평정을 유지해야 하며 적응해야 한다. 즉 위기의 상황에서 기지를 발휘해야 한다는 것이다. 압박면접의 형태로서, 역시 최근 많이 사용되고 있다.

② **순차적 면접**(sequential interview)

지원자들이 선발결정이 이루어지기 전에 여러 사람의 면접자에 의해 면접이 이루어지며, 각 면접자는 하나의 기준으로 지원자를 평가한다. 구조화된 기준이 만족스러운 직무성과를 요구하는 기능과 특성에 중점을 둔다는 점에서 비구조화된 면접법보다 신뢰할 만하고 타당성이 있는 기법이다.

(3) 면접전략

취업당락 여부가 면접에 있다고 해도 과언이 아닐 만큼 그 비중이 높아지고 있다. 이에 상응하여 각 기업들은 저마다 개성을 살린 독특한 채용방식을 도입하고 있다. 그러나 면접자들은 대체적으로 지식보다는 논리를, 지성보다는 인성이 중요시된다는 의견을 보이고 있다. 이들의 견해에 기초하여 면접에 성공하기 위한 전문가들의 조언을 토대로 몇 가지 방법을 소개한다.

- 좋은 이미지를 남겨라: 첫인상이 선발에 결정적인 영향을 미치는 경우가 많기 때문에 밝고 패기있는 인상은 매우 중요하다. 즉 대다수의 면접자는 처음 몇 분 동안에 지원자에 대한 전반적인 평가를 한다고 답하고 있어 첫인상에 대한 중요성을 강조하고 있다.
- 충분한 자기소개 연습: 자기소개는 단골질문이기 때문에 보통 3~5분 정도의 자기소개에 대한 연습을 해야 한다.
- 분명한 자기의지 피력: 답변은 적극적이고 의욕적으로 하며 솔직하고 설득력 있게 해야 한다.
- 직무관련 능력은 실제 사례를 들어 확실하게 표현: 직무와 관련된 질문은 실제사례를 중심으로 자신이 성취해낸 내용을 중심으로 설명하

는 것이 좋다.

- 외국인과의 면접시 정중한 언어사용: 자연스런 외국어 사용을 나타내기 위하여 속어를 사용하지 말고 정중한 언어를 사용하여야 한다.

또한 면접시 기업이 원하고 있는 인재상이 무엇인가를 알아야 한다. 최근 기업에서 원하고 있는 인재상을 요약하면 다음과 같다.

- 매사를 긍정적으로 생각하는가: 긍정적 사고를 가진 사람이 적극적이고 기업에 대한 공헌도가 높다.
- 장애를 극복하려는 강한 의지: 기업에서 해결해야 할 많은 문제점을 극복해낼 수 있는 강한 의지력과 집념
- 일에 대한 열의와 의욕: 개개인의 일에 대한 열의와 의욕은 기업의 생산성 향상의 기본

〈표 18-7〉 면접준비 및 기본사항

면접준비	• 지원회사에 대해 연구한다. • 정확한 대화법을 습관화한다. • 자기소개에 대한 연습이 있어야 한다. • 전공 시사상식을 묻는 질문에도 대비해야 한다. • 답변내용이 지원서류와 일치하도록 해야 한다.
지원자가 갖추어야 할 기본사항	• 깔끔한 첫인상 • 명확하고 자신 있는 답변 • 답변은 결론부터 간략하게
면접에 임하는 자세	• 면접 대기실에서부터 평가 • 의상과 자세(용모) • 남과 다르다는 차이점을 부각(자신감) • 실수도 인정(긍정적이고 진취적) • 부정적 감정 극복(팀워크나 문제해결능력) • 아니오도 인정(솔직함)
면접시 극복사항	• 3대 공포요인: 사람, 말하는 것, 비웃음 • 4대 극복요인: 자신감(자기철학), 집중력(목표), 통제력(자기분석), 창조성(호기심)

- 환경에 적응할 수 있는 협조성: 협조성이 높으면 원만한 업무수행을 할 수 있고 타인의 권리를 존중하므로 직장내 인간관계에 대한 현실적 접근력이 탁월
- 꾸준히 견디며 실천하는 끈기: 역경에 직면하여 포기하지 않는 근성

그러면 면접에 앞서 지원자는 〈표 18-7〉과 같은 사항을 준비하고 갖추어야 한다.

6. 기업에서 기피하는 지원자

최근 극심한 취업난으로 인하여 많은 구직자들이 자신의 적성과 성격을 고려하지 않고 무차별적인 입사지원을 하고 있다. 일단 취업만 하고 보자는 유형의 구직자는 설사 기업에 입사하였더라도 직무수행의 어려움으로 많은 수가 이직을 하고 있으며, 재취업을 위한 구직에 나서게 되는 파랑새 증후군이 급증하고 있는 것이 사실이다. 이러한 상황하에서 최근 기업에서는 신입사원을 선발하는 데 가장 기피하는 구직자의 유형을 다음과 같이 제시하고 있다.

1) 지원부터 하고 보는 형

일단 입사원서부터 제출하고 보자는 식의 구직자로서, 입사지원자의 30% 이상이 지원분야와 자신의 경력 및 전공분야, 적성과 전혀 다른 허수로 나타나고 있다. 지원서를 제출하기 위해서는 지원자격 등을 꼼꼼히 검토하여야 한다.

2) 무관심형

많은 입사지원서를 제출하여 본인이 어느 기업에 입사지원서를 제출했는지도 모르고 있는 구직자이다. 모기업 인사담당자는 구직자가 서류심사에 통과하여 면접일시를 통보하기 위해 전화를 하였으나 도리어 그곳

이 무엇을 하는 기업인지 질문하는 구직자의 예를 들 수 있다.

3) 방종형

입사하면 좋고 안되면 그만이라는 식으로 무성의하게 입사지원서를 작성하는 것이다. 입사지원서는 개인의 신상정보를 요구하고 이를 기초로 일차적인 심사를 하는 과정으로서 대단히 중요하므로 성의 있고 솔직하게 작성하여야 한다.

4) 심문형

면접은 고용주와 지원자 사이의 상호 정보를 교환할 수 있는 대화의 장이라고 할 수 있다. 그렇다고 해서 지원자가 면접자에 대해 너무 많은 질문을 한다든지 논쟁을 하는 등의 자세를 보여서는 안 된다. 지원자의 입장에서 면접자의 질문에 성실히 답하는 자세를 보여야 한다.

5) 기타

수많은 경쟁자들과의 차별화를 위해 최근 기발한 아이디어들을 활용하고 있다. 그러나 입사지원서의 사진 등을 컴퓨터 합성 등을 통해 변조한다든지 지나친 얼굴표정과 자세는 자제하여야 한다. 또한 면접현장에서의 복장에도 지나친 차별화는 금물이다. 입사지원서를 심사하거나 면접하는 사람들은 기성세대임을 고려하여야 한다. 여성 지원자의 경우 밝은색 정장을, 남성 지원자는 검정계통의 양복과 흰색 와이셔츠가 무난하다.

이외에 취업과 관련하여 참고하여야 할 사항은 다음과 같다.

① 한자능력평가이다. 최근 기업에서는 한자능력 평가를 입사시험에 포함시키려고 하는 추세이다. 그 이유로서는 기본소양(46.1%), 한자문화권과의 교류(38.5%), 업무와 관련(15.4%)이라고 밝히고 있으며 특히 삼성그룹은 20점을 배정함으로써 당락에 결정적 영향을 미칠 것으로 보인다. 또한 경제5단체장들도 이를 적극 권장하고 있으며 현대, 대우, 기아, 한화, 조

홍, SK 등의 기업에서 76.6% 찬성의사를 밝히고 있는 것도 주의해야 할 사항이다.

② 취업재수생의 지원기회의 제한이다. 최근 모 기업에서는 취업재수생들의 취업기회를 제한한다고 밝히고 있다. 평등고용기회에 위배된다는 여론에도 불구하고 시행방침을 밝히고 있어 취업재수에 대한 사고도 변화되어야 할 것으로 본다.

7. 21세기 유망직종

현대사회의 직업구조는 양극화 현상을 나타낸다. 소수의 근로자는 유효한 정보를 이용하여 상층부를 형성하고 막대한 부를 형성할 것이며, 대다수의 근로자는 실직이나 단순 근로자로 전락한다는 것이다. 따라서 현재의 화이트칼라 근로자들도 전문적 능력을 갖추지 않는 한 언제든지 도태될 것이며 직업 대변혁의 시대에서 스스로 지식을 생산할 수 있는 능력을 지닌 진정한 전문인으로서의 가치를 인정받지 않으면 안 된다.

일반적으로 21세기는 정보화 사회, 일과 학업 그리고 휴식이 구분이 없는 융합적 사회(blended society), 컴퓨터를 수단으로 사회가 움직이게 되는 사이버 사회(cyber society), 국경이 없는 초국적 사회(transnational society) 등으로 지칭되고 있다. 따라서 기술적 · 문화적 · 사회적으로 많은 변화를 예고하고 있다.

21세기 노동시장에 있어서의 주요 변화의 특징은 다음과 같다.

① 구태의연한 직업관의 탈피

산업구조 변화에 따른 직업관의 변화가 급진전된다. 따라서 성적 우수자는 법대나 의대를 가고, 취업을 위해서는 상대에 가야 한다는 인식에 대한 변화가 야기될 것이다.

② 실업의 공포에서 자유로운 직업은 없다

노동시장의 유연화에 따라 정년이 보장되는 직업은 사라진다. 따라서 전직과 이직이 자연스럽게 이루어지기 때문에 본인만의 전문적 지식과 스킬을 갖추지 않으면 안 된다.

③ 생계를 위해 일하지 않는다

사회보장제도의 정착으로 생계를 위한 일의 개념은 사라지며 자아실현을 위한 직업관을 가지게 될 것이다. 따라서 과거의 권력지향적인 직업은 쇠락한다.

④ 지식근로의 시대이다

정보화 사회 이후 사회는 지식을 바탕으로 한 지식사회로 변화되었으며 그 변화의 속도는 매우 빠르게 진행될 것이다. 이러한 합리주의가 극단적으로 진행되면서 인간성 소외의 문제가 야기될 것이고 이를 극복하기 위한 직업들이 각광받게 될 것이다.

⑤ 창조성 · 인간성 · 자율성을 추구하는 취업이 될 것이다

첫째, 아름다움을 최고의 가치로 여기는 미학중심의 사회가 될 것이다. 둘째, 안정되고 정체된 직장보다는 역동적이며 미래를 예측하는 직업, 셋째, 좋아서 하는 일을 추구한다. 넷째, 세계시장에서 경쟁할 수 있으며 보편성을 인정받는 직업 그리고 다섯째로 문화지향적 직업, 즉 소프트웨어를 창조하는 직업이 보다 유망하다.

이러한 사회의 특성을 감안해 볼 때 21세기의 유망전공 영역은 첨단과학분야나 서비스산업과 관련된다 하겠다. 이러한 추세에 비추어 21세기의 유망전공 영역은 다음과 같다.

- 가족복지 등 사회복지와 환경 분야
- 생명과학 분야 등 유전공학 분야
- 해양산업 분야
- 우주산업 분야
- 산업교육 분야
- 노년학과 가족치료 분야
- 컴퓨터공학 분야
- 신문방송학, 영상 매체분야 등 대중매체 분야

• 신소재 개발 분야
• 국제통상 및 협력 분야
• 특수작물 및 신작물, 해저자원 등 새로운 농어업 분야
• 컴퓨터 디자인 및 컴퓨터 예술 분야
• 인터넷 관련 국제 상거래 분야 등

따라서 대학과 전공선택은 적어도 10년을 내다보고 결정해야 하며, 지금과 같은 기술변화를 감안할 때 현재의 인기직종이 21세기에도 인기직종이 된다는 사고는 변화되고 있다. 구체적인 21세기 유망직종은 다음과 같다(2003, 노동부).

① **지식근로자**

공학자, 과학자, 교수, 법조인, 자문직 등 문제해결 등의 활동에 근로하는 지식근로자이다. 그러나 이 직종도 과거와는 달리 새로운 아이디어, 지식, 기술, 제품, 서비스를 창출하지 않으면 도태된다.

② **첨단기술공학 전문가**

유전자 도식화 전문가, 개발전문가, 디지털 고선명도 TV 개발 전문가, 소형화 기술 전문가, 혼합연료 사용운송수단 개발 전문가, 첨단교육기술 개발 전문가 등이다.

③ **로봇공학 전문가**

다양한 분야에서 이용 가능한 로봇개발 전문가로서 가장 인기 있는 분야가 될 것이다.

④ **소프트웨어 개발 전문가**

정보공학의 발전으로 하드웨어의 혁명 이후 소프트웨어 전문가가 유망할 것으로 보인다.

⑤ **의료 · 건강 분야 전문가**

의료과학의 발전으로 평균수명이 연장되어 건강분야 전문가의 수요도 증가될 것이다.

⑥ **해양 · 항공 · 우주과학 분야 전문가**

육지자원의 고갈 및 생활공간의 해저와 우주로의 확대 등으로 인한 전

문가의 요구가 확대될 것이다.

⑦ **생물학 분야 전문가**

유전공학의 발달과 함께 인간 두뇌에 관한 연구는 물론 인체구조에 관한 연구가 활발히 진행될 것이다.

⑧ **건축설계 및 디자인 전문가**

인간의 의식주에 관련된 모든 제품은 21세기에 알맞은 라이프 스타일에 맞추어 변화가 요구되어 이 분야의 전문가가 요구된다.

⑨ **안전공학기술 전문가**

안전사고와 생태계의 파괴라고 하는 위기의식으로 인하여 윤리와 안전공학이 모든 산업분야에서 인간공학 전문가를 요구한다.

⑩ **에코(ecology)산업분야 전문가**

인간생활과 신제품 및 서비스의 개발은 생태학적 변화를 필요로 하며 에코식품, 교육, 관광, 건축, 설계 등에 관련된 에코산업은 유망하다.

⑪ **박물관 경영 전문가**

새로운 학습사회와 지식사회는 다양한 박물관을 필요로 하며 이에 따라 박물관 경영 전문가도 필요로 한다.

⑫ **컨설턴트**

최근에는 컨설턴트의 자문을 받아 새로운 서비스를 개발하는 시대가 된다. 현재에도 다양한 분야에서 전문적 지식을 소유한 컨설턴트의 활동이 활발하다.

⑬ **카운슬러**

사회적 변화에 따른 라이프 스타일의 변화는 인간성 소외 스트레스가 사회적 문제로 대두되면서 이를 해소하기 위한 카운슬러의 상담이 요구된다.

⑭ **3D업종**

3D업종에 대한 위험이 상대적으로 줄어들면서 종사자들이 증가하는 추세이다.

일반적으로 유망직종은 임금이 높은 직종, 고용증가가 예상되는 직종,

발전 가능성이 있는 직종 등이 포함된다. 여기에 산업구조의 변동추이, 인력수요의 증감, 라이프 사이클의 변화 등의 변수가 고려됨으로써 기존 산업에 새로운 지식과 기술을 적용하여 경제적 부가가치를 높이는 직종에 대한 관심이 높아질 것으로 예상된다.

찾아보기

저자약력

정수진

연세대학교 대학원 경영학과(경영학석사)
경희대학교 대학원 경영학과(경영학박사)
San Jose University 교환교수
한국산업경제연구원 선임연구원
공인노무사 출제 · 면접위원
공기업 경영평가 및 진단위원
한국인사조직학회 부회장
한국경영교육학회 부회장
대한경영교육학회 회장
현재 원광대학교 경영학부 교수

〈저서〉
조직행동론(1997)
산업 및 조직심리학(1998)
산업경영심리학(2004)
글로벌시대의 인적자원관리(2004)

고종식

원광대학교 대학원 경영학과(석사 · 박사)
Ryukoku University 객원연구원
경영지도사
한국경영교육학회 상임이사
대한경영교육학회 부회장
한서대학교 · 호원대학교 강사
현재 원광대학교 경영학부 겸임교수

〈저서〉
산업 및 조직심리학(1998)
산업경영심리학(2004)
글로벌시대의 인적자원관리(2004)

李玉芬

延邊大學 朝文系 卒業
延邊大學 經濟管理學院 經濟學碩士
圓光大學校 大學院 經營學科 博士課程
北京大學硏修
日本公有企業民營化, 中日韓經濟一體化,
東亞經濟發展模式再硏究 參加人
現在 延邊大學 經濟管理學院 專任講師

오장원

단국대학교 경영학석사
원광대학교 경영학박사
University of Georgia 교환교수
한국경영교육학회 부회장
대한경영교육학회 부회장
현재 광주여자대학교 총장

김양호

University of Americans 졸업
경희대학교 대학원(경영학박사)
South Baylor University 졸업(가주한의사)
Ace Realty College(부동산중개사)
(주) C.B.M., Inc. CEO
(주) Leaders & Company 이사
대한경영교육학회 부회장
경희대학교 · 원광대학교 겸임교수

방한오

원광대학교 대학원 경영학과(석사 · 박사)
건양대학교 강사
농업기반공사 교육원 교수 · 관리실장
대한경영교육학회 부회장
현재 원광대학교 경영학부 겸임교수

임채승

서강대학교 경영대학원 수료
숭실대학교 경영학석사
원광대학교 대학원 경영학박사
대한경영교육학회 상임이사
대주개발(주) 대표이사
현재 원광대학교 경영학부 겸임교수

[제3판]

인간자원개발관리

2003년 2월 25일 초판발행
2005년 2월 25일 제2판발행
2008년 1월 25일 제3판발행

저 자 정수진 · 고종식 · 李玉芬 · 오장원 · 김양호 · 방한오 · 임채승
발행인 조 병 철
발행처 삼 우 사
서울특별시 용산구 청파동3가 82-1
전화 718-8553(대) Fax 718-8554
등록 1994. 9. 23. 제17-189호

정가 16,000원 ISBN 978-89-91083-45-5